大学生が見た
素顔の
モンゴル

島村一平 編

はじめに

　近年、モンゴル出身の力士の活躍によって、モンゴルの知名度は非常に高くなった。しかし相撲以外にモンゴルと言えば、何を思い浮かべるだろうか？どこまでも続く広い大草原とそこで暮らす遊牧民。あるいはチンギス・ハーンの大モンゴル帝国。「スーホの白い馬」という内モンゴルの民話の普及によって、馬頭琴という民族楽器も知れ渡るようになった。

　しかしこうした情報からは、モンゴルで暮らす人々の「素顔」は見えてこない。ここで言う「素顔」とは、日常を生きる彼らの生の姿といってもよい。彼らはどんな暮らしをしており、どんなことに喜び、悲しみながら、日々を生きているのか。とりわけ悩ましいのは、日本で描かれるモンゴルの姿は極端に異なる 2 つのイメージに引き裂かれている点である。

　1 つは、白鳳や朝青龍といった大胆不敵なモンゴル人力士のイメージ。モンゴル帝国とチンギス・ハーンも、こうした男性的なイメージで描かれる。もう 1 つは、自然と共生する素朴で牧歌的な遊牧民イメージである。中には草原の遊牧民の中に「古き良き日本」を見出すメディアやモンゴル・ファンの方も少なくない。

　いったいどっちが本当のモンゴルの姿？もちろん「本物のモンゴルの姿」などといった設定自体が間違っているのかもしれない。なぜなら 1 つの国のイメージなどといったものは、それを見つめる人によって映る姿も異なってくるからだ。しかしながら本書は、あえて「素顔のモンゴル」というタイトルをつけている。

　実はこのタイトルは、私たちのオリジナルではない。約 50 年前、故小沢重男・東京外大名誉教授が『素顔のモンゴル』という書を上梓されている。小沢先生が「素顔」という言葉を使われたのは、当時社会主義国で日本と国交のなかったがゆえにベールを被っていたモンゴルの「素顔」を紹介するという意図からだと思われる。当時、数えるほどしかモンゴルに行ったことのない状況の中、同著のはしがきで小沢先生は「現代の日本人、それも若い人々（中略）に、その現状を知らせるのが私に課せられた一つの義務であると考えた」とおっしゃっている。もちろんモンゴル研究の大家と同じタイトルをつけるのは、おこがましいとも思った。しかし 47 年経った今、小沢先生とは別の意味で現代の日本人に伝えるべき「素顔」と呼べるものがあるのではないかと思い、タイトルをお借りした次第である。

本書は、ふつうの大学生がモンゴルに留学し、そこで見た姿を描き出したものである。今あえて「素顔のモンゴル」という言葉を使ったのは、メディアや私を含めた専門家が見落とした何かを彼ら大学生が見つけてきたのではないか、と信じるからだ。

　残念なことに専門家の中に「研究対象」に対して大上段に構える方がいるのも事実である。ある欧米の著名な学者は、高級車で遊牧民のところに乗り付けて「私は○○大学の教授である」と自身が所属する超名門校の名を出して自己紹介をした。これに萎縮した遊牧民は「何も大事なことを語らなかった」と、同行した現地人研究者が話してくれた。

　また外国からモンゴルにやってきた研究者の中には、通訳をつけて調査をする者も少なくない。こうした場合も、現地の人の普段の姿に触れることは稀である。なぜならモンゴルの人々は「これは、外国の先生に言わなくていいから」と言ってみたり、あるいは通訳自身が話をつくってみたりといったことも少なくないからだ。

　専門分野から、そもそも「素顔」のモンゴルに対する関心が低い分野もあるのも事実だ。2000年代以降、モンゴルは鉱山開発などによって高度経済成長を遂げた（2017年現在、経済は停滞している）が、モンゴル経済に関する論文や著作も増えてきている。すべてではないものの、経済学など社会科学系の研究においては、あくまで発展途上国の社会や経済を分析する立場をとっている以上、「上から目線」で描かれることが多い。しかも経済や開発をのみ指標としていると、モンゴル人のモノの考え方や心性といったものは置き去りにされる傾向が強い。

　もちろん研究者の論文や著作がすべて上記のような問題があるといっているわけではない。社会的地位もなければ、専門性も確立していない若者であるがゆえに見える世界もあるのではないか、と言いたいだけである。したがって本書こそが「素顔のモンゴル」だと主張するつもりは毛頭ない。

　本書を執筆した大学生たちは、ほとんどが大学で2年間モンゴル語を学んだ上に1年間の留学を経験した者たちである。彼らは、単なる旅行者と違って、現地語を駆使して現地の人とともに暮らしながらモンゴルを見てきた。本書は、そんな若者たちが、「素顔」のモンゴルを紹介する試みである。ベースとなっているのは、筆者が所属する滋賀県立大人間文化学部の学生たち（島村ゼミ）の卒業論文である。

　滋賀県立大学はモンゴル研究・教育に力を入れており、ボルジギン・ブレンサイン、島村一平の2名の教員が学生の指導にあたっている。特に留学に関していうならば、2008年、滋賀県立大学はモンゴル国立大学と交換留学協定を締結して以来、

毎年3〜4人の学生がモンゴルに留学している。また同数のモンゴル人の学生が1年間、本学に留学してきている。もう一人の教員であるブレンサイン氏は主に内モンゴルを対象にした歴史研究を行っている。したがって学生もどちらかというと内モンゴルの学生が自らの出身地を対象とした歴史学的研究をすることが多い。

　本学の学生たちは、好奇心旺盛なフィールドワーカーである。海外に留学する日本人学生の中には、大学と寮を往復するのみの「引きこもり系留学生」が少なくないといわれる。意外なことであるが、アウトドア感が漂うモンゴル留学においても、私が見てきた限りにおいては同様であった。自分の目でみて足で歩いてモンゴルの社会や文化を確かめるような学生は非常に少なかったのである。

　ところが、(手前味噌ながら！)本学の学生たちは実に果敢にモンゴルの世界に飛び込んできた。例えば、「ウランバートルでの語学の授業はもういいから早く遊牧民のところに行かせてほしい」といって遊牧民のところで3ヵ月暮らした者が2名もいた(いずれも女子！)。その結果、ヒツジの毛色でホームステイ先のヒツジなのか隣のゲルのヒツジなのか区別がつくようになったという。馬を自由に乗りこなせるようになった者もいた。もはや彼らは、半分遊牧民である。

　また民族音楽家に弟子入りして馬頭琴やドンブラといった民族楽器を弾けるようになった者もいれば、同じく民族舞踊を学んで帰ってきた者もいた。中にはモンゴルのテレビドラマに主役として抜擢されて「女優」をやって帰ってきたというツワモノもいた。

　こうした彼らが現代モンゴルをキーワードに挑んだ卒業論文をベースに本書は構成されている。公刊にあたり、社会人や主婦として忙しい毎日を送る彼らに代わって編者の島村が読みやすくするように最低限の改稿をしたことを断っておきたい。なるべく一般の人にも、現代モンゴルの持つ魅力を伝えたいという意図から、学術論文では欠かせないが煩雑な議論となりがちな「先行研究」部分は、重要なものだけを残してかなり省略した。

　さて本書では、彼らの見たモンゴルの「素顔」を「遊牧民(草原)」「街」「伝統文化」「日本との接点」の4部に分けてみた。それぞれ若い感性ならではのフィールド感覚たっぷりの報告となっている。ここではその内容を簡単に紹介しておこう。

　第1部は「草原」をフィールドワークした学生たちの記録である。今やモンゴルにおいても遊牧民は少数者である。学生たちは、都市で生活するモンゴル人でも厳しいと言われる地方の草原で、厳しい気候や慣れないヒツジ肉と乳製品中心の食生

活に耐えて果敢に草原でのフィールドワークに挑んだ。

　トップを飾るのは、子育てをテーマに選んだ平野あんずである。モンゴルへの留学中、遊牧民のところでホームステイを経験した彼女は、モンゴルの親たちの子どもとの接し方が日本とは全く異なっていることに驚く。乳児をミノムシのように何重にも布にくるんだ「おくるみ」に、ヒツジの尾（脂肪のかたまり）の「おしゃぶり」。そして何よりも「お手伝い」という概念がなく、子どもたちは、食事の支度や掃除、家畜の世話といった家事を「手伝う」のではなく、最初から最後までやっていた。でも児童労働を強制されているという感じでもなく、モンゴルの子どもたちはふつうに学校にも通っている。平野は、モンゴルの不思議なくらい"自立した"子どもたちが誕生した理由を考察していく。

　次章の西口佳那は、フブスグル県のダルハドというマイノリティの遊牧民のもとで暮らした。3ヶ月の遊牧民体験を通して、今までの民族誌ではあまり語られてこなかったダルハド遊牧民のリアルな暮らしぶりを描き出している。特記しておきたいのは、ダルハド遊牧民独特の家畜に対する掛け声（アニマル・コーリング）や彼らが一時的にトナカイ遊牧民ツァータンの円錐形の住居オルツを設営するといった興味深い情報が記録されていることである。

　第1部の3番手を務める吉村友里は、乗馬好きでモンゴル留学中も毎週末、乗馬に勤しんでいたが、モンゴル人の馬の毛色の個体認識に興味を持つ。そもそもモンゴルでは、家畜の名称が年齢や性別によって異なる名称が与えられていることは有名である。遊牧民たちは、家畜の毛色も日本語では表現できないくらい多くの色に分けて個体認識するのであるが、いったいどれだけ種類があるのか、未だに不明である。そこで彼女はカラーチャートをモンゴルに持っていき、馬の毛色の名称との対応関係を綿密に調べた。彼女は1ヶ月のモンゴルでのフィールドワークで100頭以上のサンプルを集め、分類をしていった。この資料は学術上、大変貴重なものだといえるが、残念ながら紙面の都合上、本書では彼女の論文の本文のみの掲載とした。それにしても一部の黒馬が「ノゴーン（緑）」と呼ばれていたり、ハリョンと呼ばれる毛色が灰色、茶色、黄淡色、亜麻色などに跨っていたりといった新発見を擁しているのは刮目に値する。

　第2部は、「街」がテーマの作品を集めている。首都ウランバートルは人口が137万人に達し、モンゴル国人口の約4割がこの街で暮らしている。もはやウランバートルを抜きにモンゴルを語ることは厳しいであろう。

最初の論考では、首都ウランバートルの街角で見られる口喧嘩がテーマとなっている。実はウランバートルでは、日常的にあちらこちらで「口喧嘩」が発生している。安藤晴美はこれを録音し、口喧嘩の一部始終を書き起こした。そうした上で彼らが、口喧嘩に勝つために様々なテクニックを持っていることをあぶり出す。実は口喧嘩とは単なる日常の瑣末な問題に終わらない。自分を有利に導くための交渉術でもある。外交上手だといわれるモンゴル人の背景に潜むモンゴル人の「交渉術」の一端が口喧嘩を通して垣間見られるのである。

　次の北田昂大の論考はウランバートルで語られる幽霊譚を現代社会のコンテキストから考察したものである。そこから現代モンゴル人が一体何を恐れているのかが浮かび上がってくるだろう。

　第2部の最後を担当するのは、「モンゴルの学校には、いじめがない？」と題して中学校でフィールドワークをした柴田友登のものである。「いじめ」に相当する概念がないモンゴル語。果たして学校の中にいじめはないのか、柴田はモンゴルの中学・高校に飛び込んだ。そこで見えてきたのは、遠足、理科の実験、給食、といった場面で、日本では当たり前のように作られる「班」（グループ）といったものが、モンゴルの学校にはなかったということである。さらに子どもたちは、座席などをめぐっても自由に座るため、グループ化しない。もっとも柴田のフィールドワークは1ヶ月弱のものであり、もっと突っ込むべき点も多い。それでも彼が「発見した」事実は、日本のいじめ問題を考える上でも示唆的である。

　第3部は、「伝統文化」が対象となる。モンゴルの伝統舞踊を学んでいた今井冴香は、インタビューを通して、社会主義時代に民族舞踊を作り上げた舞踏家と現代において民族舞踊を教える舞踏家の間において「伝統」の解釈が異なることに気づく。年配の舞踏家たちは、社会主義時代のロシアのバレエの要素を取り入れて成立した民族舞踊を「伝統的」だと理解する。一方で90年代の民主化以降に活躍する若い舞踏家は、ロシアンバレエの要素が入った社会主義時代の民族舞踊を「伝統的」だとはみなさない。すなわちロシア風バレエとの融合によって「モンゴル民族舞踊」を作り出した社会主義時代の舞踏家たちが「創られた伝統」すら「伝統」だと解釈することで伝統が新たに創造される過程が明らかにされる。

　一方、八木風輝は、モンゴルのマイノリティであるカザフ人の民族音楽に魅せられてカザフ人居住地域であるバヤンウルギー県およびカザフスタンを旅する。そこで気づいたのが、カザフスタンとモンゴル・バヤンウルギー県のカザフ人の間にお

いて民族音楽の楽器や演奏法、曲目が瓜二つだったことである。これは、当たり前のようでいて当たり前のことではない。そもそも「民族音楽」を含めた民族文化というものは国民国家の枠組みの中で形成されるのである。したがって同じ民族であっても所属する国家が違うと異なる「民族文化」が生まれることも多いからだ。例えば、馬頭琴はモンゴルの民族楽器であるが、モンゴル国と中国内モンゴル自治区では楽器の形状も演奏法も曲目もかなり異なる。八木は文献調査を通じて、社会主義時代にバヤンウルギー県へカザフスタン（当時はソ連の一部）の民族音楽が「移植」された後に、首都ウランバートルではモンゴルの楽器を使ってモンゴル語で歌われるカザフ民謡が「カザフ民族音楽」として紹介されてきたことを明らかにした。すなわちモンゴルにおいてカザフ民族音楽は首都とローカルで「演じ分けられて」きたのだった。

　最後の第4部は、日本とモンゴルの接点をテーマにした論考である。
　まずは樗木佳奈による日本とモンゴルの歴史教科書の比較研究である。この論考はフィールドワークによるものではないが、彼女自身もモンゴルへ向かい教科書収集を行った。歴史的に見て日本とモンゴルの接点は少ない。ただし、元寇とノモンハン事件や第二次大戦は日本・モンゴルに共通して教科書に記述がある項目である。この3つを比較することで両国がどのようにお互いを理解しているのかを樗木は探る。
　本書の最後を飾るのは、モンゴル国、内モンゴル双方に1年ずつ留学した平山開士である。格闘技に関心のあった平山は、モンゴル相撲の道場に通いつめ、彼らの強さの秘密を探ろうとする。モンゴル相撲は、日本では「相撲」と呼ばれるが土俵がないので、押し出しなどの技がなく、投げ技中心の、どちらかというとレスリングに近いスポーツである。平山の調査で見えてきたのは、なんとモンゴル国の相撲道場では、モンゴル相撲だけでなく、柔道やレスリングを平行して練習している姿だった。平山によると、モンゴルの人々は、ブフ（モンゴル相撲）というカテゴリーの中に柔道やレスリングが含まれるように理解しているのではないか、ということである。なるほど、モンゴル語では、レスリングのことを「自由型ブフ」、柔道のことを「ジュードー・ブフ」と呼ぶ。そこから外国のスポーツを自らの民族スポーツの範疇に取り込もうとする彼らの逞しさが見えてくる。
　以上、簡単ではあるが本書の概要を紹介した。いずれの論考も大学生の手によるものなので未熟な点もあることは否めない。しかしそれらを看過できるほど、彼ら

のフィールドでの「気づき」には目をみはるものがある。そこから現代社会を生きるモンゴル人の姿が少しでも伝わったならば、望外の喜びである。

島村　一平

【目　次】

はじめに　　　　　　　　　　　　　　　　　　　　　　　島村一平　　1

第1部　素顔の遊牧民
　第1章　モンゴル遊牧民の子育て　　　　　　　　　　　平野あんず　　13
　第2章　タイガと草原に生きる遊牧民
　　　　　　──フブスグル県のダルハド遊牧民との生活体験から　　西口佳那　　38
　第3章　モンゴル遊牧民の馬の個体認識をめぐって
　　　　　　──毛色を中心に　　　　　　　　　　　　　吉村友里　　76

第2部　街の素顔
　第1章　モンゴル人のヘルール（口喧嘩）の技法　　　　安藤晴美　　117
　第2章　幽霊譚から読み解く現代モンゴル社会　　　　　北田昂大　　156
　第3章　モンゴルの学校には「いじめ」がない？　　　　柴田友登　　180

第3部　「伝統文化」の相貌
　第1章　「伝統」という概念のゆらぎ
　　　　　　──モンゴル舞踊をめぐる「伝統」観の世代間格差　　今井冴香　　209
　第2章　演じ分けられた民族音楽
　　　　　　──モンゴル国における2種類のカザフ民族音楽の創造　　八木風輝　　233

第4部　日本とモンゴルの接点をみつめる
　第1章　比較してみた日本とモンゴルの歴史教科書
　　　　　　──元寇・ノモンハン事件・第二次世界大戦　　樗木佳奈　　259
　第2章　柔道・レスリングは、モンゴル相撲の一部なのか？
　　　　　　──ウランバートルのモンゴル相撲道場の事例から　　平山開士　　281

あとがき　　　　　　　　　　　　　　　　　　　　　　　島村一平　　305
編者・執筆者紹介　　　　　　　　　　　　　　　　　　　　　　　307

第1部 素顔の遊牧民

滋賀県立大・島村ゼミ主催のモンゴル研修旅行。
2009年8月ウムヌゴビ県にて

1章　モンゴル遊牧民の子育て

平野　あんず

はじめに

　私は2012年3月から2013年2月までの1年間、モンゴルに留学した。長期休みには草原でホームステイをし、遊牧民とともに暮らすという貴重な体験ができた。その中で最も印象に残っているのは、遊牧民たちの子育ての方法だった。
　私が見たモンゴルの遊牧世界では、羊や山羊の放牧や水汲みは小さな子どもの仕事だった。しかも子どもたちは、親の指示で動いていなかった。決まった時間になると、自ら率先して水汲みや放牧の仕事を始めるのである。赤ん坊は、布でぐるぐる巻きにくるまれて、ゲル内のベッドの上に放置されていた。そんな赤ん坊を母親は気にかけるようすもなく自分の仕事にいそしんでいる。2〜3歳の幼児たちも、親に遊んでもらうことは稀であった。彼らは、子山羊や子羊と戯れながら、子どもだけの長い1日を過ごすのである。
　またさまざまな牧畜作業をしているのも小中学生程度の子どもたちが中心だった。私が滞在していた家の近くの遊牧民の老夫婦のゲルでは、3人の子どもたちが牧畜作業を担当していた。子どもたちは老夫婦の孫であるが、彼らは普段は両親と町に住んでいるのだという。しかし夏休み中は、祖父母のところに来て遊牧の仕事を教わっていた。
　このように私がふれあったモンゴルの子どもたちは明らかに自立していた。日本の大学生よりも仕事ができるたくましい子どもたちだった。そんな子どもたちの「自立」は、赤ちゃんの頃からはじまっているように思えた。何よりも、今まで私が見てきた日本の子育てとモンゴルの子育てでは、子どもに対する接し方がまるで違っていたのである。
　こうした体験を通して、私はモンゴル人の子育てに興味を持ちはじめた。現在の日本では、子育てをしようと思うと育児書が必需品となっている。医学や教育学などの観点から書かれた専門的知識に依存しているせいかわからないが、育児書のせ

いで過保護で過干渉な子育てが多くなっているような気がする。

　しかしモンゴルでは、育児書を読んで子育てをするということはない。私の目には、モンゴル人たちは子どもを「育てる」のではなく、子どもは自ら「育つ」ものだと考えているように映った。母親だけが子どもの面倒を見るわけでもない。特別なことはせず、大自然の中で育つ子どもを時おり支えてやるだけのようだった。

　そこで本稿では、モンゴル人が具体的にどのような子育てをおこなっているのか、私のフィールドワークの結果から紹介していきたい。その中で、日本とモンゴルの子育てにおける具体的な差異についても触れながら見ていくものとする。子育ては、その地域の環境や文化、生活様式に強く影響されるものである。したがってモンゴル人の文化や生活様式が、彼らの子育てにどのような影響をあたえているのかということについても考察をすすめていきたい。

　ところでフランスの歴史学者、フィリップ・アリエス［1984］によると、〈子ども〉という概念が誕生したのは近代以降のことであった。中世ヨーロッパの子どもたちは、〈小さな大人〉として認知され、7歳位になるとすぐ大人たちと一緒に働いたりするのが普通だった。「学校」というものもなかったので、子どもたちは大人扱いされ、大人の友人たちと労働する存在だった。したがって「子ども」は、家庭で大事に保護し教育するものとは考えられていなかった。また、当時は生まれて間もなく亡くなる子どもがあまりにもたくさんいたため、そのうち幾人かが生き残ればよいとして子どもを多数もうけるという意識が人々の間に非常に強く存在していた。

　しかし18世紀になってマルサスの人口論の誕生と中絶法が実施されたことにより、子どもの生命を「必然的な浪費と考える思想」は消えていく。こうして子どもは「純粋無垢」で守らなくてはならない存在として、学校という大人から隔離された空間に置かれるようになる。こうして〈子ども〉という特別な存在が誕生し、大人たちの中には〈子ども〉を育てる、教育するという意識が生まれる。それにより、家族は子どもをめぐって組織され、家庭での教育も盛んに行われるようになったという。

　明治維新以降、欧米式の教育を取り入れたことで、日本にもアリエスのいう〈子ども〉の概念が入ってきた。沢山美果子は、日本で近代家族が誕生したのは1910年代から1920年代であるとしている。サラリーマン層が生まれたことで、夫は会社へ働きに行き、妻は家で家事・育児をする「家庭」という近代家族のあり方が広まっていった。そして、現代の子ども観や親子関係の直接の起源になる「子どもを作る」技術と思想が現れ、多産多子から少産少子への転換が始まったのも、この時期であった。このとき書かれた育児書には、少数の子どもを「作る」という意識がはっきりと

語られており、近代家族は教育家族とも言われていた［沢山 2007：17-20］。

このように「職」と「住」が分離した近代家族が成立したことで、日本においても〈子ども〉が誕生したのである。それと同時に「近代育児法」も生まれたのである。

では、モンゴルの子育てはどのようなものなのだろうか。モンゴルの伝統的なしつけや教育に詳しい Sh. スフバットによると、伝統的に遊牧民たちは家畜を数えることで子どもたちに数字を学ばせていたのだという。また諺やなぞなぞから知恵をつけさせ、英雄叙事詩や音楽を聞かせることで教育を行っていたのだという。さらにモンゴルでは男女の仕事が明確に区別されており、男の子には父や兄が、女の子には母や姉が仕事を教えていた［Сухбат 2009］。

その一方でモンゴルは 1924 年から 1992 年まで社会主義を経験している。トゥルムンフ・オドントヤは、「社会主義モンゴル社会」は女性たちにとってどのような社会であったのか、女性たちはこの社会をどう生きてきたのか、などを、女性の役割分業の側面から取り上げて検討した。彼女によると、男女共働きを掲げた社会主義イデオロギーによって、畜産業をはじめ、家業のどの作業に対しても男女の参加が要求されるようになり、家事、育児にも男性が協力すべきという意識の変化が現れたのだという。そして、社会において要求された「理想」の女性・職業婦人像は、何よりまず社会に貢献する労働者であった。そのため、育児は必ずしも産みの母親、または女性に託されず、広範囲の親戚の分業によって実現され、育児形態のさまざまなバリエーションが存在していたという［オドントヤ 2014］。

社会主義崩壊以降の現代の子育てに関して、滋賀県立大の大学院生だった東郷美香［2011］は、家事分担に関するフィールドワークを通じてモンゴルの母親が子育てを含めた家事への参加率が非常に低いことを知り驚く。もちろん母親は外で働いているのだが、そんなモンゴルの「家事せぬ母親」を補っているのは子どもたちの家事への積極的な参加であり、子育てに関しても同様であった。東郷は、こうした子育ての協働に注目した上で、遊牧生活と都市生活を比較しながら現代の子育てを論じている。彼女は、「《みんなで育てる》、《自律的に家事をさせる》、《家事のマネージメント》を任せるという３点」をモンゴルの子育ての特徴として挙げている［東郷 2011：48］。

東郷によると、モンゴルでは血縁関係の有無にかかわらず、親しい者たちが「みんな」育児に参加していたのだという。また子どもたちに出来る仕事を「自律的に」させており、親が留守の場合は長女や次女が「家事のマネージメント」を行っているのだとした。そうした上で、「こうした家事の分担そのものがしつけであ

り、子育てになっている」と論じた。これは、遊牧民の家庭でも都市の家庭でも共通しているとも指摘している。

　以上のことをうけて本章では、現代モンゴルの遊牧民の子育ての実態を明らかにしていく。もっとも、昨今モンゴルの首都ウランバートルでは欧米の育児書が翻訳出版され、ベビーフードやベビー用品が販売されている。しかし本稿の目的は遊牧社会における子育てを明らかにすることにある。したがって首都で行われている子育てとの比較は行わないことを断っておきたい。

　フィールドワークに関して、私は2014年8月から9月にかけて約3週間、現地にてフィールドワークを行った。乳児の居るモンゴル人家族のもとでホームステイをし、その中で、誰が子どもとどのように接しているのかを観察し、子育てに関して適宜聞き取り調査を行った。また、留学期間中に行ったフィールドワークの結果もデータとして使用した。

　本稿の調査地は、モンゴル国の最北部に位置するフブスグル県である。留学中のホームステイ先がフブスグル県にあったので、調査対象家庭として乳児のいるステイ先の親戚の家を紹介してもらった。また、その他の親戚も近くに住んでおり、さまざまな年齢の子どもに対する大人たちの関わりを観察できると考え、その家庭を選んだ。

　なお私が調査した家族は、父（34歳）、母（36歳）、長男（10歳）、次男（6歳）、長女（1歳2ヶ月）の5人である。年齢はモンゴルで一般的な数え年で記した。彼らはフブスグル県タリアラン郡の固定家屋で生活しており、父親は郡の発電所で働き、母親は郡のパン工場で働いている。長男は母親と前の夫との間にできた子どもである。そういう意味では、純粋な「遊牧民」ではないが、子どもたちは遊牧生活もおくっている。というのも、長男は普段、家から小学校に通っているが、夏休みなどの長期休暇中は家から数十キロ離れた草原で暮らす祖父母の元で家畜の世話を手伝いながら生活している。次男は幼稚園に通っており、休日に長男と草原へ行くことはない。ちなみに長女は、私がフィールドに入る直前の2014年4月24日に生まれている。

1．出産・子育てに関する法律と制度

　子育ての実態を見ていく前に、まずはモンゴルの社会主義時代の出産・子育てに

関する政策を紹介したい。それらの政策がモンゴル人女性の出産に与えた影響をみていく。次に現在の出産休暇や育児休暇など、女性の労働条件に関する法律を日本のものと比較することでモンゴルの子育てが日本とどのように異なるのかを考えてみよう。

1-1. 社会主義時代の女性の出産

　モンゴルは 1924 年、ソ連に次いで世界で 2 番目の社会主義国となった。モンゴルは社会主義国家建設のため、伝統的な遊牧から近代的な農業および工業への転換を目指した。その農工業分野では十分な労働力が必要不可欠であり、男女平等の理念によって社会に出て働く女性は貴重な労働力であった。その一方で女性は労働人口増加への積極的な荷担も求められた。小長谷有紀は「人口はそのまま国力と考えられ、小国を育てるために積極的な人口増加政策がとられた」［小長谷 1999：5］と論じたが、前川愛は「労働力不足解消のため出産奨励策をとり、医療保険施設を整備していった」［前川　1997：35］と付け加えている。つまり人口増加のためにモンゴル政府は女性たちを「産む性」として捉えていたわけである。では、人口を増加させるためにモンゴル政府は具体的にどのような政策を実施したのか。これに関して、トゥルムンフ・オドントヤ［2014］の『社会主義社会の経験－モンゴル人女性たちの語りから－』を参考に簡単にまとめておこう。

　まずモンゴル政府は、人口増加のため出産を促し、子だくさんの女性に対して 3 つの優遇措置を取り入れ多産を奨励した。第 1 に子どもを多く産み育てた女性に勲章を贈って奨励する「《名誉母》叙勲制」、第 2 に子どもの人数によって支給額がアップする「補助金制」、第 3 に子どもの数が多い女性の場合、定年退職が通常より早く認められる「早期定年制」である。「《名誉母》叙勲制」は 8 人以上の子どもを産み育てた女性に《名誉母》第 1 級勲章と

写真 1.《名誉母》第 1 級勲章 (左) と第 2 級勲章 (右) (筆者撮影)

報奨金を、5 人以上 7 人以下の子どもを産み育てた女性に《名誉母》第 2 級勲章と報奨金を与えるというものだ。オドントヤによると、《名誉母》勲章を授与された女性

の割合は、1960年代におよそ12人に1人、1970年代に14人に1人、1980年代に23人に1人であった［オドントヤ 2014：150］。この割合から、女性が政府の人口増加政策に貢献していたことと、この制度が社会に広く普及していたことがわかる。

　私の調査した家族の母方の祖母もこの《名誉母》勲章を持っていた。彼女は7人の子どもを産み育てたため、国から第2級勲章を授与された。その後、2011年に制度が改正され、6人以上の子どもを産み育てた女性に第1級勲章を、4人または5人の子どもを産み育てた女性に第2級勲章が与えられることになったのだという。そのため、彼女は改正後に第1級勲章も授与されている（写真1）。しかし勲章を出して私に説明してくれている間、彼女は国から勲章を授与された者とは思えないような複雑な表情をしていた。

　彼女は「勲章が授与されて嬉しいと思ったことはない。当時は働き手が必要だったし、避妊する術がなかった」と話してくれた。当時は避妊具がなかったこともあり、また避妊のための教育なども受けていなかったため、女性たちは妊娠をコントロールすることが難しかったようだ。国から勲章を授与され、奨励された女性たちの中には産まされることへの抵抗や自分で選び取ることのできない抑圧へのいらだちがあったに違いない。オドントヤもある女性の「子どもを次々に産んで、子どもの世話をして、家にばかりいると、私生活のコントロールができない、子どもを産むほかに何もできない人だと扱われることがあった」という語りを紹介し、叙勲制が女性のプライドを傷つける要因にもなっていたと論じている［オドントヤ 2014：153］。

　また出産奨励策と叙勲の陰には「中絶の禁止」と「子どものいない者への課税」といったネガティブな制度も取り入れられていた。人口増加を促進するための、堕胎手術を厳しく制限した「人工中絶禁止制」や、子どものいない者に対して課税する「子なし世帯課税制」である。さらにモンゴルでは1950年に人工中絶が刑法によって禁止され、堕胎手術が制限された［オドントヤ 2014：139］。

　つまり妊娠・出産に関して当事者である女性に選択権はなく、国によって管理されていたと言えるだろう。その他、社会主義時代、モンゴル政府は人口増加のため母子の健康維持および子どもの保育支援にも力を入れていた。妊娠期間中の健康相談をはじめ定期妊婦健診、診療及び出産時の医療サービスを無料で受けることのできる「女性健康維持制」、新生児にも各種医療サービスが無料で提供される「小児健康維持制」、保育園・幼稚園の費用、小、中、高校を含む中等学校の授業料が無料になる「学童保育支援制」が制定される。

「女性健康維持制」によって健康相談所、休養施設、出産施設、授乳所など妊婦や母親向けの各専用施設も無料で利用できるようになった。このような施設は年々各地に増設されるようになる。このことは女性の出産の場に変化をもたらし、家庭での自然出産から病院での出産が増えることになった［オドントヤ 2014：141］。

私は調査中、草原で遊牧民として生活している妊婦が出産間近になると郡の病院へ行って出産したことを聞いた。その後の各種検診や各種予防接種などは郡センターに住む医者が定期的に母子の家を訪れるという。草原で生活する女性がゲル（遊牧民の移動式家屋）で出産することは今ではほとんどなく、この制度によって出産場所が変化したことがわかる。さらに、1960 年に 120 という値だった乳児死亡率（1000 人あたりの死亡率）が 1990 年には 76 まで低下し、最新データである 2012 年には 23 になっていた［ユニセフ 2014：36、グラント 1986：56］。

以上のように社会主義時代、モンゴル政府は人口増加を求めて出産奨励策を取る一方で中絶を禁止し、避妊の知識を与えないまま、女性たちに対して「産む性」としての役割を求めた。その一方で、完全な男女平等が目指され女性は男性と同じ教育を受け、職業を持つようにもなった。女性の雇用が促進され、保育園や幼稚園の増設、無料化によって出産後の女性の労働力としての役割にも重きが置かれていた。

これは決して都市に限った話ではなかった。調査先の祖母がそうであったように、草原で暮らす遊牧民の女性も勲章を授与される反面、避妊具の流通と利用は制限されていた。社会主義時代、上に挙げた主な政策は草原の女性たちの間にも実施された。子どもが重要な労働力となる草原では、子どもを遠い郡の保育園や幼稚園に連れて行くことはしなかったのである。とはいえ、全ての支援制度が利用されたのではないとしても、社会主義体制が創り上げたこれらの政策は広大なモンゴルの草原に広がり、女性の出産に関する意識と形態を大きく変化させたことは間違いない。

1-2. 女性の労働条件に関する法律

ところで伝統的な遊牧社会において男女の分業は比較的はっきりしているが、女性が牧畜に携わらないということはなかった。20 世紀になり社会主義の時代をむかえると、教育においても社会進出においても徹底的な男女平等が進められた。このため、モンゴルでは女性の就学率と就業率が今も非常に高い。

事実、世界経済フォーラムによる 2014 年の男女平等指数に関してモンゴル国は、全 142 ヵ国中 42 位である。日本が 104 位であることを考えると、モンゴルの男女平等指数の高さがはっきりとわかる。こうした考えをもとに前川は、(遊牧世帯の女性

にも）「20世紀に新しく誕生した都市住民の女性にも専業主婦は生まれえなかった。男女とも働くのが当たり前であり、現在も女性に専業主婦願望はない」としている［前川 2014：194］。

これは決して出産後の女性が子育てを放棄していることを意味しない。モンゴルでは、働く女性のために出産休暇や育児休暇も整備されている。またモンゴル労働法には第7章に「女性の雇用」という項目が設けられており、妊娠女性、出産前後の女性の労働条件が規定されている。以下の表に記し、日本のものと比較してみる。なお、日本の法律は労働基準法及び育児・介護休業法に依るものとする［厚生労働省労働基準局 2011：264-284、721-756］［労働法令協会 2010：155-156、172-173］。

表1．女性の労働に関する法律の日モ比較

項目	日本	モンゴル
解雇禁止	産前産後休暇およびその後30日間	妊娠女性と3歳未満の幼児をもつ女性
出産休暇	産前6週間、産後8週間（給与の3分の2を支給）	母親に対し120日間（基本給相当額を支給）
育児休暇	子どもが1歳になるまで（1年間） ※現在では2年	子どもが3歳[1]になるまで（2年間）
夜間労働や時間外労働の禁止	妊娠女性および産後1年を経過しない女性	妊娠女性と8歳未満の子どもをもつ女性
授乳および育児時間の付与	生後1年未満の乳幼児をもつ母親に通常の休憩時間＋1日2回、各30分から（無給）	生後6ヶ月未満の乳児をもつ母親に通常の休憩時間＋2時間（労働時間として計算）
短時間勤務	3歳未満の子をもつ母親	妊娠女性、授乳中の母親

出産休暇の日数を比較すると、モンゴルが120日間に対して日本は産前産後合わせて98日間である。育児休暇の年数を比較するとモンゴルが2年間あるのに対して日本は1年間[2]である。これらの比較から、女性の労働に関する厚生制度は日本より

---

[1] モンゴルでは、数え年で表記されている

[2] 調査時点は1年であったが、2017年10月に改正育児・介護休業法が公布され、日本においても最長2年間（子どもが2歳になるまで）の育児休業が認められるようになった。

モンゴルの方が手厚いことがわかる。これは社会主義の恩恵と言えるのかもしれない。しかし実際、全ての女性がこれらを利用しているかというとそうではない。特に育児休暇を2年間も取得する女性は少ないと言われている。なぜならば、出産休暇では基本給相当額の支給があるのに対して育児休暇は無給だからである。労働賃金の低いモンゴルにおいて、子育てのために仕事を休むという選択はあまりなされないのである。私の調査先の母親は2014年4月に出産し、調査期間中は育児休暇中であったが、2015年4月には仕事に復帰するつもりだと話してくれた。理由としては、「授乳期間が終われば、母親がそばについている必要はない」こと、「2年も休んでいたら、仕事先のポストがなくなる」ことの2つを挙げていた。つまり収入を得るための経済的な要因と、職業ポストの確保などが女性の早期的な職場復帰に繋がっているのである。また遊牧民にとって出産休暇や育児休暇は全く関係がない。彼女たちは出産後、1ヶ月もたたないうちにすぐ仕事をしているという。法律の上では日本より子育てに充てられる時間の多いモンゴルだが、実際にはそれを活用して子育てをおこなう母親は少ないようだ。

2. 乳幼児の子育て

モンゴルでは、小学校に上がるまでの乳幼児に対して、誰がどのような子育てをおこなっているのだろうか。まずはフィールドワークをもとに、母親以外に誰が子育ての役割を担っているのか、見ていきたい。次に「おくるみ」、「離乳食」、「しつけ」を取り上げてモンゴルの子育ての実際を紹介していこう。

2-1. 子育てを担う人々

モンゴルでは日本のように母親のみに子育てが任されることはない。母親以外の多くの者が子育てに参加しているからである。私が調査中に見聞きした、子育てに携わる人々は主に、父親や祖父母はもちろんだが、子どもたち自身が小さい子の養育に関わっていた。ここでは、彼らがいかに子育てにかかわっているのか、見ていこう。

まず父親だが、モンゴルでは伝統的に男女の分業がなされており、子育ては女性の仕事とされていた。したがって自ら進んで子育てに携わろうとする男性は少ない。しかしそんな父親が必ず子育てに携わる期間がある。それは妻の出産後約1ヶ月の

間だ。モンゴルでは出産後約1ヶ月間、女性は冷水に触れてはいけないとされている。出産後の母体は乳児と同じようにきわめて虚弱状態にある。モンゴルでは伝統的に冷水に触れることが母体への負荷になると考えられてきたのである。

　蛇口をひねると温水が出る日本でも、かつては体が冷えないようにと冷水を触らせなかったと言われている。とまれ母親がそのような状態でいる約1ヶ月間、モンゴルの父親たちは母親に代わってさまざまな仕事をする。例えば、乳児のおしめや子ども服の洗濯、子どもの入浴からお茶や食事の準備までその役割は幅広い。父親も乳児の世話に関しては積極的に参加しているのである。

　次に重要な役割を担うのが祖母である。調査先の長男は、母親と前の夫との間にできた子どもだった。母親は、その長男を祖母に預けていた時について、以下のように話してくれた。

「長男が生まれた時、私は現在住んでいるフブスグル県とは別の県へ出稼ぎに行っていました。でも前の夫は酒飲みで仕事はしないし、夫のお母さんに長男を預けましたが、ちゃんと面倒を見てくれなかったのです。だからフブスグル県に住む自分の両親に2歳の長男を預けて私は働き続けました。長男が3歳になる頃、夫と別れて私もフブスグル県に帰って来ました。しかし私は郡の工場で働き、長男は遊牧民である両親の家で育ちました。その後、今の夫と結婚して次男と長女を産んだのです。長男は小学校に入る年齢から郡で一緒に住むようになりました」

　このように、都市で働く母親は夫の母親や自分の母親に子どもの養育をゆだねている。それについて小長谷は、「社会主義時代に牧畜の生活から離れ都市に定着する人々が増え、母親は草原の祖母に子どもを預けたり、あるいは草原から祖母を呼び寄せたりして、子育てと仕事の両立を果たしてきた。とりわけ、母方祖母の養育代理という新しい慣行は、20世紀のモンゴルを支えた」［小長谷 1999：31］のだという。

　では子育ては大人だけが担っているかというと、そうではない。モンゴルでは乳幼児の子守りを年長の子どもが担うことは珍しくない。私は調査先の母親から、「私は出掛けてくるから、長男と一緒に赤ん坊をよく見ていてくださいね。あと、赤ん坊のおしめを洗っておいてください」と言われた。乳児が泣きだすと、長男は乳児の体をゆすりながら子守唄を歌っていた。その後、私は長男と一緒に乳児のおしめや靴下を洗濯した。草原でも乳幼児の子守りは子どもの仕事の1つとなっている。

両親や祖父母が家を留守にする時は年長の女の子が幼児をあやしたり、ご飯を食べさせてやったりしていた。

　モンゴルのゲルは、基本的に核家族で暮らしている。これだけを聞くと、子育てが母親の手に任せられる印象があるが、実はひとつのゲルが独立して草原にたっていることは少ない。たいてい2～4の世帯がひとつの宿営地を共有して生活している。ゲルの組み合わせは季節の移動によって入れ替わることが多く、そのほとんどが親族関係にある者や友人である［日野　2001］。したがって、子育てにおいてもさまざまな協力を得ることができるのだ。モンゴルでは大人、子どもにかかわらず、母親以外の者が子育てに積極的に参加しているのである。

2-2. 乳児とおくるみ

　モンゴルの乳児は出産直後、羊水に塗れた体を拭いてもらうと、手足をまっすぐ伸ばした状態で何重もの布にくるまれる。まるでみの虫のような状態だ（写真2）。これはウルギー（ölgii）と呼ばれるモンゴルの伝統的なおくるみ法である。ウルギーという語は元々「ゆりかご」を意味している。1907年に現在の内モ

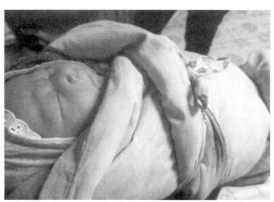

写真2．おくるみされた乳児（筆者撮影）

ンゴルのハラチンで調査をした鳥居きみ子は、「生れた赤ん坊は、（中略）柳の木で拵へたウルキーと申します搖籃に入れます」、「生れた嬰児は布の切れに巻いて、ウルキーに入れ、産衣は製しませぬ」と報告している。さらに、ゆりかごに入れないときは、裸体のままで母親の懐に入れる。3歳くらいまでは着物をつくらず、寒い時は毛布や毛皮に巻く。夏は薄い布一枚で巻くとしている［鳥居　2010（1931）：1057-1081］。

　しかし私は調査中にゆりかごの使用を確認することはできなかったし、調査先のモンゴル人からもゆりかごを使っているという話は聞かなかった。鳥居によると、ゆりかごに入れる乳児にも布を巻いていることがわかる。おそらく、おくるみの習慣は各地にあったが、ゆりかごは使用しない地域もあったのだろう。あるいはウルギーとは地方によってゆりかごを指したり、おくるみを指したりするのかもしれな

い。

　出産時、母親たちは看護師から「ウルギー」と呼ばれるおくるみの方法を学ぶ。まず、分厚い布団を用意する。その上に「ジブフ（*jivkh*）」と呼ばれる皮革を乗せる。これは乳児の尿や便が布団に染みるのを防ぐためのものである。そしてその上に「ダーウォー（*daavuu*）」と呼ばれる布を乗せる。この布には、乳児の肌が直接触れるため、暖かくやわらかいものが選ばれる。乳児が尿や便をした場合、これだけを取り換えてやればいい。そこへ乳児を置き、くるんでいくのである。この状態はだいたい5～6ヶ月までつづけられ、乳児の様子や季節によって薄い布を使用し、下半身のみをおくるみ状態にする（写真3）。なぜこのようなおくるみ法を用いるのか調査先の母親に聞いてみると、2つの理由があるという。まず1つ目は、足の部分を強く結ぶことによってO脚になるのを防ぐためだという。2つ目は、手足

写真3. 下半身のみのおくるみ
（筆者撮影）

が固定されていることによって子宮の中にいる感覚を思い出し、乳児が良く眠るからだとのことだった。しかし、調査を進めるうちに、この伝統的なおくるみ法を用いる理由がこの2つだけではないことがわかってきた。

　モンゴルでウルギーと呼ばれるこのおくるみ法は英語では、「スウォッドリング」と呼ばれ、その歴史は古い。北本正章によると、紀元前1000年頃のイオニア時代にはすでに行われていたことが考古学によって明らかにされており、ヘレニズム時代、ヨーロッパ中世を貫いて19世紀まで続けられ、今日でも高温多湿地域を除いて、中東地域、中南米、西アジア、地中海沿岸地域、黒海とカスピ海沿岸地域などでは残存しているという［北本 2012：4］。

　ヨーロッパでも多用されていたこの習俗が批判され始めたのは1500年代である。この習俗は、乳児と母親とのふれあいの機会と頻度を減少させ、時には母子関係そのものの持つ基本的な接触関係を遮断する習俗であり、そもそも近代以降の教育が最も重視する子どもの自立性、自主性というものをまったく考慮しない育児方法であるとして、啓蒙主義の立場に立つ小児医学者、幼児教育論者、道徳論者か

ら厳しく非難された［北本 2012：10］。だが、19世紀にヨーロッパで姿を消したおくるみ法がモンゴルをはじめ、世界各地で残存しているのには理由があるに違いない。北本が挙げるスウォッドリング習俗の残存理由をまとめると以下のとおりである。

① 繰り返される乳幼児の転落、落下事故、あるいは火傷の事故を防ぐという「予防」ないしは「安全対策」
② 子どもの感染予防という「隔離」意識ないしは「保護」意識のあらわれ
③ くる病に対する予防策という「矯正」の思想

今日でも世界各地で人々がスウォッドリングを行い続けているのは、彼らが子どもの成長と発達に無関心であったからではなく、むしろ逆に、子どもを保護しようとしていたからだと言えるだろう。ウルギーやスウォッドリングと呼ばれるおくるみ法は、彼らが厳しい生存環境で生き残る過程で考案した育児法であったに違いない。さらに、現代の日本の育児書には、泣き止まない乳幼児をおとなしくさせる方法の1つとしてスウォッドリングが紹介されているものがあり、その効果が再認識されている例もあった。

モンゴルにこのような伝統的おくるみ法が残っている理由には、北本の挙げる理由に加えて、次の2点を付け加えることができるのではないだろうか。1点目、モンゴルは1年中乾燥しており、冬には厳しい寒さが訪れる。ウルギーは、そのような厳しい環境から乳児の身体を守るための伝統的な方法であるのではないか。2点目、伝統的なモンゴル社会では子どもを出産した後の育児期間も今日のように長くはなく、母親は可能な限り早く仕事に復帰していた。ウルギーは、手足を動かしたり、寝返りを打つようになった乳児の動きを制限することで、忙しい母親を乳児から解放するためのものでもあったのではなかろうか。その根拠は後で論じるものとしたい。

2-3. 離乳食

離乳食として乳幼児に何をどのように食べさせるか、いつから始めていつまでするのかなどは社会によって異なり、それは子育て文化の一部分だといえる。モンゴルには、離乳食に入る準備として興味深い慣習がある。私がお世話になった家の母親や祖母への聞き取りをもとに紹介してみたい。

モンゴルでは母乳育児が奨励されており、出産後の病院で看護師から母乳の出し

方を教わる。調査先の母親によると、イネ科のキビを食べると母乳が良く出ると言われているため、女性たちは出産後、キビ粥や、香ばしく炒ったキビ入りのミルクティーを作って飲む。また、中国産の粉ミルクが地方でも売られているそうだが、高価であること、水が貴重であることから、母乳が出ない母親は粉ミルクではなく牛や羊の乳を与えている。モンゴルでは伝統的に子どもが生後 2 年を過ぎるまで必ず母乳を与えるようにし、中には 5 年を過ぎても母乳を与え続けることもあったという [Дашдаваа 2013：19]。調査先の母親は「現在でも生後 1～2 年の間、母乳を与えている。この子が欲しがっている間は与えようと思う」と話した。いつまでに卒乳するべきだという考えは無いようだ。

　モンゴルの母子健康手帳には、生後 6 ヶ月が経過すると母乳以外のものを食べさせ始めるようにと書かれている。しかし母子手帳に書かれていないものの、その前に離乳食準備として、モンゴルでは生後 1～2 ヶ月から羊の尾の脂肪を乳児の口に入れ、おしゃぶりのように吸わせるという慣習がある。モンゴルの羊は尾に脂肪を蓄えており、その脂肪片は栄養価が高く、羊肉の中でも最高級の部位のひとつである。ただし脂肪はゆでるとほぐれやすくなるため乳児の喉に詰まる恐れがある。だから乳児に与える脂肪は生のままなのである。離乳食を始めるまで続けることで、多くの栄養が取れること、母乳以外のものに慣れることが期待されている。また、母乳がうまく吸えない乳児には生後 10 日ほどで脂肪をくわえさせることで、乳を吸う練習にもなるのだという。

　ではその後、乳幼児にどのような離乳食を食べさせているのか。モンゴルの母子健康手帳に載っているものを挙げると以下のようになる [Соёлгэрэл・Д.Ганзориг 2010：32]。

・タラグ（*tarag*）：ヨーグルト
・カーシャ（*kasha*）：セモリナ粉をミルクで炊いたロシアのお粥（写真 4）
・バンタン（*bantan*）　：小麦粉を溶かしたモンゴル粥
・ゾタン（*zutan*）：穀物を油でいため、茶・ミルク・水などを加えて作る一種のお粥

　上述した離乳食は生後 6 ヶ月のものである。7 ヶ月には乳製品や果物、野菜をペースト状にしたものが挙げられており、歯が生え始めた 10 ヶ月からは細かく刻んだ肉を食べさせることが奨励されている。また母子健康手帳には数種類のお粥のレシピが載っており、母子健康手帳を見るといつ、どのような離乳食を与えればよいのか、どうやって作るのかまでわかるようになっている。

今では大型スーパーに行くと、外国から輸入されたさまざまな離乳食があるが、昔はヨーグルトなどの乳製品とモンゴル粥「バンタン」が主だったという。

調査先の長女は生後 4 ヶ月だったため、まだ離乳食を与えていなかった。しかし長男と次男の離乳時にはバンタンを食べさせていたという。そこで、ここではバンタンを取り上げて紹介したい。用いられる

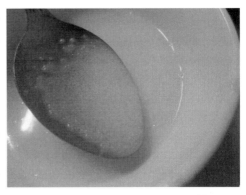

写真4. カーシャという離乳食 （筆者撮影）

食材は、肉と小麦粉だけである（玉ねぎを入れることもある）。少し炒めた肉に水を加え煮込み、塩で味を調える。小麦粉は少量の水を加えて手でこすり合わせるように混ぜておき、スープに入れてとろみをつける。これで消化の良いモンゴル粥の出来上がりである。乳児に歯が生えるまでは肉をよけてとろとろのスープのみを食べさせるそうだ。また、バンタンは離乳食としてだけでなく、普段の夕食にもなるし、二日酔いの大人にも勧められる料理だ。料理の種類が少ないモンゴルでバンタンは乳幼児から大人にまで愛される万能の料理である。

以上をまとめると、私の調査地では、離乳食の前に離乳食準備として羊の尾の脂肪をくわえさせる慣習があること、離乳食の種類は増えているが実際に乳幼児に与えるのは乳製品とバンタンであるということができる。

2-4.「愛情は内に　厳しさは外に」なしつけ

私が見たモンゴル人のしつけは荒い。現代の日本人からすると虐待などの社会問題として取りあげられるのではないかと心配するほどのものもある。しかしモンゴルの子どもたちは、母親から大事に守られて育つ日本の子どもより元気に強く成長していくように感じた。なぜなのだろうか。

まず、モンゴル人は苦しい体験や厳しい体験をさせて子どもを育てていく。ウルギーというおくるみにしても子どもからすると苦しいだろう。それでも前述したように母親を乳児から解放する役割を持っている。

以下のような場面に居合わせたことがある。旧正月を体験しに友人の田舎へ行った時のことだ。そこには友人の両親のゲルと友人の弟夫婦のゲルが並んで建ってい

た。旧正月の大晦日、朝から男性は家畜の放牧へ出かけ、女性は両親のゲルで翌日のごちそうを作ったり、ゲルを装飾したりと忙しかった。弟夫婦には生後1ヶ月の乳児がいたが、ウルギーに巻かれて弟夫婦の家でひとり寝かせていた。昼過ぎに弟夫婦の家の前を通ると乳児の泣き声が聞こえてきた。

　私は慌てて母親に伝えたが、母親は小麦粉を練りながら「今手が離せないから、あとで行きます」と言う。その場にいた友人と友人の母親も自分たちのしている仕事を止めてまで乳児の様子を見に行くことはせず、私だけがそわそわと心配していた。そんな私の様子に気がついた友人が、「赤ん坊はウルギーに巻かれているからベッドから落ちることもないし大丈夫なの。たぶん、お腹が空いたのか、おしっこをしたから泣いているんだよ」と落ち着いて説明してくれた。私は驚いたが、モンゴルではこうしたほったらかしが普通なのだという。

　同様に、モンゴルでは生後6〜7ヶ月を過ぎて自分で移動できるようになった子どもの腰に縄を巻いておき、もう片方の先をベッドの足に結んでおくのだという。これは子どもを「火」、「刃物」、「家畜の足」という3つの危険から守るための方法である［Сухбат 2009：150］。

　ゲルの真ん中にはかまどがあるし、子どもが触るとケガをしそうな刃物も置かれている。また、ゲルを一歩外に出ると家畜がいる。乳幼児がうかつに近付いて馬や牛に踏まれでもしたら命すら危うい。日本ならば危険なものを子どもから遠ざけるが、モンゴルでは「子どもそのものを固定してしまう」のである。そのまま両親とも家畜の放牧へ出かけ、子どもは腰に縄を巻かれてひとりで留守番をするということは珍しくないと友人は話す。両親が帰宅すると子どもは涙と尿でびちょびちょということもよくある。それでも彼らは子どもをひとりにさせておく。事実、モンゴルにはこんな諺がある。

　　　泣いて泣いて人になる　鳴いて鳴いて家畜になる
　　　　　　　　　　　　［塩谷・プレブジャブ　2005：178-180］

　つまりモンゴルでは、動物がメーメー鳴いて立派な家畜になるように、赤ん坊は泣いてこそ健康で丈夫に育つものだと考えられているのである。だから親が泣き叫ぶ子どもの機嫌をとるとか、それにイライラして子どもを怒るといったことは、しない。モンゴル人の『子どもは「育てる」ものではなく「育つ」もの』と捉えている感覚を垣間見た瞬間だった。

またモンゴルの親たちは時に子どもを厳しく叱責する。怒鳴ったり、手が出たりすることも珍しくない。モンゴル人の友人が3歳の娘に「そんな悪いことをする子はいらないよ。もっと良い子をもらうから」と言っているのを聞いた。子どもが手の甲やお尻を叩かれているシーンも何度も見た。子どもは勿論泣いて騒ぐが、しばらくするといつものように母親に甘えていた。

　ゲルの中には子どもにとって危険なものが多い。モンゴル人は子どもを固定することによって危険から子どもを守っていたが、子どもの自我が発達してくると、わざと危険を体験させることがある。例えば、かまどや刃物に興味を持っている子どもがいれば、わざとかまどに触れさせたり、刃物で指を切ったりして痛みを覚えさせる。そうやって直に危険を認識させるのだという。しかも、子どもに厳しいのは親だけではない。親戚の大人をはじめ、血縁関係の無い者も子どもを叱りつけることがある。以下の諺がそれを象徴している。

　　わがままを学ぶよりも　厳しさを学べ
　　　　　　　　　　　　　　　［塩谷・プレブジャブ 2005：267-268］

　乳幼児期の体験が子どもの将来に与える影響は大きい。そのため、厳しさだけで子どもを育てていては、私が出会ったような素直で明るい子どもにはならないだろう。彼らは厳しい反面、子どもを褒めることも多い。フィールドワーク中、ゲルの外から薪を持って来た3歳の子どもに母親が「薪を持ってきてくれたの？　いい子ねー！」と褒めているのを見た。

　モンゴルでは3〜4歳になると薪や牛糞を拾ったり、母親の言う物を取ってきたりし始める。モンゴルの専門家によると、そのときにすぐ褒めてやるのが重要なのだという［Сухбат 2009：148］。こうして子どもが自発的に手伝い始めることを促すわけである。彼らは厳しく叱る場面と褒める場面をしっかりと使い分けながら子どもを育てているといえよう。

　一方、日本では、父親が仕事で夜遅く家に帰ることも少なくない。そんな時、子どもはすでに「子ども部屋」で寝てしまっていて、父親は休日にしか子どもと触れ合えないなんてことも珍しくない。

　しかしモンゴル遊牧社会ではそのようなことが起こらない。なぜならゲルはワンルームなので「子ども部屋」などなく、その日の仕事をすべて終えると家族団らんの時間と空間が用意されているからである。さらにモンゴルの父親は膝の上に乳幼

児を乗せてあやし、母親は子どもの学校の宿題を見てやることもある。
　ゲルにはだいたい2～4台のベッドが置いてあり、特に末っ子は1つのベッドで両親と川の字になって寝る。モンゴルの子どもたちは下着1枚の裸で布団に入り、体を寄せ合って眠る。おそらくモンゴル遊牧民の親と子が触れ合う時間は、日本の一般家庭より多いのではないだろうか。

　　　　愛情は内に　厳しさは外に
　　　　　　　　　　　　　　　　　　　[塩谷・プレブジャブ 2005：200-201]

という諺からもわかるように、モンゴルの親たちはただ厳しいだけではない。彼らは厳しさの内側にたくさんの愛情を持っているようだ。

3. 児童の子育てと牧畜労働

　1924年に社会主義政権が発足すると、それまで教育を担っていたチベット・モンゴル仏教が否定され、社会主義の近代的教育が広大な遊牧地域に広がった [小長谷 2004]。近代教育といっても、夏には3ヶ月にわたる長期休暇を設け、子どもが草原に戻って牧畜に従事する時間はしっかりと確保されていた。そんな中、小学生以上の子どもたちは、どのようにして家事や牧畜労働を学んでいくのだろうか。ここでは、子どもが家事や牧畜労働に対してどのような意識を持って取り組んでいるのかを見てみよう。次に、家事や牧畜労働を誰が教えているのか報告する。そして最後に、モンゴルの子どもにとって「遊び」とはどういったものかということを考察していこう。

　なお、モンゴルでは、牧畜の「仕事」と家の中の「家事」がはっきりと区別されていない。彼らは全て「仕事をする」(*ajil khiikh*) と話す。したがってこれ以降、ajilの翻訳語として牧畜労働も家の中で行われる家事も含めて、平仮名で「しごと」として表記することを断っておきたい。

3-1.「手伝う」という概念の不在

　私の暮らした地域では、幼児は3歳にもなると、薪を家の中に運ぶようになる。一般的にモンゴルの遊牧民たちは、幼い頃から生活の中でしごとを学んでいくとい

ってよい。具体的に子どもたちが覚えていく主な「しごと」の順番を大まかに記すと表2のようになる。

表2. 年齢別、男女別に見る子どものしごと

	男	女
3-4歳	・薪を運ぶ　・茶碗を洗う	・子羊、子ヤギを追う
5-6歳	・牛糞を集める　　・水汲み ・馬乳酒をかき混ぜる　・馬に乗る	・仔牛を追う ・羊、ヤギの放牧
7-12歳	・薪わり　・馬、駱駝を追う	・料理　・洗濯　・乳搾り
13歳以上	・馬具の製作　・狩り ・家畜の屠殺	・裁縫　・乳製品づくり

　小学校に上がるまでは性別に関係なくさまざまなしごとを覚えていくが、次第に男女が学ぶしごとに差異が現れてくる。モンゴルの遊牧社会では伝統的にしごとの男女分業がなされており、男性は主に家の外で家畜の放牧を担当し、女性は主に家の中のしごとを担当している。

　子どもが働けるようになると、大人は「しごとを手伝いなさい」とは言わず、「このしごとをしなさい」「あのしごとをしなさい」と指示する。調査先の長男は祖父母のもとで生活している間、家の中に薪が無くなれば外に行って薪

写真5. 食事をつくる少女　（筆者撮影）

を割り、羊が隣の家の羊と混ざりそうになればすぐに馬に乗って駆けて行った。子どもたちは、雄大で厳しいモンゴルの自然の中で自立して生き抜くため、さまざまな知恵と技術を身に付けなければならない。そんな彼らにとってしごとは「手伝う」ものではなく、「する（khiikh）」ものなのである。

　調査中に祖父が家畜の放牧に出かけ、祖母が郡の中心部へ買い物に出かけた日があった。祖父母の家には長男の他に2人のいとこ（14歳の姉、10歳の弟）がおり、そのうちの14歳の女の子が祖母に代わり子どもたちの食事を用意していた（写真5）。それだけでなく、掃除や乳製品づくり、家畜の世話も行っており、女の子はこの

日一日この家の最年長の女性として責任を持ってしごとをこなしていた。

3-2. 親の関与の少なさ

　遊牧社会において子どもは重要な労働力であり、子ども自身も当然のように毎日のしごとをこなす。では、それらのしごとを子どもたちは誰から教わるのだろうか。

　表2のとおり、子どもたちの成長と共に身に付けるしごとが男女で異なる。そのため、男の子は父親や兄から、女の子は母親や姉から技術を習うことになる。しかし、ある母親は「私は特別にしごとを教えることはしません。まずは子どもと一緒にしごとをし、覚えさせるのです」と話していた。また19歳の女性は「親から教わったしごとは特になく、自分で親のしごとを見て覚えた」と語っていた。つまり、親はしごとを教えようとは思っておらず、子どもも誰かから教えてもらうという発想もないようだった。子どもは自らしごとを学んでいるのである。

　その学び方は、具体的にいうと「自分で観察し、実践してみて、自分で修正する」という形である。調査中、子どもたちは普段から、自分の周りにいる大人や兄弟姉妹、いとこや友人のしごとをじっくりと観察しているように思われた。

　例えば、私はホームステイ先で毎日母親と13歳の娘と3人で牛の乳搾りに出ていた。搾乳の前にまず催乳といって、仔牛に乳を少し吸わせる。全ての乳房から乳が出るのを確認すると、仔牛を母牛から引き離す。搾乳が終わると再び仔牛が乳を飲めるという具合で搾乳は進む。

　この工程の中で私と13歳の娘が仔牛を引き離す役割を、母親が乳房から乳が出るかどうかの確認と搾乳のしごとを担っていた。ところが2週間ほど経ったある日、母親が搾乳をしている間に娘は催乳をしている母牛の乳房を確認し始めたのである。母親から指示があったわけではなく、やり方を教わっている様子もなかったため、いつも母親がやっている作業を見様見真似で覚え実行していた。

　それに対して母親は特に反応せず、娘のやりたいようにさせていた。さらに1週間後には娘が「私も搾乳したい」と言いだし、搾乳に挑戦し始めた。初心者の娘が牛1頭から搾った乳の量は母親の半分にも満たなかった。それでも自分で搾乳したという満足感で彼女が高揚しているのが私にもひしひしと伝わってきた。母親は搾乳の技術を手取り足取り教えるということをしない。娘の搾乳が遅ければ、「あとは私がやるから、あんたは仔牛を柵から出しなさい」などと言ってせっかくのしごとの機会を奪うことさえある。それでも娘は毎日少しずつ搾乳の技術を身に付けていっていた。このようにして子どもたちは「しごと」を覚えていった。親は子どもが出来

るしごとを自律的にさせるようサポートする役割をのみ果たしており、教えるということをしていなかったのである。

3-3. 子どもが子どもに「しごと」を教える

　モンゴルの子どもたちは自分で観察し、実践してしごとを覚える。とはいえ、もちろんしごとが出来るようになるまで時間がかかることもある。そんな時に子どもを助けたり教えたりするのは、実は大人ではない。近所や親せきの年長の子どもたちなのである。

　例えば、馬に鞍を載せるのに苦労している子どもがいれば、親は年長の男の子に「あの子の鞍をつけてあげなさい」と言い、自分は何もしないことが多い。年長の男の子は当然のように年下の子どもにやり方を教える。また19歳の若い女性が「年下のいとこたちに料理や乳搾りを教えている」と話していいた。つまり兄や姉、いとこたちが年下の子にしごとを教えるという環境がつくられているのである。おそらく、こうして年上の子どもは自分たちの成長を意識し、一方、年下の子どもも早くその仲間に加わりたいという意識が生まれるのだろう。

　年長の子どもが、大人の代わりに年下の子どもを叱ることもある。例えば、祖父母の家で生活していた10歳の長男と同い年のいとこが朝から馬に乗って羊の放牧に出かけたことがあった。その日は14歳の女の子が祖父母に留守を任されていた。夕方、いつもより早い時間に放牧から帰ってきた2人の男の子は気まずそうな表情をしていた。何かを察した女の子が「何かあったのか」と尋ねると、2人は「放牧先で羊が狼に襲われた」のだと話した。すると女の子は「2人で羊を囲んで行けって言ったよね？どうせ2人で遊んでたんでしょう。最近あの場所に昼間から狼来るから気をつけろっておばあちゃん言ってたよね？」と2人を叱りつけた。はじめは反論していた2人も次第におとなしくなり、最後には肩を落として外へ出て行った。帰宅した祖父母は女の子から事情を聴いたが、それ以上2人を叱ることはなかった。

　つまりモンゴルでは子どもたちの間で「しごと」をめぐって年長が年少を指導する教育システムが出来上がっているのである。また親も自ら教えることをせず、そのシステムに任せていた。こうした子どもによる子どもの指導システムは、子どもたちの自立を促す上で有効にちがいない。ただし、こうしたモンゴルのシステムは、日本と異なって職場と住居が同じ場所─すなわち「職住分離」がなされておらず、子どもが多く、親族ネットワークが機能しているからこそ、可能なシステムであるといえよう。

3-4.「しごと」≒「遊び」

　モンゴルの子どもは幼い頃から実によく働く。学校に行かない日は、朝から晩まで家畜の放牧にでかけることも少なくない。日本人の同じ年頃の子どもと比べると、1日のうち、勉強を除いた時間が「遊び」よりも「しごと」の時間になっているようにも感じる。さらにモンゴルの草原には日本の子どもが遊ぶようなゲーム機や遊具がない。では、モンゴルの子どもたちはいつ、どのように遊んでいるのだろうか。

　まず、年齢の近い者同士が集まっている様子を観察した。調査先の長男は祖父母の家で同じ年のいとこと薪割りをしていた（写真6）。一見、2人で協力してしごとをしているように見えたが、会話の内容からどちらが上手に薪を割れるかを競い合っていることがわかった。お互いに薪割りの技術を指摘し合いながらも、笑顔で会話する様子が見られた。また、女の子たちも家畜を放牧している間にいとこの家や草原の真ん中に集まってお喋りする姿が頻繁に見られた。

写真6. 薪割りをする調査先の長男と同じ年齢のいとこ　（筆者撮影）

　次に、子どもが独りでいる様子を観察した。兄弟姉妹やいとこ、友人が一緒であれば楽しくなるしごとも独りではやはり同じようにはいかないのかと思いきや、そうではなかった。幼児の頃は子家畜と戯れ、羊や山羊を追いかけて遊んでいたのがしごととなり、馬に乗って放牧に出かけることが彼らの楽しみになっているのだった。特にモンゴルの子どもたちは馬に乗ることが大好きで、10歳の長男は「馬に乗りたいから、休日ごとに田舎のおばあちゃん家に行くんだ」と話すほどであった。モンゴルの子どもにとって家畜とは食料、財産であると同時に遊び相手でもある。

　私たち日本人から見ると大変なしごとも、モンゴルの子どもたちにとっては遊ぶこととそう変わらないといえよう。

おわりに

　本章では、モンゴルでの参与観察や聞き取りによって、彼らの子育ての実態を明らかにしてきた。留学中に見たモンゴル人の子どもへの接し方が、なぜ日本人のそれと異なっているのかという疑問が、本稿の出発点であった。

　この素朴な疑問にもとづきながら、まず、社会主義時代にとられた出産・子育てに関する政策に焦点を当て、当時の女性が労働力としての役割に加え、「産む性」としての役割を強く求められていたことを示した。次に、乳幼児を対象とした「おくるみ」、「離乳食」、「しつけ」を見てきた。モンゴルの伝統的なおくるみ法には、乳幼児を厳しい自然環境や事故から保護する目的の他に、忙しい母親を子育てから解放する目的をもっていることを論じた。しつけは日本人からみると厳しいと思われることもあるが、彼らはその内側に多くの愛情を持っているように思われた。

　次に小学生以上の子どもたちが牧畜労働を学ぶ過程を通して、子育ての実態を探った。そこでは、周りの大人を観察して自ら主体的にしごとを覚える子どもたちの姿があった。象徴的なのは、遊牧民には日本のような「お手伝い」という概念がなかったということだ。モンゴルでは家事は「しごと」と呼ばれて、子どもが最後まで責任をもってやりとげるものだとされていた。確かに「お手伝い」をいくらし続けたところで、いつまでたっても主役にはなれない。いいかえるならば、「お手伝い」という言葉は、子どもが自立しないことを前提とした概念であるということだ。そんなことをモンゴルの「しごと」は教えてくれているように思われた。さらに子ども間で「しごと」を教え合うというシステムができあがっていたことも重要である。この子どもたちの相互教育システムは、子どもの自立を促す上で極めて有効な方法にちがいない。

　もうひとつ注目すべきは、モンゴルの子育てにおける社会主義の持つ意味である。モンゴルはソビエトから近代教育や近代医療を受容し、それまでの出産・子育てに関する意識と形態を大きく変化させてきた。その一方で男女平等を掲げた社会主義は、モンゴルに日本のような専業主婦を誕生させなかった。その結果、働く母親の代わりに子どもや祖父母、近隣の人といった周囲の者が積極的に子育てに携わる子育てが確立されたといってよいだろう。これに加えて乳幼児をおくるみやベッドへ固定する伝統も母親を助けた。こうして伝統文化と社会主義の融合によって、モンゴルの母親は「ワンオペ育児」から解放されていた。

また草原に住む子どもたちは学校が始まると、郡や都市に出て子どもだけで生活する。大人と別れて、学校という隔離された空間に身を置くことになる。しかし、子どもが重要な労働力とされているモンゴルでは、休日や長期休みには子どもは草原に戻り、大人と共に牧畜労働に従事する。日本とは違い、「職」と「住」が分離していない草原で、子どもは大人のしごとを観察し、生活に必要なあらゆる知識や技術を学んでいくのである。

　以上のことから、モンゴルでは「しごともすれば、学校にも通う」という、日本とは異なる「近代的な〈子ども〉」が成立したと考えられる。モンゴルの人々は、学校教育と家庭における自立のための教育が共存させながら、子どもたちに厳しい自然環境の中で生きていく力をつけさせていた。その一方で、伝統的なおくるみ法や離乳食、諺にもあらわれているしつけなど、昔から変わらない子育て様式も残っていた。そういう意味では、近代と伝統が融合した子育てを彼らは実践しているといえるのではないだろうか。

　本章では、対象をフブスグル県という地方に設定し、調査を行ってきた。そこでは草原の伝統的な育児法が残っていたが、首都ウランバートルでは外国のベビー用品やベビーフードが売られていた。きっと地方の遊牧民の子育てと首都の都市生活者の子育てでは、ずいぶんと違いがあることだろう。この点に関しては、本稿で扱うことができなかった。今後の課題としたい。

（2016年1月）

参考文献

青柳まちこ　1987『子育ての人類学』河出書房新社。
アリエス、フィリップ　1984『〈子ども〉の誕生　アンシャンレジーム期の子どもと家族生活』みすず書房。
石垣恵美子　1977『キブツの保育』誠信書房。
北本正章　2012「ヨーロッパの伝統的子育て習俗に関する歴史人類学的考察：子ども学の基礎概念（2）」青山学院大学教育学会紀要『教育研究』56：1-22。
グラント・P. ジェームズ　1986『世界子ども白書1986』日本ユニセフ協会。
厚生労働省労働基準局（編）　2011『平成22年版　労働基準法　上』労務行政、pp. 264-284。
厚生労働省労働基準局（編）　2011『平成22年版　労働基準法　下』労務行政、pp. 721-756。
小長谷有紀　1992『モンゴル風物誌　ことわざに文化を読む』東京書籍。

小長谷有紀　1999「草原の国を変えた女性たち」、窪田幸子・八木祐子　（編）『社会変容と女性ジェンダーの文化人類学』ナカニシヤ出版、pp. 4-35。

小長谷有紀　2004『モンゴルの二十世紀　社会主義を生きた人びとの証言』中央公論新社。

沢山美果子　2007「家族の歴史を読み解く」、山田二郎（編）『「家族」はどこへいく』青弓社、pp. 11-63。

塩谷茂樹、E. プレブジャブ　2005『モンゴル語ことわざ用法辞典』大学書材。

東郷美香　2011『モンゴルにおける「家族(マナイハン)」の動態に関する文化人類学的研究』滋賀県立大学修士論文。

トゥルムンフ・オドントヤ　2014『社会主義社会の経験　—モンゴル人女性たちの語りから—』東北大学出版会。

鳥居きみ子　2010（1931）『アジア学叢書 225　土俗学上より観たる蒙古 2』大空社。

原ひろ子　1979『子どもの文化人類学』晶文社。

日野千草　2001「モンゴルの遊牧地域における宿営地集団　—モンゴル国中央県ブレン郡における事例から—」『リトルワールド研究報告』17：89-125。

前川愛　1997「子どもの数」、小長谷有紀（編）『アジア読本　モンゴル』河出書房新社、pp. 35

前川愛　2014「ジェンダー　—専業主婦にあこがれなし—」、小長谷有紀、前川愛（編）『現代モンゴルを知るための 50 章』明石書店、pp. 192 - 196。

ユニセフ　2014『世界子ども白書 2014 統計編　だれもが大切な"ひとり"』日本ユニセフ協会。

労働法令協会（編）　2010『わかりやすい改正育児・介護休業法の解説』労働法令。

Ж.Дашдаваа 2013 *Монголийн уламжлалт гэрийн хумуужил*　Улаанбаатар хот。

Г.Соёлгэрэл・Д.Ганзориг（eds.）　2010 *Эх хуухдийн эруул мэндийн дэвтэр*　Улаанбаатар。

Ш.Сухбат 2009 *Монголчуудын сурган хумуужуулэх ов уламжлал*　Улаанбаатар。

参考ホームページ

厚生労働省　「育児・介護休業法について」
(http://www.mhlw.go.jp/topics/2009/07/tp0701-1.html, 2014. 11. 24)

国際安全衛生センター　「モンゴル労働法（1999 年）」
(https://www.jniosh.go.jp/icpro/jicosh-old/japanese/country/mongolia/law/labourlaw/index.html, 2014. 11. 22)

World Economic Forum「The Global Gender Gap Report 2014」
(http://reports.weforum.org/global-gender-gap-report-2014/, 2014. 11. 24)

МОНГОЛ УЛСЫН ХУУЛЬ ТОГТООМЖИЙН САН（モンゴル国法令集）
(http://mongolianlaws.com/, 2014. 11. 22)

第2章　タイガと草原に生きる遊牧民
　　　　　—フブスグル県のダルハド遊牧民との生活体験から

西口　佳那

はじめに

　ウランバートルからおよそ北西へ 800 km。2008 年夏、私はロシア国境に近いフブスグル県ハトガル村へと向かっていた。2008 年 4 月から 2009 年 3 月にかけて約 1 年間、モンゴル国へ留学していたのだが、ウランバートルに住み始めて 1 ヶ月も経つと、都会の騒がしい暮らしにうんざりするようになっていた。それにそもそも私は現代的な都会の暮らしよりも草原の遊牧民の暮らしに興味があった。そこでモンゴル国立大学から許可を得て、「フィールドワーク」に出ることにしたのである。
　そうしてモンゴル最北端の県であるフブスグルで出会ったのは、ダルハド（*Darkhad*）と呼ばれる少数エスニックグループの人々であった。私は、この地で 2008 年 5 月〜7 月、2009 年 2 月下旬の計 2 ヶ月半、ホームステイをさせてもらい、ダルハドの人々特有の遊牧生活を体験することができた。ダルハドの人々の遊牧生活について日本ではほとんど知られていない。モンゴルでは、かつて著名な民族学者の S. バダムハタンが、2 年に及ぶ長期フィールドワークを基にダルハドの人々の半狩猟・半遊牧の生活を記した詳細な民族誌を著した［Badamkhatan 1965］が、社会主義崩壊以降の彼らの遊牧生活に関する研究はほとんどない。
　そこで本章では、夏を中心に彼らの生活誌を記述することで、ハルハの遊牧民との比較をしながら、ダルハドの遊牧民の暮らしの特徴を描き出していきたい。
　私が暮らした地域は、モンゴル国北部に位置するフブスグル県ハトガル村である。フブスグル県の面積は、滋賀県の約 25 倍の 10 万km²である。人口は 2008 年の時点で約 12 万 2400 人であり、これは滋賀県の人口の約 11 分の 1 に相当する。ちなみにモンゴル国全体の人口は、2010 年現在、約 270 万人である。同県北部にはフブスグル湖というモンゴル国最大の淡水湖がある。その面積は琵琶湖の約 4 倍と広い。
　ハトガル村（*Khatgal tosgon*）は、そのフブスグル湖の南端に位置する湖畔の村である。人口は約 6000 人（1991 年）であり、定住している人口は約 2000 人である。

ハトガル村は社会主義時代にロシアから石油を運ぶための基地としてつくられた村である。

ここは、ちょうどステップ（草原地帯）とタイガ（針葉樹林帯）の境界に位置する。タイガには、主にシベリアカラマツが自生している。2005～2008年までの年間降水量平均値は250㎜程度であり滋賀県のそれと比べると約10分の1と少ない。しかし、首都ウランバートルの年間降水量平均値は198㎜、乾燥した地域であるゴビでは 165 ㎜であることから、この地域は比較的水が豊かであることがわかる[MUSG2008：398]。夏は冷涼で最高気温は15～20℃、冬場は最低で-40℃まで下がる厳しい環境である。

ハトガル村には、いわゆる遊牧民のほかに定住民が住んでいる。定住民とはハトガル村に土地を持ち、家を建てて年間を通して移動することなく生活する人々である。定住民が暮らす村には、役場のほかに、木造建ての幼稚園、12年生学校、病院、ガソリンスタンドが1つずつある。小さな商店と食堂は10軒ほどある。また、フブスグル湖周辺はモンゴル人も外国人も多く訪れる観光地であるため、ゲストハウスも数棟建てられている。

2008年8月までは、村役場にしか電気と電話線が通っていなかったが、9月以降定住区にも通るようになった。水道設備はないため、水は個々に湖から汲んでいる。モンゴル国の携帯電話はmobicom社・Skytel社・unitel社の3社の製品が主流であるが、ハトガルにはそれらの電波塔がないため使用できず、g-mobile社の製品のみが使用できた。しかし、2008年9月にmobicom社の電波塔が村に立ったため、私がウランバートルから持ってきたmobicom社の携帯電話が使用可能となったが、定住区を出るといまだg-mobile社製品以外は使用できない。

定住区の住環境は、1つの家庭で約10m四方の柵で囲われた土地を所有している。2002年の改正土地法執行以降、定住地における土地所有が可能となった。村では、結婚すれば遊牧民でも定住民でも村から1区画の土地を無料で与えられる。1区画の土地には、トイレや住居が設置されている。トイレは、深く掘った穴を木の柵で見えないように隠した、いわゆるぼっとん便所である。

定住民は観光業を営むものも少なくない。ゲストハウスを運営する者のほかにも、民芸品を作って収入源にしている家もある。また外国人を馬に乗せて遠方へ出かけるツアーも行っている。そのため、若者の中にはフブスグル県の県都であるムルン市へ行き、英語を勉強する者も増えている。定住者の中で家畜を所有する家庭もあるが、ほとんどは家畜を所有していないため、肉や乳製品は遊牧民から購入し、そ

れ以外の野菜や小麦粉などは商店で購入する。また以前は遊牧民であったが老いや病気が原因で、病院のある村で定住生活を送るようになった人も多い。その場合、家畜管理は親戚の遊牧民に任せる。商店の品揃えは薄く、米・小麦のほか、野菜類はじゃがいも・たまねぎ・にんじんのみであり、卵は売られていなかった。

　一方、家畜を所有する遊牧民は、湖畔の村から離れた所で遊牧生活を送る。伝統的な遊牧民の暮らしは、中国などからの輸入に頼らざるを得ない衣服、小麦、お茶などを除くと基本的には自給自足に近い生活をしていたのであろうが、現代では物資が豊富になったためか物資供給のために町に訪れることが多い。最近の遊牧民はどこの家庭でも太陽電気のパネルとバッテリーを持っている。昼間はこれで充電して、夜の電気として使用するのである。他にもテレビを持つ家庭も増えており、テレビアンテナが外に取り付けられているゲルもある。

　ところで、モンゴル国には 18 のエスニックグループがある。その中でモンゴル国の人口の 80% 以上を占めるのは「ハルハ」と呼ばれるエスニックグループである。「ダルハド」は、マイノリティだといえる。モンゴル国におけるダルハドの人々の人口は、2000 年のデータで 1 万 9010 人であり、モンゴル全体の人口 237 万 3493 人に対して 0.8% の割合である [MUSG 2003]。

　彼らは主にフブスグル湖の西岸の標高 3000m の山々に囲まれたダルハド盆地と呼ばれる所で遊牧生活を営んでいる。行政区画でいうならば、ツァガーン・ノール郡（ソム）、リンチェンルフンベ郡、オラーン・オール郡が含まれており、ハトガル村は入っていない。もともと　私が出会ったダルハドの人々は、リンチェンルフンベ郡に住んでいた人々である。彼らの諸事情により、2006 年にハトガル村へやってきたそうだ。彼らはダルハド方言を話す。

　ロシア国境に位置するこの地域は、清朝初期に森の狩猟民たちが住む地域をオリアンハイ辺境区と名づけ、政治的に非常に不安定な地域であった。そして 17 世紀末、この地域はイフ・フレー（現在のウランバートル）の転生活仏であるボグト・ジェプツンダンパの直轄民（ダルハド）となった。これ以降、この地域の人々は、「オリアンハイ辺境区のダルハド（直轄民）（*Uriankhai khyazgaaryn Darkhad*）」と呼ばれるようになった。これが「ダルハド」の名の言われである。

1. 春のフブスグルへ

1-1. 旅立ち

　5月16日、旅立ちの日。フブスグル県ハトガル村は、ウランバートルから北西へ800km離れている。ハトガル村へ行くには、まずフブスグル県の県都ムルンへの直行の長距離バスに乗らなければならない。まずはムルンまでの約650km、ほとんどが未舗装のでこぼこ道を約20時間かけて進む[3]。モンゴルの長距離バスは、定員よりずっと多くの乗客を乗せることで知られている。より多くの人を乗せようと、身動きが取れないくらいに客を積み込んでいくのだという。

　そこであるモンゴルの友人が、日本人の私が1人でこのバスに乗るのは危険なので同行する知人を紹介してくた。ムルン市へ帰るという50歳くらいの男性だった。友人はその男性を連れてきて一緒に乗るようにと紹介してくれた。私はすっかり安心してしまったが、それが大きな間違いであった。道中、その男性は私の手を握ってきたり、肩を抱こうとしたり、いわゆるセクハラ親父だったのである。モンゴル人からのセクハラ騒動に巻き込まれる日本人は少なくない。文化人類学者の風戸真理［2009：2］も遊牧民のゲルで暮らしている時にモンゴル人男性からセクハラをうけたことを報告している。

　こうして首都ウランバートルを出発して車に揺られること22時間。フブスグルの県都ムルン市に着いた。ムルン市はウランバートルにあるような大きな建物や車の渋滞はなく、人口1万人程度の町である。今度は8人乗りのワゴン車に乗り換えて、ムルン市を後にハトガルへ向けて出発した。8人乗りの車には大人15人と子ども6人が乗っていた。子どもは大人の膝の上に乗せられ、大人は足を組んで身動きが取れない状態でギュウギュウ詰めに乗せられる。車の中は、県庁ムルン市から村へ帰る人々ばかりだったためか、お互い知り合いばかりといった様子であった。ギュウギュウ詰めの中で、酒を飲み、歌をうたいながら車は進む。ムルンを出発してから4時間後、ハトガルに到着した。車は乗客の行先の家まで送ってくれる。私は知人に紹介してもらったジャミンジャヴさんの家の前で車を降りた。

　ジャミンジャヴさん宅は、ウシとヤギとヒツジを飼育していた。彼は5人兄弟の末っ子で、父親は80歳をこえており、母親は80歳手前であった。家畜を飼養しているが、彼らは定住者であるので、移動式住居ゲルではなく木造家屋に住んでいた。

---

[3] 2017年現在、ウランバートルからムルン経由でハトガルまで舗装道路が開通している。

不思議なことに柵で囲われたの家の敷地は広いのに、家自体はとても狭い。どうやら広い敷地は家畜のために使用されているらしい。ハトガルでは結婚すると、村から土地が給付される。村から少し離れたところで生活する遊牧民も村の中に土地を持っている人も多い。

ジャミンジャヴ家でお世話になって 3 日が過ぎていた。ジャミンジャヴさんたちは皆良い人たちで居心地はよかったが、私はあくまでゲル生活にこだわっていた。そこで彼に遊牧民を紹介して欲しいと頼んだ。モンゴル人は、日本人のように時間や約束事を守らないことが多い。良く言えば、そういったものに縛り付けられることなく自由に生きている。ジャミンジャウさんに遊牧民の紹介を頼んだが、本当に探してくれているのか、いつ遊牧民の家へ行くことができるかはわからなかった。きっとこのまま 2 週間くらい過ぎてしまうんだろうなぁと考えていた。しかし、ハトガル村に到着してから 4 日後の 5 月 21 日の昼下がり、部屋の扉が突然開いたかと思うと、1 人の男が現れた。「誰?」と聞く間もなく、「さあ、行こう!」と言われた。外へ出てみると彼の馬のほかに、私の分の馬も用意されており、考える暇もなく馬に乗せられた。私の遊牧生活の幕開けである。

写真 1　私の住んでいたゲル。屋根の上には乳製品が干されている。(筆者撮影)

1-2. 私の家族

馬に乗りながら私は、隣で馬に乗って伴走する遊牧民の男性にたどたどしいモンゴル語で話しかけてみた。「私はあなたの家でこれから暮らすのですか?」すると「そうだ」と短く答えた。「あなたの家族は何人いますか?」と聞くと、「3 人だ」と微笑みながら答えてくれた。そうして 1 時間後に彼の住むゲルに到着した。彼のゲルはちょうどタイガと草原の境界にあたる、なだらかな山の中腹に建てられていた。

馬を降りてゲルに入る。すると私と年が変わらないくらいの女性が小麦粉を練っていた。そして外には 10 歳くらいだろうか、1 人の男の子が興味津々に私のことを見ている。あぁ、この男性の妻と子ども……これで 3 人全員だ。しかし、どう見て

も女性は私と同じ年くらいなのに、子どもがこんなに大きいのはおかしい。ゴリルタイシュル（肉うどん）でもてなされながら私の頭の中にはまだまだ「？」でいっぱいであった。そこで再び彼に質問してみた。「この 2 人はあなたの妻と子どもですか？」と。すると男性はうれしそうに「そうだ」と言った。しかし、ここですかさず女性が、「違うわよ」と笑いながら本当のことを教えてくれたのであった。

　モンゴルで生活していると、彼らに嘘をつかれることは日常茶飯事である。たいてい日本人がつく嘘は保身であったり悪意があったり、嘘に対して良いイメージはない。しかしモンゴルでの嘘は、マイナスイメージの他に冗談・笑いも含まれているように感じられる。冗談を言って相手をからかってお互い笑いあうのである。このように冗談として嘘をつくことをモンゴル語で「ツァーシローラハ（Tsaashluulakh）」という。これは「遠ざける」という意味だが、多くの場合、悪気がない。人類学ではこういった人間関係のことを「冗談関係」というが、モンゴルはこの「冗談関係」が発達した社会であるように思われた。

　私のお世話になるゲルには、本当は 6 人の家族が住んでいるとのことであった。母のナルマンダハ（45歳。以後、マンダハ母さんと表記）・長男のバットトルガ（25歳）、小麦粉を練っていた女性は長女のサウガバヤル（19歳。以後、サウガと表記）であり、他に次男のバットダライ（16歳）、興味津々に私のことを見ていた男の子は 3 男のバットムンフ（10歳）であった。嘘つき男の正体はオンバー（25歳）で、サウガの婚約者であった。サウガたちの父親は、5 年ほど前に酔っ払った友人に川に落とされて亡くなったそうだ。実はマンダハ母さんにはあと 2 人の実子がいるが、生まれてまもなく養子に出されたとのことであった。日本では養子に出されると聞くと、何か大変な事情があったのか、実母と離れ離れになって可哀想に…と思う人もいるだろうが、養子に出すことはモンゴルでは珍しくない。遊牧民は家畜を育てて生きていくため、子どもの労働力は必要不可欠である。また男の仕事・女の仕事と男女の分業がはっきりしているため、働き手となる子どもの男女比は重要だ。そのため、マンダハ母さんの養子に出された子どもは、現在でもしばしば遊びに（働きに）やってくる。

　兄のバットトルガは出稼ぎでムルン市へ行っており、私と初めて出会ったのはホームステイが 1 ヶ月過ぎようとしていた 6 月 15 日であった。

　父親がいないため、家畜の管理をしているのはマンダハ母さんだ。家事は娘のサウガが担っている。日本では珍しいが、モンゴルでは娘が家事を担う家庭が多い。子どものころから母の手伝いをして、各家庭に違いはあるが、娘が 10 歳を過ぎると

家事を率先してやるようになる。遊牧民女性は非常に働き者である。

　兄のバットトルガと弟のバットダライは家畜管理のほか、県庁のあるムルン市へ出稼ぎに行くことがある。バットムンフはまだ10歳のため簡単な家畜管理を任されている。彼は学校へ行くべき年であるが、学校へ行っている様子はなかった。2年前まで彼らがリンチェンルフンベ郡周辺で遊牧生活を送っていた時は学校へ行っていたようである。現在、彼の様に学校へ行かない遊牧民の子どもは少なくない。学校教育は社会主義時代には徹底して行われていたが、家畜の仕事を優先する遊牧民には必要ないと考える遊牧民が現れたのだといわれている。

　モンゴルの基本5家畜（*tavan khoshuu mal*）は、ウマ、ウシ、ヒツジ、ヤギ、ラクダである。しかし、この5家畜がどの遊牧民家庭でも均等に飼育されているということはない。バダムハタンによると、ダルハドでの1924年の総家畜数の統計では、ウマ 15600 頭、ウシ 22400 頭、ヒツジ・ヤギ 57200 頭、ラクダ 420 頭であった [Badamkhatan 1965:94]。冷涼な気候のため、ラクダはほとんど飼養されてこなかった。ウシはモンゴルウシの他に、モンゴル語でサルラグ（*sarlag*）と呼ばれるヤク、ハイナグ（*khainag*）と呼ばれるウシとヤクの混血種の3種類が飼養されていた。サルラグは冷涼な地域にしかいないため、ハルハではあまり飼養されていない。モンゴルウシよりも脂肪分が多く甘みがあることで知られている。便宜上、ここではこの3種をまとめてウシと呼ぶことにする。

　私のゲルではウマ、ウシ、ヒツジ、ヤギの4種の家畜が飼われていた。家畜頭数は、ウマ 29 頭、仔ウマ 4 頭、ウシ 25 頭、仔ウシ 7 頭、ヒツジ・ヤギ 119 頭、仔ヒツジ・仔ヤギ 46 頭であった。合計 230 頭である。モンゴルでは一般的に、家畜が 300 頭いれば遊牧民として暮らしていけるそうだ。また、1000 頭を越えると金持ち遊牧民であると言われている。つまり、我がナルマンダハ家はあまり裕福ではない家らしい。

　ダルハドはもともと狩猟を行うトゥバ系、ネネツ系やブリヤートなど諸民族が集まった混成集団である。私のホームステイした家族は銃を持っていたことから、狩りを行っていたことがわかる。おそらく現在狩りへ出かけることがないのは、父親が亡くなってしまったためだと思われる。

　面白いことに私が出会ったダルハドの人々は全員、日本人と出会うのが初めてだった。モンゴル国では、テレビでは韓国ドラマがたくさん流れており、またウランバートルにも韓国人が多い。そのためモンゴル人は、韓国人のことをよく知っている。私が日本人であると言うと、韓国人だと理解する人が多かった。他の地域では

不明であるが、私が出会ったダルハドの人々とって「日本人＝韓国人」であるようだった。

1-3. 1日のサイクル

　ついに夢見た遊牧生活の始まりである。自然の中で動物たちとゆっくりと暮らす毎日が過ごせる、と心躍らせていた。しかし実際の遊牧生活は、私の妄想と違ってかなり多忙であった。家畜の仕事、家の仕事、さまざまな行事……そんな忙しい遊牧民の1日のサイクルを紹介しよう。

　遊牧民の1日は、日の出とともに始まり日没とともに終わる。ハトガルは、北緯50度に位置する。これは北海道よりも高くロンドンと同じくらいの緯度である。そのため夏は日照時間が非常に長く、逆に冬は短くなる。日本よりも季節による日照時間の差が大きい。私が滞在した8月の日の入りは21時半頃であったが、2月は18時頃であった。したがって、彼らの1日のサイクルは絶対時間ではなく、夏と冬で日照時間が異なる相対時間で動いている。夏は睡眠時間も短く、比較的労働時間が長いのに対し、冬は睡眠時間が長く、労働時間も短くなる。

　さて朝、目が覚めて母はウシの乳搾りを開始する。本来ならば遊牧民は日の出と共にウシの乳搾りを開始するのであるが、私の家族は朝が遅かった。この春は7頭の子ウシが生まれたため、我が家では7頭分の乳搾りをする。搾乳家畜の頭数が多ければ母と娘の2人で作業するのであろうが、7頭なら1人でも十分搾乳できる。そのため朝の乳搾りはマンダハ母さんが、夕方の乳搾りはサウガが担当している。私の家族は皆9時頃に起床する。家族が起き、顔を洗い、歯を磨く。

　遊牧民なのに歯をみがくの？！と驚かれることがあるが、意外と彼らはキレイ好きである。しかし、顔の洗い方は斬新である。遊牧生活には、水道蛇口がないためコップに水を汲んで顔を洗わなければならない。片手で洗うのは不便である。そこで口を蛇口代わりにして、口に含んだ水を両手に落と、しそこへ顔をつけて顔を動かして洗うのである。実際に暮らしてみると、この洗顔法は画期的だった。水を落とした手ではなく顔を動かして洗うので水の節約になる。歯磨き後に洗顔をするので、不潔でもない。ただし、これは男性遊牧民の顔の洗い方であり、私が出会った女性遊牧民たちはこのような洗い方はしていなかった。顔を洗うときは上品に片手で洗い、手が汚れた時のみ口を蛇口のようにして水を落としていた。

　マンダハ母さんが搾乳を終えると、私たちはスーティ茶（ツァイ）と呼ばれる塩入りミルクティーをつくる。日本人がウーロン茶・麦茶・緑茶などを飲むのと同様

に、モンゴル人はこのスーティ茶を毎日飲む。

　スーティ茶を沸かす間、外ではヤギ・ヒツジの放牧を開始する。春に生まれた子家畜と母家畜は別の柵で夜を明かすため、まず母家畜のいる柵の中に子家畜を放し、乳を飲ませる。そして放牧は、母子を共に放牧すると乳がなくなってしまうため、時間差と方角を利用して別々に放牧する。家畜がいなくなると、私たちはゲルに入り沸かしたスーティ茶と昨日作ったパンを食すのである。ここには、朝食・昼食という概念がない。彼らの食事は1日1回、夕食のみである。しかし昼間に全く食物を食べないわけではない。彼らが日中食すものはパンや乳製品、それにスーティ茶である。モンゴル人はこれらを食事とは呼ばず、「朝の茶」、「昼の茶」と呼ぶ。食事ではなく、ティータイムなのである。

　朝の茶が終わると、男性は自分の馬に乗り颯爽と出かけてしまう。放牧中の家畜の様子を見に行ったり、近所のゲルに行ったりするのである。

　女性や残った子どもは、ゲルの中の掃除や家畜の糞掃除をする。ゲルの中は土足のため、掃き掃除は毎日欠かさず行う。そして家の中を整頓して誰が来てもいいようにしておく。私たち日本人は、遊牧民は電気もトイレも風呂もなく清潔感が全くないように思いがちである。しかし実際の遊牧民は非常に綺麗好きで、彼らは毎日ゲルの中やその周囲の掃除を欠かさない。

　生活には欠かせないトイレと風呂について話そう。遊牧民たちのトイレはゲル設置の時、少し離れたところに簡単な穴を掘ってトイレを作ることが多い。我が家は森に隣接していたため、各自好きなところで用を足していた。森に入れば木の陰に隠れることができるが、周りから丸見えの場合は用を足す時に民族衣装のデールで尻の部分が隠れるようにする。デールを着ない若者や私は、パーカーや上着で隠していた。

　用を足すことに関して、モンゴル人は日本人のように「恥」と感じていないように思われた。人間の生理的な部分であり当たり前の行為なので、恥ずかしいことではないのだ。風呂については、ほとんど入らない。桶に湯をためてその中に入って体を拭く。移動を繰り返す遊牧民にとって大量の衣類は邪魔になる。それに加え私の家族はあまり裕福ではなかったせいか、下着の代えは1枚か2枚であった。ボロボロのパンツをはいていたバットムンフはある日、母から新しいパンツを買ってもらい、とても嬉しそうに新しいパンツをはいて家族に見せびらかしていた。

　水の供給源はゲルの設置場所によって異なる。ゴビなどの水の少ない地域では井戸が設けられている場合があるが、フブスグルは比較的雨量が多いため井戸はあま

りなく、岩と岩の間に溜まった水を汲む。水汲みは子どもの仕事である。
　私は家畜の仕事が上手くできないため、もっぱら水汲み担当であった。実はこれが大変な力仕事であった。片手に10ℓ、両手で20ℓもの水を運ぶのである。ゲルから水汲み場まで5分程度である。近いように思えるが、これだけの水をもって運ぶのはたとえ5分でも息があがる。
　夏場は、汲んだ水で週に1回程度洗濯を行う。水を沸かして大きな桶に入れる。村から購入した洗剤を入れて手洗いで丁寧に洗うのである。もちろん物干し竿はなく、家畜小屋の柵に衣類を干す。気をつけるべきところは、放牧中のウシたちがゲルの周りに寄ってきて衣類を食むことである。ウシに食まれて衣類がボロボロになってしまう事もしばしばあった。そのためゲルの中にいてもウシの足音が聞こえると急いでゲルを飛び出し、牛糞や薪をウシに投げつけて追い払う。
　火を焚く燃料となるものは薪である。モンゴルでは普通、乾いたアルガル（argal）と呼ばれる牛糞を燃料とする。また、ヒツジ・ヤギの糞を乾燥させたフルズ（khöröz）を使用した例もある。トゥブ県で調査を行った野沢延行によると、寒い夜は火持ちのよいフルズを使用し、調理には豊富で使いやすいアルガルを使用する［野沢1991：153］。しかしフブスグル県は森が多いため、アルガルでもフルズでもなく、薪を燃料とする。アルガルは夏に多いハエをゲルに入らせないようにするため、ゲルの玄関付近にお香のように置かれていた。
　薪割りは男性の仕事であるが、細かく割る作業は私たち女性も行う。薪となる木を倒してゲル周辺まで持ち帰る作業は大変である。何日かかけて男性は森に入って木を切り倒す作業を行う。私たちは、鞍をつけた去勢ウシを2頭引いて森へ入り、それぞれの去勢ウシに切り倒した長さ10mほどの木を重さが左右対称になるように括り付ける。だいたい1頭につき右2本・左2本の計4本の木を運ばせる。そしてウシたちと共にゲルへ帰り、男性は持ち帰った木を細かく分割するのである。これは半日以上かかる重労働である。割った直後の木はまだ湿っているため、なるべく乾燥させてから使用する必要がある。
　昼過ぎには翌日のパンを作る。手順は40度くらいのお湯に村で購入したドライイーストと昨日作ったパンのタネを小麦粉に入れて練る。練り終わったら鉄の容器に入れて暖炉のそばで2、3時間温める。発酵し十分に膨らんだら鉄の容器ごと暖炉の上において焼く。両面焼いてできあがりである。このパンはその日は手をつけず翌日食される。
　パン作りはハルハでは見られない習慣である。ハルハでは小麦粉を練って作られ

たボールツォグという名のドーナツが主流である。ロシア国境に近い地域に住むダルハドの間では、ロシアの習慣が入ってきたのだろう。ダルハドの人々の他にもブリヤートと呼ばれる少数エスニックグループの人々もまた、社会主義革命以前からパンを焼く習慣がある。

　パン作りは夕方に終わる。パン作りの合間には家畜の様子を見る仕事を欠かさない。ここは森林が近く草が豊富なので、家畜は放牧に出されてもそれほど遠くへは行かない。そこでゲルから家畜が今どこにいるか、どの方角に向かって進んでいるか、他の家の家畜と混ざっていないかを随時確認する。遊牧民は驚くべき視力の持ち主なので、私が確認作業を任されることはない。しかし最初は、私にも同じように視力があると勘違いし、大変な目にあうことがあった。

　ある時、マンダハ母さんが「あっちの森に我が家の家畜がいる。森の奥へ入ってしまうと危険だからこっちに誘導してきて！」と言う。森の方角を見ても、何も見えない。動く物体すら見えない。それを伝えると、「いいから、私が今指差している方向に歩き続けなさい」と言うので、半信半疑で母の指した方角へ向かった。どんどん歩いていき、森の入り口まで来たがそれでも何も見えない。どんどん森の奥に入るがまだ何も見えない。不安になったが、そのまま5分ほど歩き続けると、なんと本当に我が家の家畜がいたのである。歩いてきた方を振り返るが、ゲルはもちろん森の入り口さえ見えなくなっていた。母が見えると言った家畜たちは、視力の悪い私からすると「見える距離」をはるかに越えた場所にいたのだ。

　また聴力に関しても同じことが言える。ある時、サウガと私はゲルの中で茶を飲んでいた。するとサウガが急に「車が来る！」と言った。私には耳を澄ましても何も聞こえない。2人で外へ出るとサウガは「ほら、あっちから白い車が来てる」と遠くにある森を指すが、私には音は聞こえないし車の姿も見えない。サウガは確認を終えるとゲルへ入っていったが、私は半信半疑だったので待っていると本当に森から車が1台出てきたのだった。遊牧民は私たちの想像をはるかに超えた視力、聴力を持っている。

　文化人類学者の竹沢尚一郎はアフリカのサバンナを流れるニジェール河に住むボゾと呼ばれる人々の能力について興味深い記録を残している。ボゾの漁師は、濁った河で素潜り漁をするとき、両眼をつぶって魚の心音を聞いて手綱で魚を捕えるのだという。さらに魚の心音とワニの心音の区別がつくというから驚きである［竹沢2008：34］。信じられないような話であるが、モンゴル人やアフリカの漁師が持っている能力が、本来のヒトの能力であり、私たちが退化してしまっているのかもしれ

ない。

　森へ入って樹脂を採りに行くこともあった。樹脂が何に使われるのかというと、ガムとして食べるのである。現在でもモンゴル語でガムのことを樹脂の意であるボヒ（*bokh'*）と呼ぶ。木屑や虫などの不純物が混じっていない樹脂は、琥珀のような色をしており、薫りもいい。

　夕方になる前に、自由に遊ばせていた子ウシたちを先に柵に入れる作業を行う。夕方に搾乳するためである。子ウシを柵に入れておけば自然と母ウシが子ウシの声を聞いて帰ってくる。いわば子ウシは人質だ。母ウシが帰ってくると夕方の乳搾りの開始である。夕方の搾乳はサウガが担当のため、私は搾乳補助をする。柵から1頭子ウシを出し、母ウシの乳を吸わせる。しばらくして子ウシを母ウシから離し柵に戻す。乳の出を良くしてから搾乳する。ウシの右側に座り膝でバケツを固定して両手で搾乳する。搾乳が終われば子ウシを再び母ウシの元へ戻し乳を吸わせる。7頭分搾乳して終わりである。搾乳が終われば日没まで今度は母ウシと子ウシを合わせて自由に放牧してやる。

　春に出産した家畜は夏が一番乳の出が良い。我が家の夏の搾乳量は、およそ5ℓであった。

　夕方の搾乳が終わると夕飯の支度である。夕飯のメニューは2ヶ月半の滞在のうち90％以上が「ゴリルタイシュル（*guriltai shöl*）」と呼ばれるヒツジ肉うどんであった。モンゴルでは、「スープのない食事は食事ではない」という慣用句がある（*shölgüi khool khool bish*）。しかし逆に言うならば、彼らの食事のほとんどが、肉うどんであり、日常の食事にレパートリーはほとんどない。

　そんなゴリルタイシュルの作り方であるが、まず麺つくりからはじまる。小麦粉を練って麺棒で円形に薄く伸ばす。そしてそれを暖炉の上に乗せて1分程度焼く。両面焼いたら暖炉から下ろして冷ます。冷ました生地を包丁で細長く切る。これで麺のできあがりである。次に暖炉に水を張った鍋を置き、干し肉と塩、調味料（いろんな味付けに使える混合調味料）を入れる。沸騰したら先ほどの麺をいれて再び沸騰させて出来上がりである。毎日毎日、この肉うどんが夕飯であった。サウガが出かけている時は、私が夕食担当であった。今想像すると2ヶ月もよくそんなに食べられたなと思うが、夕飯は私にとって1日の一大イベントでご馳走であった。そして空腹は最高のスパイスだった。

　夕飯が終わり、家畜たちを柵に入れる作業を行う。ヒツジ・ヤギは群れで動く習性があるため、2人で誘導すればすんなり柵に入ってくれる。中には群れからはみ出

てしまった家畜もいるが、どうにかして群れに帰ろうとするので簡単に作業は終わる。問題は子ウシである。母家畜からどうしても離れようとせず、ヒツジ・ヤギのように群れで走り回るわけでもないため、1頭1頭追い立てて、あるいは捕まえて柵に入れなければならない。この毎日の子ウシとの格闘のおかげで、私は足に青アザが何箇所もできてしまった。子ウシといえ、体重が重く力も強いのである。

男たちは自分の乗っていた馬の鞍をはずして一日を終える。そして床に布団を敷いて狭いゲルの中で7人、仲良く抱き合って眠りにつくのだった。

1-4. 家畜の出産と子とらせの歌

5月30日。このゲルにやってきてから1週間と少し経ち、珍しい外国人の私を見るためにやってくる近所の遊牧民たちの数も落ち着いてきた。

連日、ヒツジ・ヤギの出産が行われ1匹ずつ家畜の数が増えていた。春は出産の季節である。我が家では出産は、だいたい2月頃〜6月まで出産が続いていた。春は日本人にとっては暖かくてすごしやすい気候であるが、モンゴルでは四季の中で最も厳しい季節である。冬が終わり地表を覆っていた雪がなくなり草のない大地が現れる。砂嵐が吹き乱れ、冬を越えた家畜たちは痩せ細り、遊牧民にとっては欠乏の季節なのである。

基本的に家畜の出産に対して人間は介入しない。しかし、生まれてからの家畜の管理はしっかりとやらなければならない。本来なら、母家畜が乳をやって仔を成長させるのだが、出産後の母家畜が仔家畜に乳を与えようとしない場合が見られることがある。この現象をモンゴル語ではゴロンコイ（*golonkhoi*）と言い、小長谷有紀［1996］は「子嫌い現象」と訳している。小長谷によるとゴロンコイの要因は、社会的要因と生物的要因の二つをあげることができる。社会的要因は母子関係に人間が介入する事で仔家畜の匂いが薄れ、母家畜が仔家畜を認めなくなる場合をさす。生物的要因は、生まれたときから嫌われ、人間の介入が必ずしも原因ではなく早産や双子が生まれた場合に起こる場合が多い［小長谷 1996：44-45］。

子嫌い現象が見られると遊牧民は、我が子を認めない母家畜に仔家畜の面倒を見させようと、子とらせの作業にかかる。私のゲルでは、私がホームステイをしていた夏の間に子嫌い現象が1例確認された。この仔家畜は双子ではなかった。マンダハ家の子とらせの方法は、母家畜の前足を持って固定し、仔家畜を近づけながら歌を口ずさむという方法をとっていた。

小長谷はこの歌を"子とらせの歌"と呼んでいる。以下のような歌を歌うことで

母家畜をなだめるのだという。

　　　　真っ白きわがヒツジよ　　　わが子をなぜに嫌うのか
　　　　おまえの乳の匂いが　　　　しっぽについているだろう
　　　　ホス！　ホス！　ホス！　ホス！

　　　　春になるよ　　　　　　　かたわらの雪がとけるよ
　　　　砂漠が吹くよ　　　　　　おまえの横にはおまえの何が横たわるのか
　　　　トイグ！　トイグ！　トイグ！　トイグ！　（後略）
　　　　　　　　　　　　　　　　　　　　　　　　［小長谷 1996：53-54］

　この最後のカタカナ表記の部分「ホス」とは、モンゴル語で「対」の意味をもつが、「トイグ」については不明である。

　これに対してダルハドの人々は、歌ではなくメロディーだけを口ずさんでいた。いや、メロディーに乗せて同じ単語を発している、と言ったほうが正しいのかもしれない。よく聴いてみると「タイゴータイゴータイゴタイゴタイーゴー…」と、「トイグ」の方言である「タイゴー」という語を連続して発しているようだった。

　私は、この"子とらせのメロディー"の動画を録画し、家族以外のダルハドの遊牧民たちに見せた。彼らは爆笑し、「あんたの家ではこういう風にやるのか？」と笑いながら聞いてきた。どうやら各家庭によって"子とらせのメロディー"、又は"子とらせの歌"が存在しているらしい。しかし小長谷が論じたように、一般的に子とらせの歌は民謡の調べにのせたりして、ただひたすら「トイグ、トイグ」と歌うものである。

　これをふまえると、マンダハ母さんが「タイゴー」を繰り返して発している部分は小長谷の報告と共通している。ダルハドの隣人たち言った「あんたの家ではこういう風にやるのか？」というのは「あんたの家ではこのメロディーにのせて歌うのか？」という意味なのかもしれない。つまり、子とらせの歌はエスニック集団や地域ごとに差異があるというよりも、家族単位でメロディーの差異があるのではなかろうか。

　今回の子とらせは結果的に成功し母子関係が元に戻ったが、すべての子嫌い現象が子とらせの歌で解決するというわけではない。4月頃に生まれた仔ヒツジ2頭は、夏になっても哺乳瓶でウシの乳とスーティ茶を混ぜたものを与えられていた。このうち1頭は母家畜の子嫌い現象が治らなかったのである。もう1頭は母家畜が死ん

でしまった。こういった仔家畜は人間が育てていかなければならない。人間に育てられた家畜も他の家畜と同様に群れに入れられるが、人間に懐いて大人の家畜に育っても、人間に近づいてくることがある。その為、ゲルから出ようと扉を開けると目の前にヒツジが立っていて、ゲルの中に入ってこようとした事も何度かあった。

1-5. アニマル・コーリング

　アニマル・コーリングとは「家畜へのかけ声」のことである。このかけ声は地方差があるものの、家畜を追うとき、呼び寄せるとき、座らせるとき、進行を止めるとき、おとなしくさせるとき、捕まえるとき、子とらせ作業をするとき、水を飲ませるとき、乳を搾るとき、などと細かく分けられている。ここでは表を使い、実際に私の滞在した家族が行っていたダルハドのアニマル・コーリングとハルハの人々のアニマル・コーリングを比較してみよう。ハルハのアニマル・コーリングに関しては、『モンゴル人民共和国民族学第一巻　ハルハ民族学』　[Batnasan 1991:66] に依拠した。

　表1のとおり、ウシとウマに関するアニマル・コーリングはハルハで使用されているものとほぼ同じである。しかし、ヒツジ・ヤギに関してはハルハで使用しているコールと同様のものとハルハでは使用されていないコールが入り混じっている。興味深いことに、ハルハではヒツジ・ヤギの進行を止めるときに使用されているコールが、ダルハドでは仔ウシを柵へ入れるときのコールとして使用されている点であるそもそもモンゴルの遊牧では柵は使用されておらず、現在仔家畜を止まらせるコールと柵に入れるコールが同じなのは、どちらも放牧から帰ってきた仔家畜をゲル付近に留まらせて管理するためである。「その場に止まれ」と「柵に入れ」という指示は、目的としては1つのことだと考えられているのだろう。また、仔ヒツジ・仔ヤギを柵から追い出す時のコールは、近隣の遊牧民女性に手伝ってもらう時に彼女が「こんな風にやるの？私の家はこんな風にやらない」と言っていた。以上の事から家庭によってアニマル・コーリングに違いがあることがわかる。

表1　ハルハとダルハドのアニマル・コーリングの違い

		ハルハ	ダルハド
ヒツジ ヤギ	立たせる	ドゥジ・ドゥチ（döj döch）	ドゥジ・ドゥチ（döj döch）
	座らせる	フシ・フシ（khösh khösh）	フシ・フシ（khösh khösh）
	★追う	ドゥジ・ドゥチ（döj döch） チャー・チャー（chaa chaa）	キシュー チャー・チャー（chaa chaa）
	★止める	グールギー・グールギー（güürgii güürrii）	チャーイ（chaaye）
	★呼ぶ	（なんらかのメロディー）	チョーイ チャッチョー プラープラプラ
仔ヒツジ 仔ヤギ	●柵から出す	？	ホーグノグノグノグ
ウシ	立たせる 座らせる	フジ・フチ（khöj khöch）	フジ・フチ（khöj khöch）
	追う	フジ・フチ（khöj khöch） フーグ・フーグ（khöög khöög）	フジ・フチ（khöj khöch） フーグ・フーグ（khöög khuug）
	止める	ハー！（khaa）	ハー！（khaa）
仔ウシ	●柵へ追い込む	？	グールギー・グールギー（guurgii guurgii）
ウマ	立たせる 座らせる	チュー・チュー（chüü chüü）	チュー・チュー（chüü chüü）
	追う	チュフ・ハーヤ（chökh khayaye）	チュフ・ハーヤ（chökh khayaye）
	止める	ハーイ（khaaye）	ハーイ（khaaye）
	静める	アイ（ai）	アイ（ai）
	搾乳時	グリー・グリー（gurii gurii）	グリー・グリー（gurii gurii）

★…ハルハとダルハドで違いが見られる部分　　●…ハルハでの例が不明である部分

2. 夏の暮らし

2-1. ゲルの解体、オルツの設営

　6月になり、雨の日が多くなった。
　6月3日には次男のバットダライが出稼ぎのため、県都のムルンへ旅立った。長男のバットトルガも出稼ぎで不在のため、ゲルの中にはマンダハ母さん・サウガ・バットムンフ・オンバー・私の5人となった。気がつくと、近所に建っていたゲルがいつの間にか無くなっており、我が家もそろそろ移動しようということになった。6月5日、マンダハ母さんとサウガと私の3人でゲルを解体する事になった。男手が必要なのでは？と思うかもしれないが、ゆっくり時間をかけてやれば女性でも十分できる仕事である。
　解体作業は、ゲルを覆っているフェルトを剥がすことから始まる。次にゲル中央に置かれた暖炉から伸びる煙突を取りはらう。オニャ（ハルハではオニと呼ばれる）と呼ばれる数十本の棒を外していく。そしてトーノと呼ばれる天井部分を慎重におろし、ハナと呼ばれる蛇腹式の壁部分をとる。ちなみにゲルの大きさはハナの数によって決まる。私の暮らしたゲルのハナは4枚であった。
　すべての骨組みを取ってしまえば、跡地には家具のみが円形に並んだ不思議な状態でとなる。ここから家具の運び出しである。この時点で昼を過ぎていた。しかし作業は急ぐことなくゆっくりと進む。普通、遊牧民の移動は1日で解体作業〜移動〜組み立て作業をこなすはずである。
　少し休憩を交えつつのんびりしていると、オンバーがゲル周辺に細長い木を数本持ち込んでいることに気がついた。木を何に使うのか不思議に思って見ていると、マンダハ母さんと近所のおばちゃんが笑いながら、「あんたは今日からツァータンになるのよ」と言った。ツァータンとは、フブスグルのタイガに住むトナカイ遊牧民のことである。彼らはモンゴル語とは異なるテュルク語系のトゥバ語を話すトゥバ民族である。そのほとんどはロシアのトゥバ共和国に住んでいる。
　私は彼女たちが言った「ツァータンになる」という言葉の意味が理解できなかった。しかし数時間後、その意味を理解することになる。休憩が終わり、家具の整理をしていると、オンバーが先ほどの木を組み始めたのである。6本の細い木で円錐型に組み、その上にゲルを覆っていたフェルトをかぶせた。
　そして小雨が降り始めたので早急に家具をそのテントの中にいれた。完成してみると、それはツァータンの移動式住居「オルツ（*urts*）」と酷似したテントであった

(写真2)。オルツは、ゲルと異なり、アメリカ先住民の住居ティピーのように、木を円錐の形に組み合わせただけの単純な構造の住居である。壁面はトナカイの毛皮で覆うのが一般的である。

ちなみにオルツは、モンゴル人がツァータンの住居につけた呼び名で少し、侮蔑な意味合いがある。ツァータン自身は、トゥバ語では、ウーケ(*Öüke*) と言う [Badankhatan1965 :136]。

写真2　ダルハドの「オルツ」（筆者撮影）

実際にツァータンが住んでいるオルツと比較すれば、どれほど酷似しているかが分かるであろう。簡単に作られたオルツでの暮らしは不自由なものであった。狭い敷地にドアの無いテントのような家である。雨が降る季節であったため、大変であった。この「オルツ」で3泊し、晴れた6月8日に秋営地へと移動した。

彼らは、なぜ一時的にオルツに住んだのだろうか。そもそもダルハドにはトゥバ出自の者が多い。モンゴルの民族学者バダムハタンによると、この狩猟民・トナカイ遊牧民の伝統的家屋にかつてダルハドの人々も住んでいたのだという。ダルハドの人々は、20世紀初頭、ほとんどがモンゴル式のゲルに居住していたものの、狩猟を生業とする一部のダルハド人は、オルツや、柳の木の皮で壁面を覆った三角錐形の住居、オボーホイ（*ovookhoi*）に居住していたのだという。バダムハタンは、ダルハドの人々の住居の原型はオルツにあると推測している [Badamkhatan 1965：135‐137]。

私のホームステイした家の人々が一時的ではあるにせよ、オルツをつくって住んだのは、彼らの出自が、狩猟系であることを物語っているのかもしれない。

家財道具は去勢ウシにくくり付けて移動した。目的地に着くと手伝ってくれる遊牧民たちがやってきて7人がかりでゲルを組み立てた。ゲルの組み立てよりも大変な作業が家畜小屋の建設である。私たちは移動した次の日から3日間、小屋建設にとりかかった。長い木を何本も用意し、それを横に倒して4本ほど積み上げ5角形または6角形の形にする。長い木を用意するところから始まり、木を組んでいくの

も重労働である。柵ができるまでヒツジ・ヤギ・ウシの群れはゲルの横で固まって夜を明かしていた。しかし森林の多いこの地域は家畜がオオカミに食い殺されることがしばしばあるため油断できない。そのため柵のない2日間はバットダライがゲルの外で毛布にくるまって家畜の番をしながら就寝していた。

2-2. ウシ・ヒツジ・ヤギの去勢

まだ移動をせずにオルツで過ごしていた6月6日。1日の仕事が終わろうという時、見知らぬ男が1人やってきた。近隣の遊牧民の気軽な訪問という雰囲気ではなかった。暗くなりかけた頃、男は動き始めた。暗くなりかけた頃と言っても、フブスグルの夏は日照時間が非常に長くなる。この時期の日の入り時間は21時半頃であった。

男が招かれた理由は、家畜の去勢作業をするためであった。家畜の屠殺や力仕事は男性の役割のため、私の家族のように父が不在の場合は他の遊牧民が手を貸してくれるのである。モンゴルの去勢方法は大きく分けて2通りある。ひとつは切開して睾丸を取り出す方法、もうひとつは切開せずに精子の通り道となる精索を叩き潰す方法であるモンゴルの去勢方法は大きく分けて2通りある［小長谷　1996：74］。ハルハでは一般的に前者の方法を用いている。ダルハドの人々も前者の去勢方法をとっていた。記述には、睾丸除去後は傷口に蒸留酒をかけて消毒したり、消毒代わりに唾液をかけてすますことがあるとされているが、私の家族は消毒を思わせるようなことは何もしていなかった。

ウシの去勢作業から開始された。明け2歳になった雄ウシを3人がかりで地面に倒し、ウシの足を紐で縛る（写真4）。そして男性がナイフで皮膚を裂き、睾丸を取り出すのである。取り出した睾丸はぬるま湯につける。これとほぼ同じ作業を今年の春に生まれた仔ヒツジ・仔ヤギに行った。ヒツジ・ヤギに関しては左耳の端を切り取る作業も同時に行われた。

先ほど取った睾丸はぬるま湯に大量に入れられ、この日の晩御飯に用いられた。「まさか食べるなんて」と思ったが、遊牧民は家畜のすべての部分を無駄にしない。調理方法は、粥の中に睾丸をそのまま入れ火を通すだけだった。こうして味付けは塩のみのシンプルなタマ料理ができあがった。その日の晩御飯は去勢作業のため遅く、非常にお腹がすいていたので大変おいしくいただくことができた。こうしたタマ料理に関して、小長谷有紀は乳を加えた料理とし、「タマ入りオートミール」または「タマのミルク煮」と説明している［小長谷　1996：82］。

2-3. 仔ヒツジ・仔ヤギの識別

　本来、遊牧民は自分たちの家畜を毛色や柄などで固体識別をしている。モンゴルでの家畜識別のための色や柄の語彙は非常に豊富である。その他、ほかの遊牧民の家畜と識別するために、ウマに関してはタムガ（*tamga*）と呼ばれる烙印を腰の部分につける［鯉渕　1992］。また、仔ヒツジ・仔ヤギの場合は耳を一部切り取る方法をとる。この耳印のことをイム（*im*）と呼ぶ。イムは本来、社会主義時代の家畜の等級を示すためにつけられていた。社会主義時代の牧畜は、ネグデル（*negdel*）と呼ばれる牧畜協同組合のもと、家畜管理が行われていた。ここでのイムは、社会主義時代に定められた家畜の6つの等級（優秀家畜、1等級、2等級、3等級、需要のある家畜、不合格）［Nergüi, Batuur', Bin'yee 2009：123］を示すための印として使用されていた。

　ダルハドでは、去勢作業と平行して仔ヒツジ・仔ヤギにイムをつける作業が行われていた。イムはすべて同じ形であり、彼らは去勢が終わった印としてイムをつけていたのである。後日、他の遊牧民の家畜と区別するための印として、イムをつけていない方の耳に緑色の布テープを縫い付けていた。近隣の遊牧民は青色のテープであった。こうして遠くから見ても我が家の仔ヒツジ・仔ヤギを識別できるようになった。仔ヒツジ・仔ヤギには耳に布テープをつけるが、大人のヒツジ・ヤギには尻の部分にペンキを塗っていた。家族はみな自分たちの家畜を色や模様で識別していたが、他人の家畜との識別をより簡単にするためにペンキを塗っていたと思われる。近隣の遊牧民の家畜は同じ色のペンキでも腰の部分に塗られていた。

　社会主義時代には家畜の階級を表す印としてつけられていたイムは、現在では去勢をした印として使用されている。イムは、仔ヒツジ・仔ヤギが大人家畜の仲間入りを果たしたというような、儀式的なものとして使用されていると考えられる。

2-4. ヤギの屠殺

　草原がうっすらと緑に色づき、やっと夏らしくなってきた。

　秋営地に移動してから1週間、私のゲルには保存していた干し肉がなくなっていた。干し肉がなければ夕飯はつくれない。日中に食べるパンで代用すればいいかと思うが、パンはあくまで日中のティータイムにかじるものであり、パンだけでは夕飯と呼べないのである。本来、モンゴルの遊牧民は夏に屠殺を行わないため、夏の期間は肉を食さないとされている。ダルハドでも6〜11月は家畜を屠らないという記述が見られる［Badamkhatan 1965：105］。しかしハルハもダルハドも、現在は夏で

も肉を食すようになっている。

　遊牧民には、女性が屠殺を行うことや土曜日に屠ってはいけないなどの多くの禁忌がある。そのため、私たちは1週間を肉なしで過ごすこととなった。それ間の夕食はもっぱら近隣の遊牧民頼みである。私とサウガは毎日夕飯時、近所のゲルへ行き夕飯をごちそうになって帰ってくる生活を送っていた。

　6月15日の日曜日、ようやく屠殺を実行することができた。友人の遊牧民バギー（22歳）がやってきて我が家の去勢ヤギを1頭屠った。私たち家族7人の食料は、1ヶ月にヒツジまたはヤギ1頭で賄われていた。私の家族は貧しかったため、常に肉の使用量は最低限に抑えられていた。女性は屠殺を見ることも禁忌とされている。そのため私はホームステイの間、屠殺を見せてもらうことはできなかった。モンゴル各地を旅行した時は、あくまで「外国人観光客」として屠殺を見ることができたことが理解できた。

　小型家畜の屠殺は、大別して血を流す方法と血を流さない方法がある。モンゴルでは後者を用いている。この血を流さない屠殺法は13世紀初頭チンギス・ハーンが最初に制定した成文法典「大ヤサ」に記されている。大地に血を流すことを禁忌としたモンゴル人に対し、イスラムの遊牧社会では血を食すことが穢れとされている［小長谷 1996：140］。屠殺の手順は、まず家畜の腹の部分に切り込みを入れる。そして切り込みから人間が手を入れ指で心臓付近にある大動脈をつまんで切断して即死させる。そうすれば血が外にでることなく屠ることができるのである。この方法はハルハもダルハドも同様である。その後は毛をはいで肉のみにし、腹を割いて内臓をバケツに入れる。

　バケツに入った内臓の処理は女性の仕事である。私とサウガは二人で手分けし、内臓の洗浄作業を行った。腸に詰まっているものを取り除き、内臓をひとつひとつ分けてお湯で洗うのである。そしてバケツに入れられた血液を洗浄した腸の中に流し込む。ロシアに住むトナカイ遊牧民は屠殺したトナカイの血を生で飲むというが、モンゴルでは家畜の血を生で食すことはない。

　掃除した腸に血を詰め、刻んだ玉ねぎも一緒に入れる。すべての内臓を鍋にいれ、塩で味付けをして長時間茹でる。茹でている間、小分けにした肉を干すためにゲルの中に吊るす作業を行う。吊るすと床に血がしたたるため、下手であるドア付近の左右にすべて吊り下げられる。頭部と毛皮は翌日、村へ売りに行った。内臓と骨つき肉は家族や近隣の住民たちでその日に食べてしまう。モンゴル人の肉の食べ方はとても綺麗で骨の筋まですべてナイフで綺麗にとって食べてしまう。最後は骨の髄

2-5. 個人所有される家畜？

　屠殺を行った日、兄のバットトルガが出稼ぎから帰ってきた。サウガが兄に「さっき青いヤギを屠殺したよ」と言うと彼は「誰の家畜だ？」と質問していた。私は、家畜はマンダハ母さん率いる家族全員の所有家畜であるはずなのに何故このような質問をするのか理解できなかった。後で聞いてみると家畜は1頭ずつ、家族の誰が所有するか、きちんと決められているらしい。モンゴルでは核家族が圧倒的に多い。結婚しても両親の近くにゲルを建てて住む事はあるが、ひとつのゲルに2世帯住む事は稀である。子どもが結婚すれば家畜管理も別々になるため、今から自分たちが結婚後に持っていく家畜をおおよそ決めてあるのだという。

　後藤冨雄によると、遊牧民の私的所有の最小単位はゲルであり、財産は家族で共有するものとされている［後藤 1964:343］。ところが、上記のように財産が個人所有されていることがわかる。1990年代より、市場主義経済が導入された結果、「私の家畜」という発想がうまれたのかもしれない。

2-6. ウマの搾乳

写真3　ウマの搾乳の様子

　7月1日、緑になりつつある草原は雨の恵みで潤っていた。この日からウマの乳搾りが開始された。ウマの乳は普段ほとんど搾らない。生活するうえで必要な乳はすべてウシで賄っている。ウマの乳は生活用の乳ではなく、アイラグ（*airag*）と呼ばれる乳を発酵させた馬乳酒を作るためのものである。

　ウマの乳搾りはウシとはやり方が異なる。まず母ウシは仔家畜を柵に入れておくと自然と近づいてきて特に暴れることもないため管理が難しくない。しかし去勢ウマ（乗馬用）以外のウマは人間に慣れていない。その上、仔ウマを捕まえて柵につなぐと母ウマは寄ってくるが、捕まえようとすると暴れることが多い。

　ウマに噛まれたり、後ろ足で蹴られたりすると命の危険がある。そのためウマの

搾乳は2〜3人で行う。まず母ウマを捕まえ仔ウマの近くに連れて行く。母ウマの左足の膝を九の字に曲げてロープで固定する。人間の立ち位置はウシとは反対でウマの左側である（写真3）。ウシの場合と同様、少しだけ仔ウマに乳を吸わせて引き離し、搾乳を開始する。私の家の仔ウマは4頭であった。ウシほど乳の量がないため、4頭分搾乳しても1ℓにも満たない量であった。

2-7. 乳製品

　遊牧民の食べ物は大きく「白い食べ物」と「赤い食べ物」に分けられる。前者は乳製品のことであり、後者は肉料理を意味している。近代化以前のモンゴルでは、外国の食品など手に入らないため、この「白い食べ物」と「赤い食べ物」のみで生活していた。乳が豊富な夏に乳製品を大量に作り、冬に備える。モンゴルの乳製品は多種にわたり、世界の遊牧民の中でモンゴルほど多様な乳製品を作る人々は見当たらない。現在、30種類余りの乳製品の名前が知られている［小長谷 1998：130］。

　私は、滞在した夏の2ヶ月と冬の半月の間に彼らが実際につくった7種類の乳製品の作り方を学んだ。

　原材料となる乳は、モンゴルウシ・サルラグ・ハイナグの3種から搾れた乳を混合させたものを使用している。他の地域では、それぞれ飼養している家畜によって乳の種類に違いがみられるが、基本はウシ、ヒツジ、ヤギの乳である。ゴビ地方へ行くとラクダが多く飼養されているためラクダの乳を使用する。ウマの乳はアイラグ（馬乳酒）以外には使用しない。

　搾った乳は、腐敗から防ぎ有用化するために脱脂作業を行う。脱脂方法には3種類ある。静置による脱脂、加熱攪拌（又は加熱濃縮）による脱脂、攪拌による発酵を経た脱脂である。これら3つの方法は地域差がある。静置による脱脂は主に内モンゴルのチャハル地方で見られ、過熱攪拌による脱脂は主にモンゴル国の中央部で見られる［小長谷 1997：138］。モンゴル国北部に位置するフブスグル県の私の家でも、過熱攪拌による脱脂を行っていた。

　過熱攪拌による脱脂とは、ろ過させた乳を加熱し、ひしゃくで何度もすくい落とし攪拌しながら上部に脂肪を集める方法である。この脱脂された乳がさまざまな乳製品へと作り分けられる。では、私が実際に教わった乳製品を紹介しよう。

ウルム（öröm）

　加熱し攪拌させた乳を一晩置くと表面に薄黄色の膜ができる。これをウルムと呼

ぶ。ウルムはスーティ茶の中に入れて飲むほか、パンの上に乗せて食べる。このウルムの上に砂糖をふりかけると最高に美味である。

ツァガーン・トス (tsagaan tos)

ウルムから作られるのがツァガーン・トスである。ウルムを丹念に手で捏ね、少量の水を加え、再び捏ねる。それを固めて容器入れる。ツァガーン・トスは冬用の保存食として食べられる。食べ方は、ウルムと同様にスーティ茶に入れるほか、パンにのせて食べる。バターやマーガリンのようなものである。

タラグ (tarag)

過熱攪拌させて一晩寝かせた乳からウルムを取り払った乳をボルソン・スー (bolson suu) という。このボルソン・スーを使ってタラグ (tarag) と呼ばれるヨーグルトを作る。ボルソン・スーをもう一度加熱沸騰させ、前回作ったタラグを少量混ぜる。それを容器に入れ、密封させ使い古したデール（民族衣装）で覆い発酵させる。半日もするとタラグの出来上がりである。日本で食べられているプレーンヨーグルトと似ているが、それよりも濃厚である。

日本ではヨーグルトを「食べる」と言うが、モンゴルでは「タラグを飲む (tarag uukh)」という。日本ではそのままスプーンを使用し「食べる」のに対し、モンゴルでは椀に入ったヨーグルトをよくかき混ぜてドロドロにしてから直接「飲む」のである。現地で私がスプーンでタラグを「食べる」のを見て遊牧民たちは笑っていた。

アールツ (aalts) ／アーロール (aaruul)

タラグを鍋にいれ火にかける。焦がさないように木の棒でじっくりかき混ぜる。水っぽくサラサラになったら混ぜるのを止めて沸騰させる。ここまでの過程で2時間ほどかかる。夏にゲルの中で2時間、鍋の前に立ってかき混ぜる作業はかなりの重労働であった。先ほどの水っぽくなったタラグはそのまま沸騰させると再びドロドロになる。これを布の袋に入れて水分を落とす為に家畜小屋の柵に吊り下げる。このドロドロした状態のものをアールツ (aalts) と呼ぶ。ここで搾り落とされる水分はシャル・シム (shar shim) と呼ばれ、後のビャスラグ (byaslag) 作りで使用するために取っておく。数時間後、布ごとまな板で挟み、その上に重石を乗せて十分に水分を取る。1日〜2日後、袋から取り出し糸で細かく切り分けてゲルの上で天日干しをする。乾燥すれば真っ白なアーロールの完成である。砂糖入りの甘いアーロ

ールを作る家庭もあるが、そんなに裕福ではないマンダハ家は砂糖を大量に購入することが不可能だった。また、アーロールの形はさまざまである。円形のもの、模様のついたもの（模様のついた型にはめて作る）、イモ虫のような形をしたものなどがある。硬く乾燥しているため、外で仕事をする男たちの非常食になる。男性遊牧民の懐には、常にアーロールかタバコが入っている。日本人には硬すぎるため苦手な人が多い。

ビャスラグ（byaslag）

　ビャスラグと呼ばれるチーズは、内モンゴルでは脱脂した乳を使用しない。全乳に酸乳を加えて酸凝固を促しながら加熱・凝固させ、そのまま加圧脱水するのである。一般的ではないが脱脂乳で作られる方法もある［小長谷　1996：152〜153］。
　私の家庭では、後者の方法が取られていた。ボルソン・スーを加熱し、酸乳であるシャル・シムを少量入れる。ゆっくりと木の棒で混ぜ、おからのようになったら布の袋に入れて濾す。アーロールと同様に水分を取って重石を載せて固める。それを包丁で食べやすい大きさに切り分けゲルの上で天日干しする。モンゴルでのチーズである。チーズといえども硬すぎるため日本人には苦手な人が多い。

シミンアルヒ（shimin arkhi）

　シミンアルヒとは蒸留酒のことである。下準備として、大きな樽にアールツと砂糖などを入れて暗所で寝かしておく。半月ほど経ったら樽の中で発酵されたものを鍋に入れ、穴あきのずん胴をその上に立てる。ずん胴の中に紐で吊るした小鍋を用意し、その上に冷水を置く。鍋に入れた発酵物を熱する時に出る蒸気がずん胴を伝って上へ昇り、冷水で冷やされ小鍋に落ちていく。これがシミンアルヒである。祭の時やツァガーン・サルと呼ばれる旧正月に飲まれる。

アイラグ（airag）

　シミンアルヒを再び発酵物の入った樽に入れ、大量の砂糖とパンつくりに使用する酵母とウマの乳を入れ、木の棒で混ぜて攪拌させる。こうしてアイラグと呼ばれる馬乳酒ができあがる。モンゴルでは馬乳酒のみをアイラグと呼ぶが、内モンゴル地域ではウシの乳で作られた酸乳もアイラグと呼ぶ［小長谷　1997：157］。アイラグも、日常的に飲むものではない。客が来たときや祭日に飲まれる。
　このように私が滞在した短期間の間でも、さまざまな乳製品が作られていた。ダ

ルハドで学んだ乳製品の作り方は、文献に記されているものとほぼ同様であったが、アーロールが作られる過程で抽出されるハルハでは「シャル・オス（黄色い水）」が「シャル・シム（黄色い栄養）」と呼ばれているという違いがあった。またダルハドでは、牛乳の中にヤクの乳が混じっているため、ハルハで作られる乳製品よりも甘みがあるように感じられた。

2-8. ナーダム

　ナーダムとは、毎年7月11日と12日に行われるモンゴル国最大の民族スポーツの祭典である。7月11日はモンゴル革命記念日にあたり、1921年からこの日程が取られるようになった。首都ウランバートルで開催される国主催の新調した大ナーダムのほかに、県単位、村単位で小規模なナーダムが同日に各地で開催される。モンゴル国ではナーダムが開催される日は、店屋なども閉まっていることが多いため、都市に住む人々はナーダム前に食料品などを大量に買い込む。

　ナーダムでは、男の3種の競技と呼ばれている相撲・競馬・弓射を行う。これら3種の競技について、ウノ・ハルヴァ［1971］はシャーマニズムを背景とした儀礼に起源をもつものと論じている。また、史記や前漢書匈奴伝によると、儀礼として競技が行われていることが記述されているそうだ［井上　2005］。現在では、ルールが複雑であり、技術の伝承する後継者不足が理由で弓射が行われないナーダムもある。また、競馬は本来男性の競技であったが女性も参加するようになった。ハトガル村のナーダムでは弓射はなく、相撲は成人男性のみ、競馬は10歳くらい〜16歳くらいまでの男女が出場していた。

　2009年7月11日〜12日、私はハトガル村のナーダムを観戦した。その前に、ナーダムの準備から覗いてみよう。ナーダムが開催される1ヶ月前、マンダハ母さんは毎日大忙しであった。ナーダムの日は、人々はお洒落をして会場に赴く。お洒落とは女性の場合、化粧はもちろんであるが、民族衣装のデール（*deel*）を新調して着るのである。

　デール作りは、遊牧民の女性が嫁入り前に母から伝授される技術である。そのため、ほとんどの遊牧民女性はデールを作ることができる。しかし裁縫にも向き不向きがあり、マンダハ母さんは近隣の遊牧民からも頼まれるほどデール作りが上手であったため、家族以外の者のデールを4着ほど頼まれていた。材料となる生地や錦は着る本人が気に入ったものを村から購入してくる。

　マンダハ母さんが作るデールは、材料費抜きで1着5,000〜10,000トゥグルク（約

300〜700円）であった（写真4）。

ナーダム前、遊牧民たちの話題は「どんな色のデールを着ていくか」「どの馬でナーダム会場まで行くのか」「競馬に出場する者・相撲に出場する者の話題」「2日間とも行くのか」などで持ちきりであった。また、競馬に出場する子どもたちはナーダムの1週間前から競馬にでる駿馬と共に毎日訓練をする。その一週間、彼らは競争馬の近くで寝泊りするためにテント

写真4 ミシンでデールを作るマンダハ母さん

で生活していた。他の家族がパンや食事の差し入れを持っていくのである。こうして当日まで競争馬とコミュニケーションをとりながら競馬の訓練をする。当日の家畜管理はどのようになっているかというと、私の家族は母とサウガが1日ずつ交代で家畜番をしていた。

いよいよ当日、村から少し離れた平地へ人々は一斉に集まる。会場は相撲をとる場所になる広場を中心にして、その周りに民芸品店、売店、食堂などが立ち並んでいた。ここで食べられる食事は主にホーショールと呼ばれる揚げ餃子とスーティ茶である。モンゴル国ではナーダムにホーショールを食べる習慣がある。ツァガーン・サル（旧正月）にボーズと呼ばれる蒸し餃子を食べる習慣から、対としてナーダムにはホーショールを食べるようになったのかもしれない。

その他に、アイスクリーム屋もあった。首都や県都のムルン市ではアイスクリームが売られているが、ハトガル村では見たことがなかった。サウガはとても嬉しそうにアイスクリームを食べており、夕方帰宅し母にアイスクリームを食べたことを報告すると、母はアイスクリームの存在を知らないため、どんな食べ物なのか興味津々に聞いていた。「凍った冷たくて甘いものだよ」と娘が説明すると、マンダハ母さんはそんなものを食べたら舌が冷たくなる！と言わんばかりに舌をペロッと出して寒そうな身振りをしていた。

競馬は3部に分かれていた。年少の部、年中の部、年長の部、といったところだろうか。いよいよスタートだと聞きゴール地点で待ち構えるが、スタート地点は草原の遥か向こうで見えない。遊牧民よりも視力の悪い私（それでもコンタクトとし

ているから視力は 1.5 くらいある）は、周りがザワザワしはじめる事で会場近くまで馬が来ていることがわかる。ゴール付近になると子ども騎手の父や兄が馬に乗ってゴール後の駿馬を誘導する。猛スピードで突進してくる駿馬は迫力満点であった。

　相撲は、モンゴル相撲の正装をするものもいれば、動きやすいジーンズを履いて参加するものもいる。相撲で勝った者は「鷹の舞」と呼ばれる勝利の舞を踊り、ビャスラグを天に捧げる。私の友人で23歳のマルハーは相撲で3位に入賞した。知り合いが参加している競技を応援できることは、村単位の小規模ナーダムの醍醐味である。

2-9. 別れ

　ナーダムが終わり、人々がすっかり元の遊牧生活に戻った。7月16日、とうとうウランバートルへ帰ることになった。当初は1ヶ月程でホームステイを終えようと思っていたが、あれやこれやで2ヶ月間居ついてしまった。プライベート空間の無いゲルの中、毎日仕事にこき使わされ、ストレスが溜まる日々が続くこともあった。しかし、悪いことばかりではなく家族には本当に可愛がってもらえ、友達も増えた。都市ではできない生活に苦労もあった反面、目的であった自然の中で動物と共に暮らすことができた。そう振り返ると遊牧生活が名残惜しく感じられ、寂しさが募った。

　しかし、そんな寂しさに浸っていられるほどゆっくりはしてられない。オンバーとサウガが8月に結婚式を挙げることになり、その準備のために私のウランバートル帰りに合わせて県都のムルンへ行くことになったのである。彼らがムルンに行くのは、新居の家財道具を調達するためだ。サウガはムルンへ行くのは初めてであり、とても興奮していた。朝8時半頃、私はマンダハ母さんからアーロール、ビャスラグなどの乳製品のお土産をもらい、お別れをした。朝9時にハトガル発ムルン行の車に乗るため、オンバーの運転するバイクに3人で乗りゲルを後にした。しかし出発から10分後、バイクが故障したのか、動かなくなってしまった。どうにか3人でバイクを押して近くのゲルに助けを求め、バイクの修理をした。すでに時刻は9時を回っていた。「今日は車に乗れないかもしれないなあ」と思いつつ、必死で修理をしているオンバーを横目に私とサウガはスーティ茶をすする。10時を過ぎた頃、なんとか動くようになったバイクにまたがり、ハトガル村へ向けて再び出発した。

　村に着いた頃には11時を回っていた。もう今日は出発できないだろう、と思っているとなんと9時に出発するはずの車がまだ村に停まっていた。思いどおりに事が

進んでいないのは、車も同じであったのだ。こうして私は無事、ハトガル村を後にすることができた。

　ムルン市に到着し、3人で市場へ行った。ムルン市は1万人程度の市であるが、今まで遊牧世界の中だけで暮らしてきたサウガにとって目が回るような大都会だったようだ。どこへ行くにもビクビクしながら、オンバーと私の間で言葉少なに縮こまっていた。午後4時、2人に「ありがとう、良い家庭を築いてね」とお別れをし、私はウランバートル行きのバスに乗り込んだ。

　しかし、ここからが問題であった。乗り込んだバスはすでに満員で空席はない。「どこに座るんだ」と運転手に聞くと「運転席の横の台に乗れ」と言われ、18歳の女の子と2人、背もたれも何もないフロントガラスの目の前の台に乗せられた。このまま20数時間、私は直射日光と台に乗る不自然な姿勢に悩まされながら、ウランバートルを目指した。しかし共に台に乗せられた女の子と友達になり、いろんな話をして帰路についた。フロントガラスの前に座っていたので、走り去る野生のオオカミを目の前で見ることができたことも幸運だった。

　こうしてウランバートルに無事到着した。そして久しぶりに都会の空気の悪さを確かめてから、日本人の友人が待つ外国人学生寮へ帰った。

3. フブスグルの旧正月

3-1. 再びフブスグルへ

　夏にウランバートルへ戻ってきてから半年間、私は真面目に学校へ行き、週3回は日本語の家庭教師をする生活を送っていた。都市でしか味わえない貴重な体験もしたが、どこかで遊牧生活に戻りたいと思っていた。しかし交換留学生として留学に来ている以上、再びハトガル村へ行く時期は、学校が休みになる旧正月の休暇まで待つしかなかった。

　モンゴルでは「ツァガーン・サル（白い月）」と呼ばれる旧正月を祝う。2009年のツァガーン・サルは2月25日であった。携帯を持っていないサウガと連絡を取り合うことができるのは、気まぐれなサウガが近隣の遊牧民の携帯を借りて、こちらにかけてくる時を狙うしかない。ある日、運よく電話がかかってきた時、「ツァガーン・サルにハトガル村へ行きたい」と伝えた。彼女は、当たり前かのように快く了承してくれた。

田舎では、ツァガーン・サルは元旦の2月25日から1週間にわたって祝い続けるのだという。そこで私は準備を手伝うために2月15日にウランバートルを出発することにした。気温が−40度に下がる冬のバス旅行は、寒さと危険を伴う。しかし金銭面に余裕が無い私にとって飛行機での移動は不可能であり、長距離バスでの移動を選ぶしか道は無い。

　果たして2月15日の昼頃、14時発のバスに乗るべく学生寮を後にした。バスターミナルに着いたが、さすがはモンゴルである。14時になってもバスが来ていない。そのまま寒さに震えながら待つこと5時間、やっと出発である。

　しかし出発6時間ほど経った頃、事件が起きた。急にバスがスピードを上げたのだ。眠っていた周囲の人々も起き、運転席のほうを見る。スピードを上げたのではなかった。凍った道路を滑って止まることができなくなったのだ。気づいた時、バスは空中を跳び、着地後も滑り続け左右に大きく揺れ、上から荷物がドサドサと落ちてきた。女性の悲鳴や男性の叫び声が鳴り響く中、私は声も出せずに縮こまっていた。しばらくそのままの状態が続き、揺れがおさまりバスはようやく止まることができた。結果、何事もなく無事でよかったと思ったが、バスの中は乗客からの運転手への批難の嵐であった。その後もタイヤが雪に埋まって立ち往生し、乗客の男性が全員、外へ出てバスを押すことも何度かあった。

　こうして寒さに耐えながらもなんとかムルンに到着した。とても生きた心地のしないバス旅であったが、気づけば24時間ずっとバスに乗っていた。痔になったことは言うまでもない。ムルン市の友人宅に1泊し、予定よりも1日遅れの17日夜、ハトガル村へ到着した。その日は友人宅に泊まり、次の日オンバーが村まで迎えに来てくれた。てっきり馬で行くのだと思っていたが、馬での移動は寒さに慣れていない私では足が凍って大変なことになるらしい。そのため、薪を山で調達して村に運んでくるトラックに便乗しようとオンバーは考えていた。しかし村に止まっている薪を運ぶトラックは動く気配が全くない。運転手によると3日後に出発するという。3日も待っていたらツァガーン・サルの準備が間に合わないと、歩いて行くことに決まった。決まったというか、ほぼ強制であった。

　出発前、強引に大さじ4杯ほどの砂糖が入れられたスーティ茶を飲まされた。これから雪山登山をするようなものなので、糖分補給である。酒やワインなどの土産の入った私のザックをオンバーが担いでくれ、私は手ぶらで出発した。初めはどこまでも続く真っ白な雪原に心躍らせていた。しかし、30分もすると雪に足を取られて思うように前に進めなくなってしまった。1時間半ほど経っただろうか。急に足が

ガクッとなり、私は雪の上に座り込んで立てなくなった。息も切れ、もう無理だ、歩けない、と思っているとオンバーが「なんで息を切らしているんだ？」と聞いてくる。「寒すぎる。死んじゃう！」と文句を言うと「寒いって素晴らしいことじゃないか！寒くてありがとうと言ってごらん」と冗談めかして言うのだった。彼は私の荷物を背負い、ゲルに着くまで「寒い」「重い」「疲れた」などの言葉を一切吐かなかった。それどころか、彼は私をハトガル村まで迎えに行く時、同じ道を1人で歩いて来たのだ。文句ひとつ言わず、私の為に歩き続けてくれたオンバーに、今更ながらとても感謝している。

　そして3時間後、全身の感覚が無くなるほど体は冷え切って疲れていたが、無事にゲルに到着した。今回到着したゲルは、新婚であるオンバーとサウガのゲルである。マンダハ母さんたちのゲルはさらに遠い場所にあるのだという。

　冬の遊牧生活は、夏とは全く違う。−40度に達するこの地域では、男性遊牧民でも馬での長時間移動は、凍えて足が動かなくなるから危険だと考えられている。飲料水は、川の上に積もった雪を使用する。切り分けた雪を溶かして水にするのである。トイレへ行くにも凍えるため、家の中には小便用のバケツが置かれていた。しかし、私は抵抗があったため、小便用のバケツで用を足すことはなかった。寝る前は暖炉の火を最大限にするが、朝になると火が消えているためゲルの中は凍っていた。彼らの新居ゲルには、干し肉や凍った乳を保存する場所としてゲルの横に木で作られた自然冷凍庫が設置されていた。外に出て家畜を見てみると、夏にサウガが「これが私の家畜よ」と紹介してくれた家畜がきちんとオンバーとサウガの財産家畜としてそこにいた。見たことの無い家畜はオンバーが連れてきた家畜なのであろう。

　マンダハ母さんや兄弟たち、それに近所の友達たちは変わりなく元気か、とサウガに聞くと、良い返事が返ってきた。悲しいことに、昨年春に生まれた4頭の仔ウマたちがオオカミに食い殺されてしまったのだという。ウマの頭数が少ないマンダハ母さんの家族にとって非常に悲しい出来事であったに違いない。タイガ地帯には、このような危険がはらんでいる。

3-2. ツァガーン サル（旧正月）の準備

　ツァガーン・サルとは、「白い月」という意味である。その由来は、マルコ・ポーロの『東方見聞録』によると、彼が13世紀にモンゴルを訪れた際、旧正月ではフビライ・ハーンや臣下たちがみな白い衣装を身に着けていた。白色はモンゴルでは幸運、吉兆の他に正直、清潔、善良などを意味する。よって新年への願望と心構えを白色

に託し、正月を「白い月」と呼ぶようになった［マルコ・ポーロ 1970：226］。また、乳製品が由来という説もある。マルコ・ポーロは、本来モンゴルの新年は太陰暦の8月28日に行われていたと記している。それが太陰暦の2月に移ったのは、フビライ・ハーンがチベット仏教を国教として取り入れ、中国暦を使って正月を仏教式で祝うようになったためとされている。秋に正月が始まっていた時代、乳製品のアーロールと、アーロールを作る過程に生成される「ツァガー（*tsagaa*）」は同義語として使われていたらしく、秋にツァガー（アーロール）を食べることから「ツァガーの月（サル）」―「ツァガーン・サル」と呼ばれるようになったとも言われている。

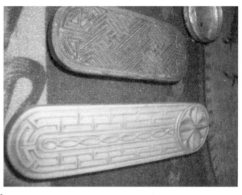

写真5　ボールツォグの木型

ツァガーン・サルは、1週間ほど続く。遊牧民たちは親戚や仲の良い遊牧民たちのゲルを訪ねる。新年の挨拶をした後は、ボーズ（*buuz*）という蒸し餃子やアルヒ（ウォッカ）が振舞われる。

　ツァガーン・サルを5日後に控えた2月20日、私とサウガはツァガーン・サルの準備を始めた。ツァガーン・サルのためのおせち料理を作るのである。彼らのおせち料理は、ボーズ、ボールツォグ、アルヒ、アーロール、ミヒルニー・トス（*mikhirnii tos*）、ホリソン・トス（*kholioson tos*）、ヘビーン・ボーブ（*kheviin boov*）、オーツ（*uuts*）などである。

　ボーズとは蒸し餃子のことであり、モンゴルの代表的な料理である。普段はヒツジ・ヤギ肉を使用するがこの日はウマ肉を使用していた。夕方からウマ肉を細かく刻む作業をし、家畜の仕事を終わらせた男性や近隣の遊牧民にも手伝ってもらいツァガーン・サルに向けて1000個以上のボーズを用意する。多く訪問客が来ると予想されると3000個ものボーズを作る家もある。私たちは20時頃にボーズ作りを開始し、終わったのは夜中1時であった。次の日は手伝ってくれた遊牧民のゲルへ出かけ、再び2000個のボーズを作った。

　パン作りの部分で紹介したように、ダルハドでは日常的にパンを作るのに対し、ハルハではボールツォグ作る。ダルハドではボールツォグはハレの日に食するもの

らしく、1年の中で基本的にツァガーン・サルの時のみに作られる。またボールツォグ用の文様の彫られた型を他の遊牧民から借りてきた（写真5）。ボールツォグを揚げるための油も近隣の遊牧民たちで使いまわしている。

ホリソン・トスはタラグ（ヨーグルト）を鍋に入れて焦げるまで混ぜ、アーロールを粉々にしたもの、砂糖、小麦粉を入れて混ぜて作った菓子である。

写真6　ミヒルを潰す様子

ミヒルニー・トスはシャル・トスを鍋で熱し、小麦粉とスーティ茶、そしてミヒルと呼ばれる小さな植物の根を茹でてすりつぶした物を入れる（写真6）。　出来上がりはホリソン・トスと似ている。ミヒルの大きさはダンゴ虫くらいであり、味はサツマイモのように甘い。ハルハではこのような菓子は作られていない。ミヒルニー・トスに関して書かれた文献を見つけることはできなかった。

ヘビーン・ボーブは小麦粉で作られた正月用の飾り菓子である。ツァガーン・サル前になるとどの店にも売られている。首都や県都では大量に売られているが、ハトガル村のような小さな商店しかない地域では早く購入しなければすぐに売り切れになる。ツァガーン・サルが終われば食べられる。

オーツとは、ヒツジを丸ごと蒸した料理である。この豪華料理は、私の訪問したどのゲルにもなかった。

次は年末大掃除とゲルの飾りつけである。小さなゲルでも、絨毯を外に運び埃を落とす作業やゲルの骨組みの部分を拭く作業はまさに力仕事であった。刺繡をあしらった布をゲルの中に飾りつけ、購入したヘビーン・ボーブを上座に置く。そして必ず風呂に入って身を清める。またゲルの中だけではなく薪置き場周辺に散らばった木屑を綺麗に掃く。ゲルの周りにゴミが落ちてないかも確認する。

ツァガーン・サルの準備は、女性の仕事が多い。遊牧民の男たちは、私たちがバタバタと準備しているゲルに遊びに来てはスーティ茶を飲んでいく。しかし、彼らはただ遊びにやってくるだけではなかった。実は重要な役割をもっている。家庭の仕事で忙しい女性に代わって、モノや情報を運んでいるのである。モノとは、おせち

料理に必要な道具である。前述のとおりボールツァグを揚げるための油や文様の掘られた木型は、近隣の遊牧民同士で使い回す。情報とは、何日も続くツァガーン・サル期間中のそれぞれの移動先などである。いつ誰のゲルへ挨拶しに行くかを聞いておくと、挨拶へ行ったゲルに誰もおらず留守であったということがない。そういった情報を彼らは他の遊牧民に伝えるのだ。また、訪問ついでに掃除を手伝ってくれることもあった。

　このようにツァガーン・サルの準備には、近隣の遊牧民との連携が重要である。ツァガーン・サルは子どもから老人まで、家族や近隣の遊牧民たちすべてが助け合って準備をするといってよい。歩いて行けない距離に住んでいても、すべての人々が家族のように思えてくるほど人と人との距離が近かった。こうして皆で作り上げたツァガーン・サルは、ハトガルの遊牧民たちにとって、最も楽しみな行事であるといえる。しかし、ウランバートルに住む都会の友人たちは、皆口をそろえてツァガーン・サルは面倒くさいと言っていた。都市に住む若者は、ツァガーン・サルの準備に手をかけない。ボーズを含めたおせち料理のほとんどは店で購入できる。これに対して遊牧民たちは自分たちで作ったおせち料理をふるまい、親戚周りをすることでゲルによって違うおせち料理を楽しんでいる。さらにサウガのような新婚の妻にとっては、近隣の遊牧民たちの作るおせち料理は、今後のための勉強にもなるらしい。

　また都会の若者は、親戚周りをすることに面倒くささを感じる人が驚くほど多い。首都出身者であれば親戚たちも首都にいることが多く、いつでも会える。これに対して、遊牧民の場合、分散居住しているので親戚や知り合いは「遠く」に住んでいる。特に女性遊牧民は、普段はゲルから離れることが許されない。そのため、旧正月がいろんな人と会える、めったにない機会なのである。

3-3. ツァガーン・サルの大晦日と当日

　ツァガーン・サル前日の大晦日はモンゴル語で「ビトゥニー・ウドゥル（*bitüünii ödör*）」と呼ばれる。「締めくくりの日」という意味である。この日はウランバートルでは恒例の相撲大会が開かれ、テレビで中継される。2008年大晦日の相撲大会には、モンゴル人の横綱力士である白鳳が観戦に来ていた。ハトガル村でも相撲大会は行われていたようで、オンバーは朝から相撲大会に出場するために村へと出かけていった。

　この日の夜、すでに酒を飲んで酔っ払ってしまった遊牧民の男たちが続々とやっ

てきた。モンゴル人の男たちは、酒を飲むと非常に厄介である。首都ウランバートルでも酔っ払った男たちをよく見かけたものだ。日本にも酔っ払いはいるが、人口は少ないのにモンゴルでは、酔っ払いと出くわす回数が異常に多い。不思議と遊牧民の女たちは、そんな酔っ払い男に対して普段と変わらない態度で接する。特に心配する様子もなく、酔った勢いで絨毯を汚されようが怒ることもない。私とサウガは、ある程度酔っ払いの相手をした後、面倒くさくなって早々と寝入ってしまった。

　いよいよ当日、昨晩やってきた酔っ払いたちはそのまま絨毯の上で寝てしまったらしく、ひどく寒がっていた。朝にはストーブの火も消えているため、ゲルの中でも凍えるのである。そんな男たちのために、サウガは朝からバンタン（bantan）と呼ばれる小麦粉の粥を作っていた。

　その後、家を一通り片付けると、いよいよマンダハ母さんのゲルへ出発である。私はバットトルガ兄のバイクに乗せてもらうことになった。サウガのゲルからマンダハ母さんのゲルは、馬で1時間ほどかかる場所にあるのだという。マンダハ母さんのゲルに到着すると、母と弟たちは、私との再会を大変喜んでくれた。マンダハ母さんのゲルも綺麗に飾られていた。正月の挨拶をし、男性から嗅ぎタバコを渡され1回嗅いで再び返すという儀礼的行為を行う。そしてマンダハ母さんがアルヒやボーズをもてなしてくれた。

　一通りもてなされた後は、今晩はマンダハ母さんのゲルに泊まるため、今度は私が訪問客へもてなす側となってボーズを蒸したり茶を入れる。ひっきりなしにやってくる客は、陽があるうちはきちんと喋ることのできる人々であったが、夕方にもなると酔っ払いばかりとなった。私は、そんな酔っ払いたちとの話にならないような会話を楽しんだ。その後、マンダハ母さんのゲルや友達のゲルを訪問して、1日目を終えた。

3-4. 別れ

　私は帰国の都合でツァガーン・サル3日目の2月28日にハトガル村を出発しなければいけなかった。そのため、27日にハトガル村へ行き1泊することになった。2月27日、ついにマンダハ母さんやサウガたちとお別れである。この遊牧世界での生活は長かったような短かったような不思議な感覚であった。私は、ハトガルと日本がどれだけ遠いかを知っている。しかし遊牧民の彼らはそんなこと知る由もない。「またいつか会えるかな」と私が言うと、サウガやマンダハ母さんは当たり前のように「またいつでも来なさいよ」と答えてくれた。弟や兄からは「今度は日本から車で

来いよ」と言われた。「日本は周りを海で囲まれて、しかもものすごく遠いんだよ」と答えたところ、「海は冬には凍るのだから車でも行き来できるだろう」と真剣に言う。笑ってしまうが、そういった彼らの感覚は、別れを惜しむ私にとって嬉しいものであった。

　こうして皆と別れ、バットトルガ兄のバイクに乗せてもらい村を目指す。途中、知り合いのゲルに寄って新年の挨拶を行った。バットトルガ兄の行くゲルは、ほとんどが私の知り合い遊牧民のゲルであった。知らない内に私には遊牧民の知り合いが増えていたのだ。ハトガル村でバットトルガ兄の友人夫婦の家に泊めてもらい、翌日に県都のムルンへ向かう車に乗ることができた。ムルンからはウランバートルまでは、ムルンに住む友人と一緒だったので、今度は無事にウランバートルの外国人学生寮へ帰り着くことができた。こうして、私の遊牧生活は幕を閉じた。

さいごに

　本章では、私が経験したダルハドの人々との遊牧生活を紹介してきた。モンゴル国の総人口の 0.8%ほどしかいないダルハドの人々は、かつてタイガで狩猟を中心とした生活を行っていたといわれるが、現在ではその名残はあまり強くは残っていなかった。モンゴルの多数派のハルハの遊牧民とあまり変わらない暮らしを彼らは送っている。国境がある以上、遊牧や狩猟のためにタイガを超えてロシア側へ行くことも簡単ではない。国境によって分断されることで、ハルハ人の文化を多く取り入れたからなのだろう。とはいえ、若干の違いは観察できた。以下、2ヶ月半のホームステイのなかで観察することができたハルハとダルハドの違いについて簡単にまとめておこう。

　まずゲル移動の際のオルツ設営、薪の使用などは、明らかにツァータンやブリヤートといった北方の遊牧民たちに共通する文化的要素が強いことがわかる。また食生活に関して、パンをつくることやツァガーン・サル時に、ミヒルと呼ばれる植物の根を使用した菓子を作ることやオーツ（ヒツジの丸蒸し料理）を置かないことは、ハルハとは異なる要素だった。また家畜管理に関しては、子とらせの歌、サルラグ・ハイナグの飼養、アニマル・コーリングなどにおいても差異が確認された。去勢した家畜につけるイムに関しても文献にはない情報であった。乳製品は、作り方に関してはハルハとの違いはほとんど見られず、作る乳製品の種類はハルハよりも少ない。

ダルハドはマイノリティであるが、ダルハドであることに強い誇りを持っている。外国人である私に、ダルハドの歌を歌って聞かせてくれ、方言も教えてくれた。しかしダルハドの若者の中には、方言を喋るダルハドを格好悪いと考える人もいた。テレビの普及もあり、首都ウランバートルの情報は簡単に入手できるようになった。首都に憧れ、家畜よりも金銭を得たいと考える若者たちは多い。徐々に変わりつつある彼らが、この先どのような生活を築いていくのかはわからない。生活様式が変化していくことは、避けられない時代の流れであろう。

憧れであった遊牧生活を体験して思ったこと。大好きな動物と遊牧生活をするために飛び込んだ世界であったが、電気も水道もなかった。重労働の水汲みやわからないことだらけの家畜の世話。すべてが初めてのことばかりだった。しかし彼ら遊牧民にとって、それらは皆、ありふれた日常生活に過ぎない。そんな日常に飛び込んできた見ず知らずの外国人の私を彼らは、そのまま受け入れてくれた。しかも「初めて見た日本人」の私を。

それは嬉しかった反面、苦しいことも少なくなかったのも事実だ。言語が分からない。家畜の扱い方がわからない。そんな私を彼らはときには罵倒し、ときにはあきれ果てていた。そんな中で「私はどうしてこんな辛い生活をしているのだろう」と思うこともあった。しかし今思い返すと、1日1日を全力で生きた、修行と新発見の日々だった。

家畜の管理に関しては、知らないからできないでは済まされない。家畜は家族の財産である以上、真剣に扱わなければならないからだ。今では、遊牧生活を理想化してペット感覚で家畜を見ていた自分が恥ずかしい。遊牧生活は、ウランバートルや日本では決して味わえないような楽しいことも多かった。自然の中での暮らしは、身も心も洗われるような不思議な感覚があり、憧れていた生活が現実になったという実感があった。

最後にひとつ、1年間の留学生活を終えて気づいたことがある。それは、約9ヶ月間住んでいたウランバートルよりも、約2ヶ月半住んでいたハトガルの方が知り合いの数が多くなっていたということである。すべてが、なにものにも代えがたい貴重な経験と出会いだった。

(2010年1月)

参考文献

井上 邦子　2005『モンゴル国の伝統スポーツ―相撲・競馬・弓射―』、叢分社。
上村 明　1999「生活に密着した口頭伝承と韻文」、岡田和行・上村明・海野未来雄（編著）『「モンゴル文学を味わう」報告書』国際交流基金アジアセンター、pp.37-50。
風戸 真理　2009『現代モンゴル遊牧民の民族誌』、世界思想社。
鯉渕 信一　1992『騎馬民族の心』、日本放送出版協会。
後藤 冨男　1964『内陸アジア史論集』、国書刊行会。
後藤 冨男　1970『騎馬遊牧民』、近藤出版社。
小長谷 有紀　1991『モンゴルの春』、河出書房新社。
小長谷 有紀　1996『モンゴル草原の生活世界』、朝日新聞社。
小長谷 有紀　1997「加工体系からみたモンゴルの白い食べ物」、石毛直道（編）『モンゴルの白いご馳走』、チクマ秀版社、pp.129～184。
竹沢尚一郎　2008『サバンナの河の民：記憶と語りのエスノグラフィ』、世界思想社。
田中 瑛郎　1993「モンゴル建築からみたゲル」、『遊牧民の建築術：ゲルのコスモロジー』、INAX出版、pp.39-46。
野沢 延行　1991『モンゴルの馬と遊牧民』、原書房。
ハルヴァ、ウノ（田中克彦訳）　1989『シャマニズム』、東京：三省堂。
ポーロ、マルコ（愛宕松男 訳注）　1970『東方見聞録』、平凡社。
三秋 尚　1995　『モンゴル 遊牧の四季―ゴビ地方遊牧民の生活誌―』、鉱脈社。
Gaadamba, Sh., Tserensodnom,D. 1977 *Mongol Ardyn Aman Zokhiolyn Deej Bichig*, Ulsyn Khevlel.
Sanpildendev, Kh. 1985 *Malchin Ardyn Zan Uiliin Ulamjlal,* Ulsyn Khevleliin Gazar,
Nergüi, D., Batuur', H., Bin'yee, B. 2009 *Mongol malchni sudar orshivoi,*
Badamkhatan, S. 1965 *Khövsgöliin Darkhad Yastan,* Shinjilekh ukhaany akademiin khevlel.
Batnasan, G.1991 "Mal aj akhui", S.Badamkhatan (ed.) *BNMAU-in Ugsaatny Züi 1-r bot'*, Ulsyn Khevleliin Gazar, pp. 53-75.
MUSG　(Mogol Ulsyn Statistikiin Gazar /National Statistical Office of Mongolia)　2003 Mongoloan Population in XX century, National Statistical Office of Mongolia.
― 2008 *MONGOLIAN STATISTICAL YEARBOOK*, National Statistical Office of Mongolia。

第3章　モンゴル遊牧民の馬の個体認識をめぐって
　　―毛色を中心に

吉村　友里

はじめに

　モンゴル留学中（2013.3～2014.3）、遊牧民のところへ行き、よく馬に乗って旅をした。特に親しくなった遊牧民の人達は、私が馬好きだと分かると積極的に馬に乗せようとしてくれた。草原では馬に乗る機会がとても多く、馬と関わる時間もたっぷりとあった。これは、私にとってとても幸せなことだった。
　しかしモンゴルで馬と遊牧民との関わりを通して、私の中で1つの大きな疑問が浮かび上がってきた。それは、遊牧民がどのようにして類似した個体の多い馬をそれぞれ個体識別しているのか、ということである。私も日本で乗馬を10年間続けており、馬の特徴、例えば毛色や白徴（頭や肢の白い部分）を把握、記憶して馬を個体識別する機会は少なくなかった。だが、モンゴル人の馬に対する識別能力は、私たち日本人のそれをはるかに上回るものであるように思われた。
　例えば、馬の個体識別の指標として代表されるものとしては、まず毛色が挙げられる。日本では、馬の毛色は基本、栗毛、栃栗毛、鹿毛、黒鹿毛、青鹿毛、青毛、芦毛、白毛、粕毛、駁毛、月毛、河原毛、佐目毛、薄墨毛の、合計14色とされている［日本馬事協会 2003：4-5］。
　これに対してモンゴルでは、鯉渕信一によると、基本となる毛色は18色であるという。［鯉渕 1992：150］。さらに驚くべきは、この基本となる毛色を基準として毛色の種類の幅が何百種類にも広がりを持つということである。日本でも世界でも、モンゴルほど馬の毛色が豊かな国は無いと言っていいだろう。
　実際にほとんどの遊牧民は、多彩にある毛色を認識・把握している。留学中、遊牧民に馬の毛色を訊ねてみたことが何度かあった。遊牧民は何頭かの馬に対しそれぞれ別の毛色名を答えるのだが、私たちはその見分けがつかないということが多々あった。遊牧民は私たち日本人には分からない馬の微細な色の違いを見出し、認識できていた。
　これに加えて遊牧民は毛色だけではなく、馬を蹄の形や顔や肢の白徴、耳・目・鼻

などの身体的特徴、さらには性格などを含むさまざまな馬の特徴を詳細に識別している。例えば、蹄の丸い茶色い馬（*tsombon tuuraitai khüren*：ツォムボン・トーライタイ・フレン）、性格の穏やかな焦げ茶色の馬（*nomkhon kheer*：ノムホン・ヘール）などのように、遊牧民が個体識別の際に注目する部分は多様である。

そこで本章では、モンゴルの遊牧民がどのようにして馬の個体識別を行っているのか、調査・考察してみたい。モンゴルにおける馬の毛色等の個体識別に用いられる言葉や、その特徴を文章にしてまとめた研究はいくつかある。だが、それをカラーチャートで合わせたり、写真に収めたりしてその特徴を実際の色や形に近い形で可視化させたものはほとんどない。したがって、本稿では特に馬の個体認識に最も利用されている毛色に注目し、その毛色が実際にどのようなものなのか、また、遊牧民が馬の毛色をどのように捉えているのかについて焦点を当てて行きたい。

馬の個体識別の先行研究に関して鯉渕は、モンゴルでおよそ200種の毛色名を収集し、馬の個体識別に利用されている毛色等を詳細に分類する研究を行った。そして、これらの毛色名を、① 基本毛色名、② 基本毛色名同士を組み合わせたもの、③ 補助毛色名（形容詞）と基本毛色名を組み合わせたもの、④ 動植物名などの固有名詞と基本毛色名を組み合わせたもの、の4種類に分類した。例えば、① ならばフレン（*khüren*：日本でいう栗毛系統）、② ならばハラ・フレン（*khar khüren*：栗毛系統の馬で黒系の毛が混生するもの）、③ はヒレン・フレン（*khiren khüren*：はっきりとした栗毛系統）、④ はエレグ・フレン（*eleg khüren*：肝臓の栗毛系統）などである。

また、これら毛色と並んで、鯉渕は個体識別の上で重要なポイントとなる毛の部分的特徴、斑紋、頭部や足の白徴、たてがみ、尾毛の特徴なども調査した。これらは毛色名に付加されて個体分類を一層細分化させる役目をしているという。さらに、身体部の特徴、特に耳、目、鼻、これらも馬の識別に利用されているという結果になった。他にも、年齢、性別、歩様、姿勢等によっても命名と識別され、さまざまな方法・表現で、モンゴルでは馬の個体識別がなされているということを明らかにした［鯉渕 1992：147-167］。

加えて鯉渕は、モンゴル人の色彩観にも言及している。彼はモンゴルの色名を調査するために、94色の日本の伝統的な固有色名の色見本を示し、複数のモンゴル人に質問を試みた。その結果、94色のうち約60色近い色が馬の毛色であり、馬を識別する固有色名だという回答を得たのだった。モンゴル人の色彩認知における馬の毛色の役割が大きいことを明らかにした［鯉渕 1992：169］。

モンゴルにおける馬の個体識別に関して、野沢延行は、モンゴル人が馬の基本となる毛色を 21 種類[4]に分けて識別しており、さらに馬の色を表現する言い方は 120 種、斑毛というブチになった馬の色も合わせると 500 種類近い分け方があると指摘した。その分け方は斑紋、頭部と肢部の白徴、体形、性格、性能、頭の良さまで毛色に組み合わせ使い、たとえ同じ毛色の馬がいたとしても識別できるようにしているのだという。また、馬の個体識別は年齢によっても分けられ、牡牝それぞれ、仕事をする上で使い分けているということを明確にした［野沢 1991 : 58-65］。

　一方、モンゴルにおいては、近年、馬の毛色について『モンゴル遊牧文化用語辞典』という文献が出ている。これは、遊牧文化に関する用語を総合的にまとめてモンゴル語と日本語で記載したものだが、毛色についても約 70 ページにわたってまとめられている［Равдан（ed.） 2015 : 105-172］。

　毛色について研究したものには、他にもガンバヤル・ムンフアムガランの『Монгол үлгэр дэх морины өнгө зүсний онцлог（モンゴルのおとぎ話における馬の毛色の特徴）』がある。この研究はモンゴルのおとぎ話に登場する馬の毛色を調査したものであるが、馬の毛色そのものについても記載されている。基本毛色として約 10 種類を挙げ、それぞれの毛色について文章で説明を試み、またその毛色の派生についても例を挙げて少し言及している［Галбаяр, Мөнх-Амгалан 2010］。

　さらに、ネット上では「民族スポーツのポータルサイト・ヒーモリ（Үндэсний спортын портал сайт Hiimori.mn）」というサイトに「Морь шинжихүй（馬相学）」というコーナーがある。ここでは駿馬について取り上げる共にその馬と毛色について写真も掲載している。ちなみに 2015 年 11 月時点では約 900 頭の馬が取り上げられている。

　しかしムンフトゥルも指摘するように、馬のさまざまな特徴を調査・研究したものは多いが、馬の毛色についての研究は十分にあるとは言い難い［Мөнхтөр 2007 : 5］。

　また、鯉渕などはモンゴル人の色彩観を調査するにあたり、大日本インキ化学の出版した「日本の伝統色」（第 1 版）という色彩カード使用しているが［鯉渕 1983 : 304］、これはあくまで日本の伝統色という日本の色彩観の枠に基づいたカラーチャートである。また、毛色についての調査時にはカラーチャートを使用せず、調査した馬の毛色を文字で説明することに留めている。以上、日本の研究者もモンゴルの

---

[4] 鯉渕と野沢で基本とする毛色の数が異なるが、それはアラグ（alag、日本でいう駁馬）を基本毛色に含むか否か、また、地域差によるところが大きいだろう。

研究者も馬の毛色を言葉で説明するに留まり、色彩との対応を提示した先行研究はないと言って良いだろう。

だだし基本毛色が18種、21種とのように、ばらつきがあったり、他の研究には見られない毛色が存在したりと毛色の捉え方には当然個人差や地域差があると考えられる。また私の調査は、モンゴル国テレルジの遊牧民における馬の個体認識の一例だということを断っておきたい。

なお、毛色と並び、馬の個体識別に利用されている馬の蹄や身体部の名称についてまとめた先行研究については、ドルジゴトブ・ソンギノの『*Зурагт толь*（図鑑）』がある。これでは、馬の蹄の形と名称を5種類、馬の身体部の名称を47部位、それぞれ絵で示している［Доржготов, Сонгино 1998］。また、馬の顔の形など身体部の特徴を広くまとめたものには、バトボルド編の『*Хурдан морины шинжийн судрын тайлал*（駿馬の特徴の研究概要）』などがある［Батболд 2013］。このように馬の毛色以外にも、馬の個体識別に利用されているものをまとめた研究が僅かながら存在する。

今回のフィールド調査は、2015年9月～10月にかけて約1ヶ月、モンゴル国のウランバートル市の郊外のテレルジで行った。調査では、1人の遊牧民が馬の毛色をどこまで区別し、把握できるかに焦点を当てた。実際の方法としては、ホームステイ先の1人の遊牧民に協力してもらい一緒に馬を持っている親戚や知り合いなど家に馬で訪問し、その同行の遊牧民と共に馬を確認し写真に収め、帰宅後カラーチャートで色を合わせてもらうという手法を取った。本来ならばその場で色を合わせることが理想であるが、馬はただ集めただけで繋ぎ場に繋いでいないためすぐにどこかへ行ってしまう。また直接馬の放牧地先に赴くこともしばしばであった。このように、馬に乗って遠くの方へ赴くことが大抵であったため、時間の都合上現地では写真を撮ることを優先し、より多くのサンプルを集めることに努めた。

またホームステイ先も10頭馬を所有しているため、こちらも調査対象とした。ただ、これらの馬は他馬とは違い所有馬であるため、どのような部分に注目して個体識別をしているのか、毛色以外にも聞き取りを行った。基本的には①その馬をどのように呼んでいるか、②なぜそのように呼んでいるのか、③馬の毛色は何か、④額の模様（白徴）は何か、これら4つのことについて質問した。

本調査では、日本色研事業株式会社の『マルセンシステムによる　色彩の定規　拡充版』を使用した。これは色相、明度、彩度の3点に基づいて色が記載されており、その詳細は後述するが色も約1000種と多彩である。カメラは「OLYMPUS Tough TG-

620」を用いた。

1. モンゴル馬とは

1-1. 遊牧民の馬への思い

　「モンゴルの遊牧民は自分たちの馬のことを、まるでナキウサギのように機敏で、家族のようなものだと思っている。野沢は「私たちとちがって遊牧民と馬との付き合いは密接で、生活の一部というより、体の一部と言った方が適当かもしれない」［野沢 1991：58］と表現している。また鯉渕も、遊牧民の抱く馬への思いを「馬を駆って遊牧に生きるモンゴル牧畜民の馬への思いは、私たちの想像をはるかに超えた深いものがあるようだ。馬は騎馬民族としてのかれらの誇りであり、心の安らぎでさえある」と評している［鯉渕 1992：26］。

　こうした遊牧民と馬の特別な関係や彼らの抱く馬への思いは、モンゴルに行ったことがある人ならば、おそらく感じ取ることができるだろう。私が出会った遊牧民たちの馬を見つめる眼差しは真剣そのもので熱意の籠ったものであった。時には、彼らは、馬に対してまるで息子や娘に対するような、愛情を持っているようにすら感じられた。

　さらに馬という存在は彼らの生活のみならず、ことわざや民話などさまざまな場面に影響を与え、モンゴル人の考え方や文化に反映されている。例えばことわざでは「モンゴル人は馬上で育つ」、「モンゴル人の足は4本」といった表現があり、馬とモンゴル人の切っても切り離せない間柄を表している［鯉渕 1992：26-32］。この2つのことわざだけでも、モンゴル人の考え方が大きく馬に由来されているということが分かる。

　また馬は結婚して所帯を持ったり、出産したお祝いに馬をあげたりすることもあり、贈答物としての側面も持っている。加えて、一般の遊牧民の家庭では子どもから老人まで各自の馬を持っている。個人家畜として持つ馬は家族の財産であり、その大半は父親の所有するものである。老人から子どもまで移動の際にはいつも馬に乗り[5]、子どもに関しては2～3歳には乗り始め6歳ぐらいには1人で乗りこなし、家の仕事を手伝うようになる［野沢 1991：58-59］。ことわざ、文化、生活、どのような場面でも馬は欠かせない存在なのである。

---

[5] ただ、近年ではバイク等の自動車が普及し、馬ではなくバイクで移動をする遊牧民も増えつつある。

さて、このようにモンゴル人にとって重要な存在となっているモンゴル馬であるが、そもそも馬とはいつ発生したのか。川又正智によると、ウマ属（学名エクウス）とされるものは、約100万年前に出現したという。また、家畜馬の祖先については、ユーラシアの東よりに分布していたらしいプルジェヴァルスキィウマ（モウコノウマ　蒙古野馬、モウコウマとは別）説と、西よりに分布していたらしいタルパンウマ説が有力だとされる。大型種については、ヨーロッパにいた森林馬説もあるが、この件は未解決である［川又　1994：12-14］。

　馬の家畜化開始についても未だ諸説があるが、ネルグイらによると今から約1万年前、中央アジアのモンゴルで馬は初めて家畜化させられたとされる。モンゴル馬は最初に発生した後も、他種と混血せず純血で生産力の高い群れを維持している。続けてモンゴル馬の基本的情報について述べるが、モンゴル馬は乗用としての利用以外にも、食肉や乳製品に利用されてきた。また、馬の持つ速さは品種改良がなされ、ナーダム（naadam：モンゴルの祭り）や娯楽によって伝統的に競われてきた。なお、モンゴルにおける馬の数は、中国、アメリカ、メキシコ、ロシア、ブラジル、アルゼンチンに次ぎ、7番目となっている。モンゴルには2007年で約220万頭の馬がおり、全家畜の5.5％を占めている。馬の分布はハンガイ地帯（高原状で森林と水が多く肥沃な土地）が35％、西地帯が19％、中央地帯が23％、東地帯が22％、首都ウランバートルが1％となっている［Нэргүй, Батсуурь, Биньеэ 2009：22］。

　現在の馬の頭数は、2013年にはおよそ300万頭と増えており今もなお5家畜の中の一つとして重要な位置を占めている［МОНГОЛ УЛСЫН ҮНДЭСНИЙ СТАТИСТИКИЙН ХОРОО, 2014］。

1-2. モンゴル馬の特徴

　モンゴル馬は比較的小さい体であるが、大変忍耐強いといわれている。モンゴル馬はサラブレッドよりも小さくそれゆえに一見頼りなく感じてしまうかもしれない。しかし川や山、沼地でも臆することなく果敢に切り抜けるモンゴル馬は、勇気があり他種には無い力強さを感じられる。

　モンゴル馬の基本的な特徴に関して、ネルグイらは『*Монгол малчны судар оршивой*（モンゴル遊牧民研究大全』の中で以下のように説明している。

　モンゴル馬の骨は頑丈で、背中及び四肢の骨は少し軽く、筋肉や腱、五臓（心臓、肺、肝臓、腎臓、脾臓）がよく発達している。首は短く、胸は広い。背中は真っ直ぐ

で長く、臀部は丸く四肢は低い。そして、濃くて密度の高いたてがみと尾を持っている。モンゴル馬は小さい体つきなので乗り降りが容易であり、振動の少ない走り方なので疲れにくい。120～130 kgの荷物を背負って運ぶことができ、体重の3分の1の重さのある荷物を背負って、遠い道のりを行くことができる。長距離にもよく耐え、乗用として特に優秀な馬は、年に240～290日乗用として利用され、1日に70～80 km移動できる。

さらにモンゴル馬は冬、雪が多く積もった場所でも固まった雪を肢で掘り起して放牧地の草植物を食べることができる。雪が足の球節（ひづめの上部後方の関節）あたり、もしくは10～20cmの厚みのある放牧地でもモンゴル馬は適応することができる。このような放牧地でもそれほど痩せて衰弱せず、風の強い時でも草をはむことができるほか、－35～40℃の寒さでさえ放牧可能である。それでも冬や春には、馬全体の15～18％が衰弱してしまうが、夏や秋には、自然に回復できる力を持っている。

モンゴル馬は乗用としての利用以外にも、食肉や馬乳酒などの乳製品に広く利用される。モンゴルで馬の屠殺率は52～56％である。その肉は放牧地で多種多様な植物を食べているために美味である。また、牝馬からは一度の搾乳で平均500ml、夏には一日に1時間半～2時間おきに6～8回搾乳し、3200～3700mlの乳を搾乳することができる。夏に搾乳を行う牝馬には、平均7.5ℓの乳を出す［Нэрггүй，Батсуурь，Биньеэ 2009：22-24］。

次にモンゴル人の馬の飼養法に関して、野沢［1991］の解説を要約しておこう。モンゴルでは普通3歳になると去勢をするが、種オスとして群れの中で1頭だけ去勢しない馬を残す。この去勢されていない種オスは、アズラガ（*azraga*）と呼ばれる。馬はもともと群れを作って暮らす動物で、1頭の牡に数頭の牝馬と仔馬が付くが、管理しやすく去勢した馬もいるからモンゴルの草原では100頭に1～3頭の割で種馬がいる。ただ、この種馬を増やし過ぎると、種馬同士が喧嘩をするなど、管理が難しくなるので必要以上に種馬を作ることはしない。

種馬は一般的に乗用として使うことが無く、自由にさせて体力をつけさせておくようにしている。しかし、冬の寒さにより他の馬の体力が低下するなど、やむを得ない場合は乗ることがある。なお、牝馬も同様で、冬でも夏でも乗ることはしない。

乗用する馬に関しては、当日乗る馬はその前の晩のうちに確保して繋ぎ場に繋いでおく。たくさん馬を持っていれば1週間で取り換えることも出来るが、平均して

やはり3〜4週間乗ってから取り換えるのが普通の様である。

　また、モンゴルでは蹄鉄も基本的には用いられていない。もともと馬は草原で進化したものであり、この土質と草質とが馬の蹄には最高に適応しているためである。蹄鉄を付ける理由は堅い地面を歩いて蹄が擦り減らないようにするためである。したがって草原で暮らす限り蹄鉄を付ける必要はない。しかしモンゴル西部地域にあるホブト県など、山間部で岩が多い地方ではときどき蹄鉄を用いることもある［野沢 1991：64-72］。

　また馬の毛色とも関わって来るその血統と改良について、野沢は斑毛というブチの馬が多く現れるのもモンゴル馬の特徴だとしている。これだけ色がさまざまあるということは、血統を重んじて改良に改良を重ねたアラブやヨーロッパの馬とはちがって、自然のままに飼育・管理され、改良されること無く現在に至った結果である［野沢 1991：59-60］らしい。また井上によると、このように人間の介入が非常に少なく、いわば自然にまかせて放牧されている群れの中の馬は、「再野生化」しているのだという。そして、去勢馬を乗用とするためには「再野生化」した馬群から乗用に用いる去勢馬を捕まえることから始めるのである［井上 2005：111］。

　ただ、このように説明するとモンゴル馬は改良されずありのままの姿で現在に至ったように感じられるが、遊牧民は全くの自然のまま馬を飼育・管理しているわけではない。馬の品種改良について中村知子は、馬飼育で盛んなモンゴル東部地域の中でも、ヘンティ県ガルシャル・ソムでは、1960年代から良い馬を集め飼育してきたと指摘している。その結果ガルシャルは、現在では国中に知られるほどの名馬の産地となり、"ガルシャル産の馬"という言葉が一種のブランドと化している［中村 2008：45-46］。つまり、全く改良せず馬をありのままに管理しているというわけではないのである。

1-3. 馬の年齢と性別

　もうひとつ、馬の個体識別に直接関わってくる馬の年齢や性別についても簡単に触れておきたい。モンゴルでは家畜を年齢ごとに呼び分けており、それは馬も例外ではない。以下では馬の年齢や性別による呼び分けを、井上の表「モンゴル国のウマ畜　〜年齢および性別による呼び分け」［井上 2005：111］を参考に、モンゴル語のラテン文字表記を付け加えたものを載せた［表1］。

　ただし鯉渕は馬の年齢と性別をさらに細かく調査している。例えば7歳の馬をドル・ブレン（*dor büren*）、8歳の馬をドゥルブン・ザハ・ダガバルタイ（*dörvön zakh* dagawartai) と呼ぶ。また性別についても、イヒナス（ikh nas）と同様に6歳以上であり去勢した牡馬をブドーン・モリ（büdüün mor）と言うなど、その分け方は多様である［鯉渕 1992：161-166］。とまれ、モンゴルにおける馬の年齢と性別による呼び分けは、基本的には以下の表のようになる。このような性別や年齢は、ヘール・アズラガ（kheer azraga：鹿毛系統の種牡馬）、フレン・ダーガ（khüren daaga：栗毛系統の2歳の馬）とのように、馬の個体識別に利用されているのである。

表1　馬の年齢および性別による呼び分け

	メス <グー>：güü		種牡馬 <アズラガ>：azraga	去勢ウマ <モリ>：mor' <アクト>：agt
明け6歳以上	（イヒナス）：ikh nas		（イヒナス）：ikh nas	（イヒナス）：ikh nas
明け5歳	（ソヨーロン）：soyolon		（ソヨーロン）：soyolon	（ソヨーロン）：soyolon
明け4歳	（バイダス）：baidas	（ヒャザーラン）：khyaazaalan	（ウレ）：үрээ （ヒャザーラン）：khyaazaalan	（ヒャザーラン）：khyaazaalan
明け3歳		（シュドレン）：shüdlen	（シュドレン）：shüdlen	（シュドレン）：shüdlen
明け2歳→去勢	（ダーガ）：daaga			
当歳	（オナガ）：unaga			

ウマ　総称アドー：aduu　　　　（　）年齢による呼び分け
　　　　　　　　　　　　　　　＜＞性別・去勢の有無による呼び分け

2. マンセルシステムによる調査結果から

2-1. マンセルシステムについて

　調査の結果、120頭の馬の毛色を収集することができた。毛色の種類は計51種類である。顔や肢の白徴等についてもいくつか収集することができたが、本稿では毛

色を中心にして考察を重ねていきたい。

　まず、収集した毛色を実際に文字におこしてまとめ、それぞれの毛色の範囲や特徴を捉えてみる。ただしその前に、今回使用したカラーチャートのマンセルシステムの概要について説明しておこう。以下の説明は、今回使用した『マンセルシステムによる　色彩の定規　拡充版』の本文をまとめたものである。

　私たちが目で物を見る時には色とともに形態や材質なども含めて見ている。その色の知覚だけを分析すると色相（赤、黄、緑、青、紫などの色のみの違い）、明度（明るさの度合い）、彩度（色の強さ、鮮やかさの度合い）の3つの要素に分けることができる。この色相、明度、彩度を「色の三属性」と呼ぶ。マンセルカラーシステムは、色の三属性のそれぞれを知覚的にほぼ等歩度[6]に尺度化して体系化し表示方法を定めた、物体の表面色を表示するための色彩体系（カラーシステム）となっている。

　色を構成する1つ目の要素となる色相は、Hue（ヒュー：略記号は「H」）と呼ばれる。色相の分割はR、Y、G、B、Pを主要5色相とし、それぞれの中間にYR、GY、BG、PB、RPを加えた色相を基準としている。主要5色相は順に赤、黄、緑、青、紫の英語の頭文字であるが、それらの中心の5色相がその色名の代表色相を表しているのではない。主要色相の感覚をほぼ等歩度とするためであり、例えば青に該当する5Bはかなり緑みに傾いている。

　2つ目の要素である明度は、Value（バリュー：略記号は「V」）と呼ばれる。色みがなく、鮮やかさをもたない無彩色を基準とし、反射率を0の理想的な黒を0、完全反射の理想的な白を10とし、実際に顔料で実現できる1～9.5までの範囲が色票化されている。

　そして3つ目の彩度は、Chroma（クロマ：略記号は「C」）と呼ばれる。無彩色の彩度を0とし、特定の色相の特徴が強くなるに従って、1、2、3……10というように彩度の尺度値は高くなる。実際の顔料で実現できる彩度は、色相によってかなり差があり、各色相の最も彩度の高い色の明度も色相によって異なる。また、色相が異なると同じ彩度の値でも鮮やかさ感が異なって見えることがある。5Rと5BGでの彩度8の色を比べた場合、彩度の値が同じでも色相が異なると同じ彩度に見えない場合がある。

　マンセルシステムでの色の表示方法は、有彩色の場合は色相（H）、明度（V）、彩度

---

[6] 色の差が感覚的に等間隔に感じられるよう（宮田久美子『暮らしの中の色彩学入門――色と人間の感性』を参考［宮田 2014：17-20］）。

（C）の順に連記し、明度と彩度の間を「/（スラッシュ）」でつないでHV/Cと表示する。例えば、色相5R、明度4、彩度14の場合は、「5R 4/14」と表示し、「5アール4の14」と読む。無彩色の場合は、明度を示す数字にNをつけて、例えば「N4」のように表示する。NとはNeutral Valueの略記号である［日本色研事業株式会社 2008：2-4］。

調査結果の記載方法であるが、毛色は基本的にスペル順に記載する。毛色の日本語訳は凡例②と同様に鯉渕の研究も参考にした。また、色相は使用したカラーチャートの一番初めの色相7.5Rから順番にしてNeutral ValueとHue circleを最後に記載する。複数同じ色相の毛色がある場合は、明度の暗い順番、明度も同様であれば彩度の無い順番に表記する。【 】内のものを基本毛色とし、その派生を①、②……と番号を付けてまとめて行く。また、HV/C（N）の後ろ< >はその毛色にあたる写真の馬の番号である。

さらに、馬の毛色を言葉でも把握するために、その毛色の色相を言葉に置き換えての表記も試みる。その色相の表現の仕方は順番に5R=強い赤色、7.5R=深い赤色、10R=赤色、2.5YR=黄みの弱い赤色、5YR=黄みのある赤色、7.5YR=赤みのある黄色、10YR=赤みの弱い黄色、2.5Y=黄色、5Y=緑みの弱い黄色、5GY=黄みのある緑色、10GY=黄みの弱い緑色、5G=緑色と、基本はこのように表記する。これらの記載方法を使い、収集したそれぞれの毛色の範囲や特徴を見ることは勿論だが、それぞれの毛色を全体的に捉え、さらには基本毛色の範囲や特徴も総括的に見て行きたい。

また調査では、それぞれの毛色のカラーチャート上での範囲を考察したが、実際の顔料で実現できる彩度は色相によってかなり差がある。さらに各色相の最も彩度の高い色の明度も色相によって異なる。加えて、色相が異なると同じ彩度の値でも鮮やかさ感が異なって見えることもある［日本色研事業株式会社 2008：3］基本毛色全体の範囲や特徴を捉えるために今回はある程度妥協することにしたが、確実にその範囲であると断定できない点には注意してほしい。そして、今回の研究のデータは、あくまでテレルジのある1人の牧民の視点、または1つの指標であることを改めて断っておきたい。

2-2. マンセルシステムからみる毛色の範囲と特徴
【1】bor - ボル（stagaan - ツァガーン）：日本の芦毛と類似点が多く、白〜灰黒までの毛色

　白という色が弱弱しいイメージという側面も持っているので、「白（ツァガーン）」とよばずにボルやオラーンと呼ぶこともある。また、鯉渕等の研究を参照するとツァガーンは白毛に相当する場合もあるが、今回の研究ではそれに該当すると思われる馬が見つからなかったことに加え、調査に協力したもらった牧民の中ではツァガーンとボルはほぼ同様のものとして認識されていたので、ここでは同じ色として一括りに扱う。

①*bor* - ボル：10Y 9/1 〈NO, 014〉
②*ulaan bor* - オラーン・ボル：5YR 7/6〈NO, 017〉
③*tsagaan* - ツァガーン（*tsagaan tsookhor*-ツァガーン・ツォーホル）：
　N9.5×2〈NO, 029, NO, 119〉、7.5YR 9/0〈NO, 020〉
④*tsav tsagaan* - ツァブ・ツァガーン：N9.5〈NO, 105〉

① ボルは10Y 9/1 の1頭のみしか見つけることができなかったが、その色は10Yにも存在するようだ。
② オラーン・ボルは5YR 7/6 の1頭のみしか見つけることができなかったが、その色は5YRに存在するようだ。
③ ツァガーンはN9.5に2頭、7.5YR 9/0に1頭見られた。今回聞き取り調査を行った牧民の認識ではツァガーンとはボルとほぼ同一視されていたが、より混じり気のない白ほどツァガーンが使われるようだ。色相はNeutral Valueの傾向にあるが、若干7.5YR系統の色を含むものもいるようである。明度は9V〜9.5V、彩度はいずれも0Cであった。
④ ツァブ・ツァガーンはN9.5 の1頭のみしか見つけることができなかったが、その色はNeutral Valueの中でも最も白の領域になるようだ。ツァブ（*tsav*）とは強調の意味を付加する助詞であり、ツァブ・ツァガーン（*tsav tsagaan*）とのようにツァガーンを修飾することによって純粋な白い毛色というニュアンスを持たせる。また、アラグの白い毛色部分は大体ツァブ・ツァガーンに分類されN9.5、もしくはN9であった。ただ、例外的に1頭、白い毛色部分が5PB 9/1（NO, 046の馬）というアラグがいた。

まとめ：ボル及びツァガーンの全体の傾向を見ると、基本的に 5YR から 10Y または Neutral Value の領域に存在している。その明度・彩度はオラーン・ボルを除くと 9V 〜9.5V、0C〜1C であった。ボルとは日本でいう芦毛と類似点が多く、年齢とともに毛色が灰色系統から白色系統へと変化する。

　今回は全体的に白色系統しか見つからなかったため、明度が 9V〜9.5V と大変幅が狭い結果となった。しかしもっと暗い色も存在するだろう。またボルとは微妙な毛色を持つようで、毛色を色相のページから選びながらも彩度 0C という場面も多く見られた。だがそれは彩度 0C か 1C どちらがより近いといえば彩度 0C であるという結果になったのであり、無彩色の単純な白か黒ではなく、限りなく灰色や白色に近いが若干その色相の色を含んでいるとのことである。ただ、オラーン・ボルは 5YR 7/6 と比較的鮮やかな彩度を含んでいる。

　したがってボルとは、白〜灰色系統の無彩色や、白〜灰色系統の若干黄みのある赤や緑みのある黄みを帯びた毛色、または黄みのある赤色を帯びた白〜灰色系統の毛色であると言えるだろう。

【2】buural - ボーラル：日本の粕毛と類似点が多く、被毛に白い毛が混生する毛色

①*budan buural* - ボダン・ボーラル：2.5YR 7/0（2.5YR 2/1、2.5YR 6/1、2.5YR 8/0、2.5YR 8/2）〈NO,018〉

②*saaral buural* - サーラル・ボーラル：N6.5〈NO,071〉

③*ulaan buural* - オラーン・ボーラル（*ulaan buural tsookhor* - オラーン・ボーラル・ツォーホル）：2.5YR 6/8〈NO,081〉、5YR 6/10〈NO,027〉

④*khökh buural* - フフ・ボーラル：10R 9/0〈NO,100〉、10YR 6/0〈NO,083〉、10YR 7/0〈NO,072〉、10YR 8/0〈NO,096〉、N8.0〈NO,073〉

⑤*khar khökh buural* - ハル・フフ・ボーラル：10R 5/0〈NO,116〉

①　ボダン・ボーラルは1頭のみしか見つけることができなかったが、その色は複雑でありカッコ内の全ての色を持っているようだ。ただ、今回の馬はフフ・ボーラルとも分類できるので、フフ・ボーラル扱いとし、あえて1つの色で表現するならば 2.5YR 7/0 になる。

②　サーラル・ボーラルは N6.5 の1頭のみしか見つけることができなかったが、その色は Neutral Value に存在するようだ。

③　オラーン・ボーラルは 2.5YR 6/8 と 5YR 6/10 の2頭しか見つけることができな

かったが、明度 6V を基本とし、8C〜10C の彩度にオラーン・ボーラルは存在すると考えられる。色相は 2.5YR〜5YR のようだ。

④ フフ・ボーラルは 10YR 6/0 を最も暗い色として、10R 9/0 を最も明るい色としている。6V を最も暗い色、9V を最も明るい色とし、0C の彩度にボル・ホルは存在すると考えられる。色相は 10R〜10YR、または Neutral Value のようだが、ただ 10R 9/0 の毛色はボルとも判断できるようであり、フフ・ボーラルの色相は 10YR もしくは Neutral Value と考えた方が良いだろう。

⑤ ハル・フフ・ボーラルは 10R 5/0 の 1 頭のみしか見つけることができなかったが、その色は 10R に存在するようだ。

まとめ：ボーラルの全体の傾向を見ると、基本的に 10R から 10YR または Neutral Value の領域に存在している。また、その明度・彩度はオラーン・ボーラルを除くと 2V〜9V、0C〜2C であった。ボーラルとはボルと同様に微妙な毛色を持つようで、無彩色の単純な白か黒ではなく限りなく灰色や白色に近いが若干その色相の色を含んでいるようである。ただ、オラーン・ボーラルなどは 2.5YR 6/8 など比較的鮮やかな彩度を含んでいる。また、ボダン・ボーラルは複雑な毛色をしており、複数の色を持っている。

したがってボーラルとは、白〜灰色系統の無彩色や白〜灰色系統の赤色から赤みの弱い黄色を帯びた毛色、または黄みの弱い赤色から黄みのある赤色を帯びた灰色系統の毛色であると言えるだろう。なお、ボーラルはボルと同じく白〜灰色系統を基盤としているが、ボルが日本でいう芦毛と類似点が多いことに対し、ボーラルは粕毛との類似点が多いことが最も分かりやすい差異であると考えられる。

【3】zeerd - ゼールド：黄褐色を基調とし、日本の栗毛に近いが、さらにたてがみの色が被毛よりも薄い毛色に付けられる傾向にある

zeerd - ゼールド：2.5YR 6/8〈NO,059〉、2.5YR 6/14〈NO,053〉、2.5YR 7/10〈NO,040〉

まとめ：ゼールドは 1 種類しか見つからなかったが、その色相の傾向は 2.5YR となっている。また、明度 6V〜7V 彩度 8C〜14C と明るく鮮やかである。したがってゼールドとは、黄みの弱い赤色系統の明るく鮮やかな毛色であると考えられるだろう。

【4】nogoon - ノゴーン：本来は緑色という意味だが、黒い被毛の馬に使われる傾向にある
①*nogoon* - ノゴーン：7.5YR 3/0〈NO, 098〉、5Y 3/2〈NO, 064〉、5G 2/3〈NO, 058〉
②*khar nogoon* - ハル・ノゴーン（*khar nogoon alag* - ハル・ノゴーン・アラグ）
　：2.5YR 3/0〈NO, 056〉、2.5YR 3/3〈NO, 090〉、10YR 4/0〈NO, 039〉、5G 2/1〈NO, 010〉

① ノゴーンは 5G 2/3 を最も暗い色として、5Y 3/2 を最も明るい色としている。2V を最も暗い色、3V を最も明るい色とし、0C〜3C の彩度にノゴーンは存在すると考えられる。色相は 7.5YR〜5G のようだ。
② ハル・ノゴーンは 5G 2/1 を最も暗い色として、10YR 4/0 を最も明るい色としている。2V を最も暗い色、4V を最も明るい色とし、0C〜3C の彩度にハル・ノゴーンは存在する。色相は 2.5YR〜5G のようだ。

まとめ：ノゴーン全体の傾向を見ると、基本的に 2.5YR から 5G の領域に存在している。また、その明度・彩度は 2V〜4V、0C〜3C であった。ノゴーンとは他の毛色に比べ特殊な毛色であり、暗い黄色系統から黒緑色系統の色がいくつか選ばれた。ただ、ノゴーンだからと言って必ずしも黄や緑が入っているわけではないようだが、ノゴーンとはその言葉の通り緑という意味であり、6頭中3頭が 5Y〜5G と緑の入っている色相から選ばれた。したがってノゴーンとは、緑みの弱い黄色から緑色系統を中心とした、黄みの弱い赤色から緑色系統の暗い毛色であると言えるだろう。

【5】saaral - サーラル：灰色系統の毛色。芦毛とはまた異なり、滑らかな毛色をしている
①*saaral* - サーラル（*saaral alag* - サーラル・アラグ）：2.5YR 6/2〈NO, 115〉、
　5YR 8/2〈NO, 043〉、5Y 5/0〈NO, 086〉、5Y 8/0〈NO, 052〉、N7.5〈NO, 070〉
②*bor saaral* - ボル・サーラル：10R 6/2〈NO, 088〉
③*tsagaan saaral alag* - ツァガーン・サーラル・アラグ：5YR 8/0〈NO, 042〉

① サーラルは 5Y 5/0 を最も暗い色として、5YR 8/2 を最も明るい色としている。5V を最も暗い色、8V を最も明るい色とし、0C〜2C の彩度にサーラルは存在すると考えられる。色相は 5YR〜5Y または Neutral Value のようだ。
② ボル・サーラルは 10R 6/2 と 2.5YR 6/2 の2頭しか見つけることができなかった

が、明度・彩度共に同じであり、明度 6V 彩度 2C と比較的明るく若干彩度のある色に存在すると考えられる。色相は 10R〜2.5YR のようだ。
③ ツァガーン・サーラル・アラグは 5YR 8/0 1頭のみしか見つけることができなかったが、その色は 5YR、またはサーラル全体の傾向として Neutral Value に存在する。

まとめ：サーラル全体の傾向を見ると、基本的に 10R から 5YR、または Neutral Value の領域に存在している。また、その明度・彩度は 5V〜8V、0C〜2C であった。サーラルもボルやボーラルと同様、単純な無彩色というわけではなく若干色相を持っているようである。特にボル・サーラルなどは明度 6V 彩度 2C と比較的明るく彩度のある色が選ばれており、色相も 10R〜2.5YR と赤色系統に近い。したがってサーラルとは、灰色系統の無彩色の毛色、または灰色系統の赤色から黄みのある赤色を帯びた灰色系統の毛色、そして、赤色から黄みの弱い赤色を比較的はっきりと持った灰色系統の毛色であると言える。

【6】ulaan - オラーン：**本来は赤色という意味だが、赤褐色系統の毛色に使われる**
ulaan tsookhor - オラーン・ツォーホル：5YR 5/10〈NO, 119〉

まとめ：オラーンは1頭のみしか見つけることができなかったが、その色は 5YR に存在するようだ。また、黄みのある赤色系統を中心としている毛色だと思われる。

【7】khaliun - ハリョン：**基本的に、白みがかかった黄淡色から灰色系統の毛色で、尾毛とたてがみが黒いものを指す**
① *khaliun* - ハリョン：5Y 8/2〈NO, 013〉、5GY 8/0〈NO, 067〉
② *bor khaliun* - ボル・ハリョン：7.5YR 7/2〈NO, 024〉
③ *tsagaan khaliun* - ツァガーン・ハリョン：10YR 9/1〈NO, 032〉

① ハリョンは 5Y 8/2 と 5GY 8/0 の2頭しか見つけることができなかったが、明度は共に 8V であり、2C〜0C の彩度にハリョンは存在すると考えられる。色相は 5Y、5GY のようだ。
② ボル・ハリョンは 7.5YR 7/2 の1頭のみしか見つけることができなかったが、その色は 7.5YR に存在するようだ。

③ ツァガーン・ハリョンは 10YR 9/1 の 1 頭のみしか見つけることができなかったが、その色は 10YR に存在するようだ。

まとめ：ハリョン全体の傾向を見ると、5GY 8/0 の馬を除き基本的に 7.5YR から 5Y の領域に存在している。その明度・彩度は 7V〜9V、1C〜2C であった。毛色の傾向は最も赤みを帯びている毛色でも色相は 7.5YR であり、黄色系統に色相が傾いていると言えるだろう。ただ、5GY 8/0 の馬は色相のページから選びながらも無彩色であり、毛色自体も灰色系統に傾いている。したがってハリョンとは、赤みのある黄色系統から緑みの弱い黄色系統、または黄みのある緑色を帯びた灰色系統の毛色であると言える。

【8】khaltar － ハルタル：口の周囲や股の辺りが黄色っぽい色をしている、茶色から黒茶色系統の毛色

①*khaltar* - ハルタル（khaltar alag - ハルタル・アラグ）：10R 21/〈NO.037〉、
　2.5YR 2/1〈NO.057〉、N2.0〈NO.109〉

②*saaral khaltar* - サーラル・ハルタル：10R 4/0〈NO.060〉

③*khar khaltar* - ハル・ハルタル（khar khaltar alag - ハル・ハルタル・アラグ）
　：7.5YR 3/0〈NO.022〉、N1.0〈NO.005〉、N2.5〈NO.085〉

④*tsaivar khaltar* - ツァイバル・ハルタル：5YR 4/0〈NO.016〉

⑤*shar khaltar* - シャル・ハルタル： 5YR 4/6〈NO.102〉、5YR 6/10〈NO.015〉、
　5YR 6/12〈NO.036〉

① ハルタルは暗い色をしており、明暗は 3 頭いずれも 2V という結果であった。彩度も 1C、もしくは N2.0 のように 0 である。色相は 10R〜2.5YR、または Neutral Value のようだ。

② サーラル・ハルタルは 10R 4/0 の 1 頭のみしか見つけることができなかったが、その色は 10R、またはハルタル全体の傾向として Neutral Value に存在すると思われる。

③ ハル・ハルタル（ハル・ハルタル・アラグ）は N1.0 を最も暗い色として、7.5YR 3/0 を最も明るい色としている。1V を最も暗い色、3V を最も明るい色とし、彩度は 0C という結果になった。色相は 7.5YR、または Neutral Value のようだ。

④ ツァイバル・ハルタルは 5YR 4/0 の 1 頭のみしか見つけることができなかった

が、その色は 5YR、またはハルタル全体の傾向として Neutral Value に存在すると思われる。
⑤　シャル・ハルタルは 5YR 4/6 を最も暗い色として、5YR 6/12 を最も明るい色としている。4V を最も暗い色、12V を最も明るい色とし、6C〜12C の彩度にシャル・ハルタルは存在すると考えられる。色相は 5YR のようだ。

まとめ：ハルタル全体の傾向を見ると、基本的に 10R から 7.5YR、または Neutral Value の領域に存在している。ハルタルは全体的に暗い色、明度 1V〜4V と彩度 0C〜1C ということで共通しているが、シャル・ハルタルだけは明度 4V〜12V、彩度 6C〜12C と明るく鮮やかな色を持っている傾向にある。また、ハルタルも微妙な毛色をしており、単純な無彩色というわけではなく若干色相を持っているようである。したがってハルタルとは、赤色系統から赤みのある黄色系統の暗い色、もしくは黄みのある赤色系統をした比較的明るく彩度のある毛色であると言えるだろう。

【9】khar - ハル：主に黒い毛色で、日本の青毛との類似点が多い
① *khar* - ハル（khar alag - ハル・アラグ）：5R 1/0〈NO, 104〉、10R 1/0〈NO, 066〉、N2.0〈NO, 001〉
② *tas khar* - タス・ハル：2.5YR 1/0〈NO, 041〉、N1.0〈NO, 050〉

①　ハルは 5R 1/0 または 10R 1/0 を最も明るい色として、N2.0 を最も明るい色としている。1V を最も暗い色、2V を最も明るい色とし、0C の彩度にハルは存在すると考えられる。色相は 5Y〜10R、または Neutral Value のようだ。
②　タス・ハルは 2.5YR 1/0 と N1.0 の 2 頭しか見つけることができなかったが、明度彩度ともに 1V、0C である。色相は 2.5YR、または Neutral Value のようだ。また、タス（*tas*）とは完全に、徹底的にという意味であり、タス・ハル（*tas khar*）とのようにハルを修飾することによって、混じり気の無い純粋な黒い毛色というニュアンスを持たせる。

まとめ：ハル全体の傾向を見ると、基本的に 5R から 2.5YR、または Neutral Value の領域に存在している。その明度・彩度は 1V〜2V、0C であり、ハルは全体的に他の毛色よりもより暗い色ということで共通している。しかし、完全に無彩色というわけではなく若干色相を持っているようである。だが、タス・ハルなどは明度彩度 1V

と 0C であり、全ての毛色の中でも最も暗い色で無彩色の傾向にある。したがってハルとは、強い赤色から黄みの弱い赤色系統の暗い毛色、もしくは無彩色の真っ黒な毛色であると言える。

【10】khongor - ホンゴル：主に薄黄色から赤みを帯びた薄黄色系統の毛色

①*khongor* - ホンゴル：5YR 7/10〈NO, 092〉、7.5YR 7/12×2〈NO, 021、NO, 031〉、7.5YR 7/14〈NO, 030〉、10YR 8/12〈NO, 095〉

②*bor khongor* - ボル・ホンゴル：2.5YR 6/8〈NO, 051〉

③*tsagaan khongor* - ツァガーン・ホンゴル：5YR 8/6〈NO, 080〉、7.5YR 6/10〈NO, 108〉、7.5YR 7/10〈NO, 078〉、7.5YR 7/12〈NO, 019〉、7.5YR 8/8〈NO, 023〉、10YR 8/8〈NO, 045〉、10YR 8/10〈NO, 069〉、10YR 8/12〈NO, 038〉

① ホンゴルは 5YR 7/10 を最も暗い色として、10YR 8/12 を最も明るい色としている。7V を最も暗い色、8V を最も明るい色とし、10C〜14C の彩度にホンゴルは存在すると考えられる。色相は 5YR〜10YR のようだ。

② ボル・ホンゴルは 2.5YR 6/8 の 1 頭のみしか見つけることができなかったが、その色は 2.5YR に存在するようだ。

③ ツァガーン・ホンゴルは 7.5YR 6/10 を最も暗い色として、10YR 8/12 を最も明るい色としている。6V を最も暗い色、8V を最も明るい色とし、10C〜12C の彩度にツァガーン・ホンゴルは存在すると考えられる。色相は 5YR〜10YR のようだ。

まとめ：ホンゴル全体の傾向を見ると、基本的に 2.5YR から 10YR までの領域に存在している。その明度・彩度は 6V〜8V、6C〜14C であった。しかし、その色相は 7.5YR〜10YR に多く、その間を中心としているようだ。したがってホンゴルとは、赤みのある黄色から赤みの弱い黄色系統を中心とした、黄みの弱い赤色系統から赤みの弱い黄色系統の毛色であると言えるだろう。

【11】khul - ホル：主に薄黄色系統の毛色で尾毛とたてがみは黒く、河原毛との類似点も多い

①*khul* - ホル（*khul alag* - ホル・アラグ）：7.5YR 6/8〈NO, 120〉、7.5YR 7/10〈NO, 094〉、7.5YR 7/12〈NO, 103〉、7.5YR 8/8〈NO, 076〉、10YR 7/8〈NO, 077〉

② *bor khul* - ボル・ホル：7.5YR 7/12⟨NO,075⟩、5Y 8/6⟨NO,009⟩
③ *tsagaan khul* - ツァガーン・ホル（*tsagaan khul alag*- ツァガーン・ホル・アラグ）：2.5YR 8/6⟨NO,107⟩、10YR 8/6⟨NO,087⟩、5Y 9/3⟨NO,003⟩

① ホルは 7.5YR 6/8 を最も暗い色として、7.5YR 8/8 を最も明るい色としている。6V を最も暗い色、8V を最も明るい色とし、8C～12C の彩度にホルは存在すると考えられる。色相は 7.5YR～10YR のようだ。
② ボル・ホルは 7.5YR 7/12 と 5Y 8/6 の 2 頭しか見つけることができなかったが、7V を最も暗い色、8V を最も明るい色とし、6C～12C の彩度にボル・ホルは存在すると考えられる。色相は 7.5YR～5Y のようだ。
③ ツァガーン・ホルは 10YR 8/6 または 2.5YR 8/6 を最も暗い色として、5Y 9/3 を最も明るい色としている。8V を最も暗い色、9V を最も明るい色とし、3C～6C の彩度にボル・ホルは存在すると考えられる。色相は 2.5YR、10YR、5Y のようだが、ただ 2.5YR 8/6 の馬は *yagaan* - ヤガーン[7]の可能性もあると言われたので、ツァガーン・ホルの色相は 10YR～5Y の間であると考えた方が良いだろう。

まとめ：ホル全体の傾向を見ると、基本的に 2.5YR から 5Y までの領域に存在している。その明度・彩度は 6V～9V、3C～12C であった。しかし、その色相は 7.5YR に多く、7.5YR を中心としているようだ。また、明度・彩度についても 6V と 3C はそれぞれ一頭のみであるので、基本的には 7V～9V、6C～12C の間であると考えられる。したがってホルとは、赤みのある黄色系統を中心とした、黄みの弱い赤色から緑みの弱い黄色系統の毛色であると言えるだろう。

【12】khüren - フレン：明るい黄褐色から暗い黄褐色のものを指す。日本の栗毛とも近いが、それよりも色の幅が広い
① *khüren* - フレン（*khüren alag*-フレン・アラグ）：2.5YR 5/10×2⟨NO,091、NO,093⟩、2.5YR 6/10⟨NO,049⟩、5YR 4/8⟨NO,006⟩、5YR 6/10⟨NO,012⟩、7.5YR 6/10⟨NO,007⟩、5YR⟨NO,106⟩
② *bor khüren* - ボル・フレン：5YR 4/8⟨NO,034⟩
③ *khar khüren* - ハル・フレン：2.5YR 3/3⟨NO,089⟩、2.5YR 4/10⟨NO,079⟩

---

[7] 馬の毛色の一つであり、明確にそれと判断される毛色は今回見つからなかった。本来は紫色という意味だが、聞き取り調査をした所 **5RP 6/4** のような毛色を持つ馬のようだ。

① フレンは5YR 4/8を最も暗い色として、2.5YR 6/10または7.5YR 6/10を最も明るい色としている。4Vを最も暗い色、6Vを最も明るい色とし、8C〜10Cの彩度にフレンは存在すると考えられる。色相は2.5YR〜7.5YRのようだが、一部 Hue circle から鮮やかな色（5YR）を選ぶ場面もあった。
② ボル・フレンは5YR 4/8の1頭のみしか見つけることができなかったが、その色は5YRに存在するようだ。
③ ハル・フレンは2.5YR 3/3と2.5YR 4/10の2頭しか見つけることができなかったが、3Vを最も暗い色、4Vを最も明るい色とし、3C〜10Cの彩度にハル・フレンは存在すると考えられる。色相は2.5YRのようだ。

まとめ：フレン全体の傾向を見ると、基本的に2.5YRから7.5YRまでの領域に存在している。その明度・彩度はハル・フレン2.5YR 3/3を除くと4V〜6V、8C〜10Cであった。2.5YR 3/3はフレンの中でも最も暗く、フレン全体が比較的彩度を持つことに対して無彩色に近い毛色を持つ。もう1頭のハル・フレンが2.5YR 4/10であるということからも、2.5YR 3/3はハル・フレンの中でもまた変わった位置付けにある毛色だと言えるかもしれない。フレン全体の色相を見てみると、2.5YR〜5YRに多く、その間を中心としているようだ。したがってフレンとは、黄みの弱い赤色から黄みのある赤色系統を中心とした、黄みの弱い赤色から赤みのある黄色系統の毛色、または黄みの弱い赤色系統の暗く無彩色に近い毛色であると言えるだろう。

【13】kheer - ヘール：日本の鹿毛と類似点が多く、赤褐色を基調とした毛色

① *kheer*-ヘール（*kheer alag*-ヘール・アラグ）：2.5YR 3/2<NO,065>、2.5YR 4/8×2<NO,047、NO,112>、2.5YR 5/6<NO,044>、2.5YR 5/8<NO,028>、2.5YR 5/10<NO,114>、2.5YR 5/12×2<NO,111、NO,113>、5YR 3/6<NO,046>、7.5YR 5/6<NO,002>

② *bor kheer*-ボル・ヘール：5YR 3/4<NO,099>、5YR 5/10×2<NO,008、NO,055>、5YR 6/6<NO,048>、10YR 5/8<NO,025>、N3.5<NO,068>

③ *tsagaan kheer*-ツァガーン・ヘール：10R 5/10<NO,082>

④ *shar kheer*-シャル・ヘール：10R 5/12<NO,033>、2.5YR 7/10<NO,035>、5YR 6/8<NO,004>、5YR 6/10<NO,061>、5YR 7/10<NO,097>

① ヘール（ヘール・アラグ）は 2.5YR 3/2 を最も暗い色として、2.5YR 5/12 を最も明るい色としている。3V を最も暗い色、5V までを最も明るい色とし、2C～12C の彩度にヘールは存在すると考えられる。色相は 2.5YR～7.5YR のようだ。
② ボル・ヘールは 5YR 3/4 を最も暗い色として、5YR 6/6 を最も明るい色としている。3V を最も暗い色、6V までを最も明るい色とし、4C～10C の彩度にボル・ヘールは存在すると考えられる。色相は 5YR～10YR のようだが、例外と言うべきか、N3.5 にも一頭ボル・ヘールが見られた。
③ ツァガーン・ヘールは 10R 5/10 一頭のみしか見つけることができなかったが、その色は 10R に存在するようだ。
④ シャル・ヘールは 10R 5/12 を最も暗い色として、2.5YR 7/10 を最も明るい色としている。5V を最も暗い色、7V を最も明るい色とし、8C～12C の彩度にシャル・ヘールは存在すると考えられる。色相は 10R～10YR のようだ。

まとめ：ヘール全体の傾向を見ると、基本的に 10R から 10YR までの領域に存在している。その明度・彩度は 3V～7V、2C～12C であった。ヘールは難しい毛色の 1 つの様で、結果を見て分かるように大変幅広い領域に色を持っている。また、中には N3.5 と無彩色の馬もいた。しかし、その色相は 2.5YR～5YR に多く、その間を中心としているようだ。したがってヘールとは、黄みの弱い赤色から黄みのある赤色系統を中心とした、赤色から赤みの弱い黄色系統までの毛色、または限りなく無彩色に近い系統の毛色であると言えるだろう。

【14】tsav'dar：ツァビダル：ゼールドに近いが、それよりも明るい毛色やたてがみや尾を持つ馬につけられる傾向にある。日本の尾花栗毛に近い

tsav'dar - ツァビダル：2.5YR 6/10＜ NO, 062＞、5YR 7/14＜ NO, 011＞

まとめ：ツァビダルは 1 種類しか見つからなかったが、その色相の傾向は 2.5YR から 5YR までとなっている。明度 6V～7V 彩度 10C～14C と明るく鮮やかである。また、その傾向はゼールドと大変類似しているが、それと比べ色相や彩度に幅がある部分がゼールドとの 1 つの差異であると考えられる。ツァビダルとは、黄みの弱い赤色から黄みのある赤色系統、そして明るく鮮やかな毛色であると考えられる。

【15】sharga - シャルガ：淡黄色系統の毛色であり、日本の月毛に近い

①*sharga* - シャルガ：7.5YR 7/14＜ NO, 110＞、10YR 7/10＜ NO, 101＞、10YR 8/10＜ NO, 074＞

②*ulaan sharga* - オラーン・シャルガ：2.5YR 8/12〈NO,118〉
③*tsagaan sharga* - ツァガーン・シャルガ： 7.5YR 7/12〈NO,063〉、10YR 8/8×2〈NO,054、NO,084〉、2.5Y 9/4〈NO,026〉、5Y 9/4〈NO,117〉

① シャルガは10YR 7/10を最も暗い色として、10YR 8/10を最も明るい色としている。7Vを最も暗い色、8Vを最も明るい色とし、10C～14Cの彩度にシャルガは存在すると考えられる。ただ、10YR 8/10の馬はホンゴルの可能性もあると言われたので、明度は7Vが基本であると考えた方が良いだろう。色相は7.5YR～10YRのようだ。
② オラーン・シャルガは2.5YR 8/12の1頭のみしか見つけることができなかったが、その色は2.5YRに存在するようだ。
③ ツァガーン・シャルガは7.5YR 7/12を最も暗い色として、2.5Y 9/4または5Y 9/4を最も明るい色としている。7Vを最も暗い色、9Vを最も明るい色とし、4C～12Cの彩度にツァガーン・シャルガは存在すると考えられる。色彩は2.5YR～5Yのようだ。

まとめ：シャルガ全体の傾向を見ると、2.5YRから5Yまでの領域に存在している。その明度・彩度は7V～9V、4C～12Cであった。しかし、色相は10YRを中心としていて、また5Yという色相もあり、毛色は黄色系統に傾いているようだ。したがってシャルガとは、赤みの弱い黄色系統を中心とした、黄みの弱い赤色から緑みの弱い黄色までの毛色であると言えるだろう。

3. 多彩な毛色と馬の呼び名

3-1. テレルジにおける馬の毛色の地域性

　以上、可能な限りさまざまな毛色を収集しようと努めたが、モンゴルでは主にヘール、ハル、フレン、ゼールド、ホルといった毛色が全馬群の約60%を占めているため［Нэргүй, Батсуурь, Биньеэ 2009：22］、ハル・ゼールドを除き今回の調査でもそれらの毛色が多く見られた。
　調査の結果からわかるのは、まず毛色に地域差があるということである。とりわけ基本毛色の種類そのものについても先行研究との違いが見られた。
　例えば、野沢や鯉渕の研究には、今回収集したノゴーンという毛色はなかった。

逆に、私が集めた毛色には、鯉渕のオハー（*ukhaa*：淡く明るい栗毛色系統）、フフ（*khökh*：灰青色系統）、シャルガル（*shargal*：淡い黄色褐色系統）、シャル（*shar*：淡黄色だがツァビダルより黄色が強い）等の毛色は無い［鯉渕 1992：151-152］。また、野沢のツェンヘル（*tsenkher*：薄い青毛。野沢はツァインヒルと書いているが *tsenkher* のことだろう）等の毛色も無かった［野沢 1991：61］。

ただし本調査のインフォーマントたちは、オハーという毛色は知っており、またフフやシャルに関しても存在すると言っていた。本調査でも、基本毛色としてはいなかったが、フフ・ボーラル、シャル・ハルタルなどのように基本毛色を補助する色としては登場している。一方、シャルガル、ツェンヘルという毛色はそもそも存在しない（知らない）と言っていた。野沢や鯉渕がどの地域で馬の毛色について収集したかは判然としないが、毛色そのものについても地域差があることは確かだといえよう。

一方、『モンゴル遊牧文化用語辞典』は多くの毛色が紹介されている。ノゴーンを含め鯉渕、野沢が収集している毛色も記載している。この辞典の収集した毛色が合計何色かは数え切れないが、馬に使用される基本毛色を約 30 種類として約 70 ページにもわたって多くの毛色を集めており、いくつかの地域で調査したと思われる。ただし、基本毛色には斑毛や一部の白徴も含まれており、その他の白徴や模様等も毛色として扱われている［Равдан (ed.) 2015：105-172］。

そもそも、馬の毛色を何とするか、それは親や周囲の親戚などに教わってきたことだろう。それゆえに、遊牧民といえども本人の経験上教わっていない毛色、聞いたこと見たことのないものは判別が付かないと考えられる。以上のような本調査と先行研究のずれは、地域差に加えて経験則の問題により以上の様な相違が生まれるのかもしれない。

3-2. 複数の色彩を含む毛色の場合

前節では、カラーチャート上で馬の毛色の特徴や範囲を見つけ出すことに努めた。だが、実際に馬の写真とカラーチャートを見合わせていると、いくつか疑問が浮かび上がってくる。1つ目は、見た目が全く異なる色を持つそれぞれの馬に対し、それらが同じ毛色名として扱われている事例があることである。例えば、ハリョンが最もそれが顕著に出ている例である。

本稿では、淡い黄色系統のものと灰色系統のハリョンが登場したが、鯉渕の研究や『モンゴル遊牧文化用語辞典』を参照すると、ハリョンとは「白みがかった黄淡

色の毛色」［鯉渕 1992：151］や「河原毛。被毛は淡い黄褐色から艶のない亜麻色までの毛色」［Равдан (ed.) 2015：107-108］と、基本的に淡い黄色系統を中心とした毛色として扱われている。これらの説明文を読むとハリョンとは淡い黄色系統と思ってしまうが、実際には淡い黄色系統だけがハリョンではない。

　私は前節で自身の収集した毛色からそれぞれの毛色の色彩の特徴や範囲を捉えるということを試みた。その結果、毛色によっては大変幅広い領域に存在するという結果になっているものもあった。さらにハリョンの例のように、モンゴルにおいて毛色とは、必ずしも1つの表現や特定の範囲に断言できないものもあることがわかってきた。淡い黄色系統のハリョンもいれば、灰色系統や赤茶色系統のものも存在する。これはハリョンだけに言えることではなく、暗い色の系統を持つハルタルもいれば明るく鮮やかな色の系統を持つハルタルも存在し、赤や黄色系統の色彩を含むサーラルもいれば含んでいないそれも存在するのである。

　しかし、今回の調査によって写真とカラーチャートの位置づけを共に提示することにより、それぞれの毛色の特徴や範囲が認識しやすくなったのではないかと考える。モンゴルにおいて毛色とは複雑であるとはいえども、それぞれの毛色に色相・明度・彩度には一定の境界線が伺える。また、それぞれの毛色の基本的な範囲を持っているようであり、モンゴル馬の毛色の一面やモンゴル遊牧民の毛色の捉え方というものが、より明確に導き出せたのではないだろうか。

　だがもう1つ気になる点がある。それは見た目が異なる毛色を持つそれぞれの馬に対し、カラーチャートでは同じ色が選ばれているという点である。

　例えばNO,111のヘール［写真1］と、NO,113のヘール［写真2］を参照してほしい。この2頭の馬は写真上でも明らかに色が異なって見える。しかし、その色彩は2頭とも2.5YR 5/12と同様の色として扱われている。ただ、前述のようにヘールは大変幅広い領域に色を持っており、この2つの写真上異なる毛色が同じヘールとして扱われることは不思議なことではない。また、別の毛色名同士がカラーチャート上重なってしまうことも、モンゴルにおける毛色名はたてがみや尾毛の色等も関係しているのである程度は仕方のないことだと思われる。だが、同一の毛色名であるが見た目上その色に差異があるのに、カラーチャート上でその色彩さえも同様であるという点には、疑問を持たざるを得ない。

　このように見た目では色が違うのにカラーチャート上では同様である理由を考えた時、モンゴル遊牧民は馬の毛色を単色として捉えているのではなく、1頭の馬に対してその中でもその馬の持つ毛色を複数認識しているのではないかという仮説に

行きつく。つまり複数の毛色をカラーチャートで合わせたとき、毛色の特徴として最も注視される部分の毛色が選ばれるのではないだろうか。

　例えば、ボーラルという毛色の種類に、ボダン・ボーラルという毛色を持つ馬がいた。NO,018の馬［写真3］であるが、この馬はさまざまな毛色を持ち1つの色を選ぶことが困難だと述べていた。また、カラーチャートで合わせた時に毛色の特徴として最も注視される部分が選ばれるという仮説を立てるならば、NO,068のボル・ヘール［写真4］がN3.5と無彩色を選んだという理由も説明できるのではないだろうか。この馬はヘールでありながらも例外的に無彩色に分類されている。しかし、写真上その馬は無彩色の毛色だとは判断されにくいが、複数の色彩を持った毛色の中で最も特徴的な色を選んだ結果、N3.5という色彩になったのだと考えることができる。

　モンゴル馬は、複数のさまざまな色彩を持っている。一言にヘールやボーラルと言っても、その中には茶色、焦げ茶色、灰色、黒色など、多様な色彩を含んでいるのである。今回はカラーチャートで最も近い色を1つ選んでもらうという調査方法を取ったが、今回の調査によってモンゴル遊牧民が馬の毛色を複雑な部分にまで注視しているという可能性があることがわかってきた。先の例として挙げたハリョンの話も同様であるが、モンゴル遊牧民は毛色を実に微細に捉えている。

3-3. 1頭に対する複数の名づけ

　興味深いことに、モンゴル遊牧民の馬の個体認識は、家族間においても馬の呼び名が異なる。私が実際に体験した1例として、ホームステイ先の所有馬 NO,008 の ボル・ヘール・モリ（*bor kheer mor*）が挙げられる［写真5］。

　NO,008 のボル・ヘール・モリ、は、新しく知人からプレゼントされた馬である。普段は、贈り主の名をとって"○○ギーン・モリ（○○さんの馬）"と呼ばれていた。その○○さんとは私とも共通の知人であるので、もちろん私と家族の間でもその馬について"○○ギーン・モリ"と呼び合っていた。しかしホームステイ中に、家族間でその馬について話題になった時である。家族がふと、話の切り出しに「トム・ヘール（*tom kheer*：大きい馬）」はどうした？」と同行の牧民に尋ねたのである。すると、同行の牧民はその呼び名が初耳だったのか「"○○ギーン・モリ"のことか？」と、わざわざ"○○ギーン・モリ"と呼び名を変えて聞き返した。その後、家族が「そうだ」と肯定してNO,008についての話が続いていくのだが、この時、家族間でも馬に対する呼び名が異なっていた。

確かに、同行の牧民にNO.008の馬の呼び名について調査した時、"○○ギーン・モリ（○○さんの馬）"以外にも、き甲部分が高いため"ウンドゥル・ヘール（*öndör kheer*：背が高い馬）"と呼ぶこともあるとは聞いていた。しかし、私はその聞き取り後に家族から"トム・ヘール"という呼び名を聞くまで"トム・ヘール"という呼び方は聞いたことがなかった。その会話の後、ホームステイを通して私が同行の牧民にNO.008の馬について尋ねる時、"トム・ヘール"や"○○ギーン・モリ"、"ウンドゥル・ヘール"という呼び名を使ってみたのだが、それらの呼び名全てNO.008の馬であるということがわかった。

　2つ目の例は、NO.001の馬についてである［写真6］。こちらの馬も新しく買ったばかりの馬であったが、そのためか、時折1頭でどこかへ行ってしまう癖を持っていた。それでもあまり遠くへ離れていかなかったのだが、私のホームステイ中についに一頭でどこか遠くへ行ってしまったのである。その時、同行の牧民が私に「"ハル・モリ（黒い馬）"がどこか遠くに行ってしまったよ」と言ったのである。しかし、"ハル・モリ（黒い馬）"といえば、私の中ではNO.010の"ノゴーン・ウレー（*nogoon üree*）"［写真8］のことを指していた。なぜならばこの馬も普段は"ハル・モリ"と呼ばれているからである。だが、NO.010の"ハル・モリ"は1頭でどこかに行くような馬ではないので私が不思議そうな顔をしていると、牧民が「ハル・アラグ・モリ（黒いまだらの馬）の方だよ」と言い直したのであった。この時、私はどこかに行った馬がNO.001の"ハル・アラグ・モリ"だと認識したのである。馬の名前が、単一に定まっていないという事例である。

　さらに、この家族の馬は、NO.008のボル・ヘール・モリ程ではないが他の馬たちも複数呼び名を持っている場合が多かった。例えばNO.004の馬はオロールトイ・ヘール・モリ（*oloortoi kheer mor'*：腹帯の跡を持つ馬）と呼ぶらしいが、普段は"ヘール・モリ"、もしくは息子のお気に入りの馬だから息子の名前を借りて"○○ギーン・モリ"と呼ばれる。また、NO.010の馬は"ノゴーン・ウレー"または"ハル・モリ"。さらに、昔はこちらが息子のお気に入りの馬だったので、息子の名前を使って"○○ギーン・モリ"とも呼ばれていた時期もあった。私は留学時代の付き合いや今回の調査を通じ、このように馬がさまざまな呼ばれ方をしているのを経験した。

　以上のように、馬の呼び方が複数あることに対してそれがホームステイ先独自のものなのか、他の牧民においても同様なのかは調査対象が1家族のみなので断定することができない。しかし、鯉渕も自身の論文で「筆者は調査の中で、同じ毛色の馬を、同じ牧民が日によって異なる毛色名で呼ぶといったことを何度か経験してい

る」と自身の体験を語っている場面がある［鯉渕 1987：329］。この「日によって異なる毛色名で呼ぶ」というものは、私の体験と通ずるものがある。

　モンゴル遊牧民の間では、馬に対して名前という概念のみならず定まった呼び名というものさえ存在せず、時には最も個体識別に利用されている毛色さえも流動的である。これらのことからは、牧民はその馬の持っている特徴を総合的に把握し、その日その気分によりそれらを組み合わせて一時的に識別のための呼び名を付与し、他者との馬の個体認識を行っているのではないだろうか。

おわりに

　本章では、モンゴル遊牧民の馬の個体識別に利用されている特徴の中でも、馬の毛色に着目して研究を進めてきた。そして、その中でも遊牧民が馬の毛色をどのように捉えているのかに着目し、それをカラーチャートや写真を用いて文化人類学的フィールドワークに基づきながら明らかにしようと試みた。

　まずは、フィールドワークを通して収集した120頭の馬の毛色をカラーチャートに従ってまとめ、各毛色の特徴とおおよその範囲を分析した。

　次にテレルジにおける毛色の地域性や、モンゴルにおける毛色そのものの多様性を考察した。また、モンゴル遊牧民が一頭の馬に対してその中でも毛色を複数認識し、かつそれをカラーチャートで合わせた場合、毛色の特徴として最も注視される部分が選ばれるという可能性を導き出した。さらにフィールドワーク中でのホームステイ先での家族との関わりから、馬の個体識別において呼び名とされるものが複数あることを明らかにした。これは今までの研究ではなかなか見られなかった結果であった。しかし本研究によって、新たな課題もいくつか見出された。

　例えば、1つ目の課題としては毛色のノゴーンが挙げられるだろう。今回の研究によってノゴーンという毛色は、一見すると黒馬だが、モンゴル遊牧民には緑色（ノゴーン）と認識されGの範囲にいるということが明確となった。この黒系統のものが緑色を発色するという事例にはカラスの濡羽色がある。木下修一らによるとカラスが緑から紫に発色する原因には主にカラスの持つメラニン顆粒というものにあるという［木下，李，吉岡，杉田 2009：270］。だが、これはカラスの場合であり、馬の毛色の発色そのものに関しては、例えばワゴナーがその原因について調査している［ワゴナー編 1981］。しかし、馬の黒系統の毛色が緑に発色する原因を見出せる内容は残念ながら発見できず、さらに今回の研究結果のみでは客観的に本

当に緑色を持っているのか判断材料に乏しいため、証明するには至らなかった。
　一見すると黒馬の「ノゴーン」がなぜ緑色にみえるのか、今回の研究では複数の遊牧民がこの毛色を基本的には緑（ノゴーン）と認識し、Gの範囲にいるという結果しか導き出せなかった。今後の解明を待ちたい。
　他にも2つ目の課題として、色彩を除いた時、遊牧民は何を持ってその馬の毛色をその毛色として認識し区別しているのかという疑問も新たに生まれた。ハリョンなどはその代表的な例となるであろう。ハリョンは灰色、茶色、黄淡色、亜麻色などさまざまな領域に色を持つ。その中でも灰色系統のハリョンに注目すると、同系統の色彩を持つ毛色としてはボル、ボーラル、サーラルなどが他に存在する。だが、もしも同じような色相・明度・彩度を持つそれらが並んだ場合、遊牧民は一体何を持って各々の毛色を見分けているのだろうか。
　例として挙げたこの4種類の毛色の中でも、ボーラルなどは粕毛と似ているという特徴を持つため見分けが我々でも見分けが付くかもしれない。しかし、その他はどうだろうか。色彩以外に注目した場合、何を持ってその馬の毛色をその毛色として認識し区別しているのかという点も興味深い。
　さらに、今回はカラーチャートで基本毛色全体の範囲や特徴を捉えるにあたって、色相も一括りにしてそれを求める試みをした。しかし、前述のように実際の顔料で実現できる彩度は色相によってかなり差があり、一概に一括りにして捉えることはできない。本来であれば色相ごとにそれぞれの毛色の範囲を求めることが理想であろう。だが、それを求めるならばさらに多くの毛色を集める必要があり、大変根気のいる研究になると予想される。本論ではある程度、妥協したが、このような課題も今後の本格的な研究に期待したい。
　以上のように、新たな課題も見えてきたが、モンゴル遊牧民の馬の個体認識には驚かされるものが多くあり、本稿ではその新たな側面をいくつか明らかにできた。モンゴル遊牧民は、古来馬と共に生き、共に生活を営んできた。その中で伝統的に培われてきた彼らの瞳には、我々には捉えられないさまざまなものが視えているに違いない。

（2016年1月）

3章　モンゴル遊牧民の馬の個体認識をめぐって　105

写真1　NO,111のヘール　色彩：2.5YR 5/12　筆者撮影

写真2　NO.113のヘール　色彩：2.5YR 5/12　筆者撮影

写真3　NO.018ボダン・ボーラル　色彩：2.5YR 7/0など　筆者撮影

写真4　NO.068のボル・ヘール　色彩：N3.5
筆者撮影　丁度光が反射してしまい色が分かりにくいが、無彩色には見えない。

3章　モンゴル遊牧民の馬の個体認識をめぐって　107

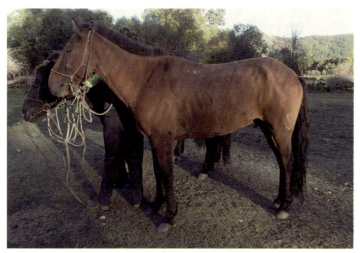

写真5　ホームステイ先の馬、ボル・ヘール・モリ
NO,008　主な呼び名：ボル・ヘール・モリ　筆者撮影。　き甲とは、首の後ろの 前肢からまっすぐ上にある尖っている部分。

写真6　ホームステイ先の馬、ハル・アラグ・モリ
NO,001　主な呼び名：ハル・アラグ・モリ　筆者撮影

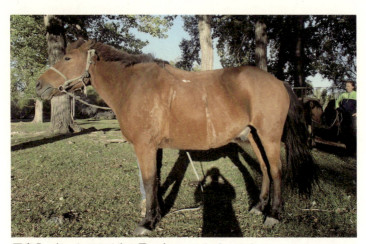

写真7 ホームステイ先の馬、オロールトイ・モリ
NO.004 主な呼び名:オロールトイ・ヘール・モリ(オロールトイとは腹帯(鞍を固定する帯)の白い跡のことである) 筆者撮影

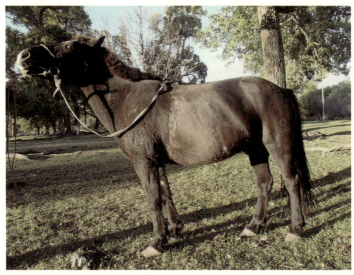

写真8 ノゴーン・ウレー あるいはハル・モリ
NO.010 主な呼び名:ノゴーン・ウレー 筆者撮影

資　料

この資料は、実際に私が収集した毛色や白徴（顔や肢に現れる白い模様）などの、モンゴル語名をまとめたものである。基本となる毛色や白徴等については、日本語訳も記載する。ただ、その日本語訳がモンゴル馬の毛色に対して必ずしも一致するとは限らないので、あくまで参考程度のものである。また、日本語訳をするにあたっては、鯉渕信一の『騎馬民族の心——モンゴルの草原から』や日本馬事協会の『馬の雑誌　ホースメイト』も参考にした。なお、*alag*‐アラグや *tsookhor*‐ツォーホルに関しては毛色そのものとして見られない傾向にあるが、図では便宜上その派生を一括りにしてまとめた。また毛色の *tsagaan*‐ツァガーンに関しては、本稿では *bor*‐ボルと同様の扱いとする。

【1】毛色　56種類

①*alag*‐アラグ：体に大きな白斑のある馬、いわゆる斑馬	
saaral alag‐サーラル・アラグ	*khar alag*‐ハル・アラグ
tsagaan saaral alag　‐ツァガーン・サーラル・アラグ	*khul alag*‐ホル・アラグ
khar nogoon alag‐ハル・ノゴーン・アラグ	*tsagaan khul alag*　‐ツァガーン・ホル・アラグ
khaltar alag‐ハルタル・アラグ	*khüren alag*‐フレン・アラグ
khar khaltar alag‐ハル・ハルタル・アラグ	*kheer alag*‐ヘール・アラグ

②　*bor*‐ボル（*tsagaan*‐ツァガーン）：日本の芦毛と類似点が多く、白〜灰黒までの毛色	
ulaan bor‐オラーン・ボル	*tsav tsagaan*‐ツァヴ・ツァガーン

③ *buural*‐ボーラル：日本の粕毛と類似点が多く、被毛に白い毛が混生する毛色	
budan buural‐ボダン・ボーラル	*khökh buural*‐フフ・ボーラル
caaral buural‐サーラル・ボーラル	*khar khökh buural*‐ハル・フフ・ボーラル
ulaan buural‐オラーン・ボーラル	

④*zeerd*-ゼールド：黄褐色を基調とし、日本の栗毛に近いが、さらにたてがみの色が被毛よりも薄い毛色に付けられる傾向にある

⑤*nogoon*-ノゴーン：本来は緑色という意味だが、黒い被毛の馬に使われる傾向にある

khar nogoon-ハル・ノゴーン	

⑥*saaral*-サーラル：灰色系統の毛色。芦毛とはまた異なり、滑らかな毛色をしている

bor saaral-ボル・サーラル	

⑦*khaliun*-ハリョン：基本的に、白みがかかった黄淡色から灰色系統の毛色で、尾毛とたてがみが黒いものを指す

bor khaliun-ボル・ハリョン	*tsagaan khaliun*-ツァガーン・ハリョン

⑧*khaltar*-ハルタル：口の周囲や股の辺りが黄色っぽい色をしている、茶色から黒茶色系統の毛色

saaral khaltar-サーラル・ハルタル	*tsaivar khaltar*-ツァイヴァル・ハルタル
khar khaltar-ハル・ハルタル	*shar khaltar*-シャル・ハルタル

⑨*khar*-ハル：主に黒い毛色で、日本の青毛との類似点が多い

tas khar-タス・ハル	

⑩*khongor*-ホンゴル：主に薄黄色から赤みを帯びた薄黄色系統の毛色

bor khongor-ボル・ホンゴル	*tsagaan khongor*-ツァガーン・ホンゴル

⑪*khul*-ホル：主に薄黄色系統の毛色で尾毛とたてがみは黒く、河原毛との類似点も多い

bor khul-ボル・ホル	*tsagaan khul*-ツァガーン・ホル

⑫*khüren*-フレン：明るい黄褐色から暗い黄褐色のものを指す。日本の栗毛とも近いが、それよりも色の幅が広い

| bor khüren - ボル・フレン | khar khüren - ハル・フレン |

⑬ *kheer* - ヘール：日本の鹿毛と類似点が多く、赤褐色を基調とした毛色

| bor kheer - ボル・ヘール
tsagaan kheer - ツァガーン・ヘール | shar kheer - シャル・ヘール |

⑭ *tsav'dar* - ツァビダル：ゼールドに近いが、それよりも明るい毛色やたてがみや尾を持つ馬につけられる傾向にある。日本の尾花栗毛に近い

⑮ *tsookhor* - ツォーホル：馬体全体に大小さまざまな斑紋があるもの。アパルーサという品種の持つ毛色に近い。

| ulaan tsookhor
- オラーン・ツォーホル | tsagaan tsookhor
- ツァガーン・ツォーホル |
| ulaan buural tsookhor
- オラーン・ボーラル・ツォーホル | |

⑯ *sharga* - シャルガ：淡黄色系統の毛色であり、日本の月毛に近い

| tsagaan sharga - ツァガーン・シャルガ | ulaan sharga - オラーン・シャルガ |

【2】白徴（顔や肢に現れる白い模様であるが、日本ほどその分類は多くない）

①顔の白徴

am tsagaan - アム・ツァガーン：主に口部分。日本でいう"唇白"系統になる

sartai - サルタイ：主に額部分。日本でいう"星"系統になる

khalzan - ハルザン：主に額から鼻先にかけて。日本でいう"流星"系統だが、"白面"や"作"系統のものも含まれる

am khalzan - アム・ハルザン：主に額から口先にかけて。主に"流星"系統が口の先まであるもの

khamar tsagaan - ハマル・ツァガーン：主に鼻部分。日本でいう"鼻白"系統に近い

②肢の白徴

khöl belevsen - フル・ベレウセン（*khöl tsagaan* - フルヅァガーン）：肢の白徴全般を表す

döröv khöl belewsen（*tsagaan* - ツァガーン）- ドゥルウ・フル・ベレウセン：4本

肢それぞれに白徴を持つ

khoid neg khöl belevsen（*tsagaan* - ツァガーン）- ホイド・ネグ・フルヅァガーン：後ろ肢1本に白徴を持つ

khoid khyor khöl belevsen - ホイド・ホヨル・フル・ベレウセン：後ろ2本肢に白徴を持つ

【3】たてがみや尾、鰻線（背すじに現われる色の濃い線）、部分的に色が異なるもの

＊それぞれの色の違いについては明確化できなかったため、今回は色をモンゴル語の言葉をそのまま使用して〜系統と記載する）

①*del* - デル：たてがみ

bor deltei - ボル・デルテイ：たてがみがボル系統の色をしているもの

khar deltei - ハル・デルテイ：たてがみがハル系統の色をしているもの

tsagaan deltei - ツァガーン・デルテイ：たてがみがツァガーン系統の色をしている

②*süül* - スール：尾

bor süültei - ボル・スールテイ：尾がボル系統の色をしているもの

buural süültei - ボーラル・スールテイ：尾がボーラル系統の色をしているもの

süül arag - スール・アラグ：尾が毛色のアラグのように、まだらになっているもの

khar süültei - ハル・スールテイ：尾がハル系統の色をしているもの

tsagaan süültei - ツァガーン・スールテイ：尾がツァガーン系統の色をしている

③*gol* - ゴル：鰻線やたてがみ、尾に黒系統の色を持つこと

bor goltoi - ボル・ゴルトイ：背中から尻部分にかけてボル系統の色の線を持っていたり、たてがみや尾がその色をしていたりするもの

khar goltoi - ハル・ゴルトイ：背中から尻部分にかけてハル系統の色の線を持っていたり、たてがみや尾がその色をしていたりするもの

④部分的に体毛と毛色が異なるもの

bor tolgoitoi - ボル・トルゴイトイ：頭がボル系統の色をしており体毛と毛色が異なるもの

saaral tolgoitoi - サーラル・トルゴイトイ：頭がサーラル系統の色をしており体毛と毛色が異なるもの

guya tsagaan - ゴイ・ツァガーン：毛色がアラグの馬に使用され、太腿部分のツァガーン系統の斑紋が大きく目立っているもの

dal khüren - ダル・フレン：毛色がアラグの馬に使用され、肩部分のフレン系統の斑紋が目立っているもの

dal tsagaan - ダル・ツァガーン：毛色がアラグの馬に使用され、肩部分のツァガーン系統の斑紋が目立っているもの

khondoloi tsagaan - ホンドロイ・ツァガーン：毛色がアラグの馬に使用され、臀部のツァガーン系統の斑紋が目立っているもの

【4】模様や烙印
bedertei - ベデルテイ：肩辺りに模様があること
oloortoi - オロールトイ：胴部分に腹帯（鞍を固定する帯）の白い跡が残っていること
tamga - タムガ：臀部に付けられる烙印

【5】その他
①その他毛色関係
khökh - フフ：本来は青色という意味だが、青っぽい色を含む毛色に使われることがある。フフ・ボーラルなどがその例であるが、基本毛色として単体で使われることもある（ただ、基本形として使用される例は今回見つからなかった）。
yagaan - ヤガーン：本来は紫色という意味だが、馬の毛色の1つとして使用される（それと明確に判断される毛色は今回見つからなかった）。
②その他用語
khöörkhön - フールフン：可愛いという意味
bondgor - ボンドゴル：丸いという意味
öndör - ウンドゥル：高いという意味
tom - トム：大きいという意味
tas - タス：混じりけのない。*tas khar* - タス・ハルのように、混じり気の無い純粋な黒い毛色というように使われた

参考文献

井上邦子　2005　『モンゴル国の伝統スポーツ—相撲・競馬・弓射』、叢文社。
川又正智　1994　『ウマ駆ける古代アジア』、講談社。
木下修一，李銀玉，吉岡伸也，杉田昭栄　2009　「カラスの濡羽色の起源」、『日本

物理学会講演概要集』、第 64 号（2-2）、pp.270。

鯉渕信一　1983　「モンゴル語における色彩語：その用法と色彩観」、『亜細亜大学・アジア研究所紀要』第 10 号、pp. 277-312。

――　1987　「モンゴル語における馬の個体識別語彙――主に毛色名を中心にして」『亜細亜大学・アジア研究所紀要』　第 14 号、pp. 307-332.

――　1992　『騎馬民族の心――モンゴルの草原から』、日本放送出版協会。

中村知子　2008　「ヘンティのナーダムと馬飼育：ナーダムと馬飼育の社会的・文化的意味」、長沢孝司・尾崎孝宏（編）、『モンゴル遊牧社会と馬文化』、日本経済評論社、pp.43-55。

日本色研事業株式会社　2008　財団法人日本色彩研究所監修『マンセルシステムによる　色彩の定規　拡充版』。

野沢延行　1991　『モンゴルの馬と遊牧民』、原書房。

福井勝義　1991　『認識と文化――色と模様の民族誌』、東京大学出版会。

宮田久美子　2014　『暮らしの中の色彩学入門――色と人間の感性』、新曜社。

D.M.ワゴナー編、原田俊治訳　1981　『馬の遺伝学と選抜方法』、日本中央競馬会。

日本馬事協会（著者不明）　2003　「馬の見方、見分け方」、『馬の雑誌　ホースメイト』, 2003 年 11 月第 40 号　日本馬事協会、pp.4-5。

Э.Равдан　(ed.)　2015　『モンゴル遊牧文化用語辞典』、ウランバートル。

А.Батболд　(ed.)　2013　*Хурдан морины шинжийн судрын тайлал*, Улаанбаатар.

А.Доржготов, Ч.Сонгино　1998　*Зурагт толь*,　Улаанбаатар.

Г.Галбаяр, Ю.Мөнх-Амгалан　2010　*Монгол үлгэр дэх морины өнгө зүсний онцлог*, Монгол Улсын Их Сургууль.

Д.Нэрггүй, Н.Батсуурь, Б.Биньеэ, 2009　*Монгол малчны судар оршивой*, Мөнхийн үсэг груп, pp2-4.

Л.Мөнхтөр　2007　*Монгол адууны зүс шинж заасан үгсийн утга, бүтэц*, Улаанбаатар.

参考ホームページ

МОНГОЛ УЛСЫН ҮНДЭСНИЙ СТАТИСТИКИЙН ХОРОО, (2014)

МАЛ ТООЛЛОГЫН 2014 ОНЫ УРЬДЧИЛСАН ДҮН ГАРЛАА

(http://www.nso.mn/content/1046#.VaXVbfnzlT8,2015.11.17).

Үндэсний спортын портал сайт Hiimori.mn, (2015)「*Морь шинжихүй*」

(http://tod.hiimori.mn/,2015.11.17)

第2部　街の素顔

ルイ・ヴィトン・ウランバートル店の前を歩く
ラマ（僧侶）たち　2015年。撮影：島村一平

第1章　モンゴル人のヘルール（口喧嘩）の技法

安藤　晴美

はじめに

　ヘルール（kherüül）とは「口喧嘩」を意味するモンゴル語だ。
　私は2008年4月から2009年3月末までの1年間、モンゴル国へ留学した。私にとって留学生活の中で一番魅力的だったことは、モンゴル人の人柄だった。細かいことは気にせず、言いたいことを言い、やりたいように行動する姿は、とても楽しそうだった。
　例えば友人との待ち合わせで、時間や場所など細かく決めることも少なく、しかも予定を決めるのは、主に今日、明日の覚えていられる範囲内のことであった。約束せずに直接私の住んでいる寮に訪ねて来て、私が寮にいないと、「どうしていないの？待っているのに」と文句を言われるということもあった。また約束の時間を決めたとしても、時間どおりに来なかったり、当日になって「この時間は授業があるからやっぱり何時から会おう」とギリギリになって予定を変更されたりすることもあった。次の日や当日の予定くらいわかっているだろうし、「早く言え」と腹が立つこともあった。日本ではスケジュール帳を取り出し、ずっと先の予定まで決めていた私は、これらのことに本当に驚かされた。しかし、いつの間にか時間に縛られずマイペースで自由に過ごすことに私自身も慣れてしまった。
　人の世話を焼き、昔からの知り合いのように受け入れてくれるのも彼らの魅力の1つだ。モンゴル人の家に遊びに行くと、帰るときには「次はいつ来るの」「必ず来なさい」と言ってくれ、私も「また来ます」と言って別れる。日本でもこのような言葉を言うが、モンゴルでは建前ではなく心からの言葉だった。友人の家へ遊びに行き、それから長い間、訪ねなかった。するとその友人の母親から電話があり、「どうして来ないの」「来ると言って来ないなんて最低だ」と本気で怒られてしまった。人と付き合ううえで、人同士の距離が近く、他人に対しての抵抗が少ないと感じた出来事だった。モンゴル人の自由奔放さ、人との付き合い方は、私にはとても魅力的だった。

しかしその反面、自由で人との距離が近いためか、口喧嘩やもめごとが多く存在するのも事実である。モンゴルの道路では交通渋滞が絶えず、車の運転手たちはクラクションを鳴らし、他の車を罵倒し、譲り合いなど全くなく、誰が一番に行くかの競争のようだった。列車のチケット売り場は、列車の時間が迫るにつれて、人々は順番を無視して割り込み、大混雑する。路上でケンカする人を見ることもよくあり、店の中では店員もお客も関係なくケンカする。

　なかでも一番近くで見たもめごとは、知り合いの車に運転手、その友人、運転手の息子が乗っていたときのことだった。急に、友人が自分をバカにする発言をしたと運転手が怒り出し、車を止めて殴り合いのケンカになってしまった。その場は息子が止めに入り何とか事なきを得たが、友人はお酒を飲み、酔っ払っていたこともありその後泣きながら、運転手の悪口を言い続けた。運転手は最初とても怒っていたが、途中から突然、「おれも悪かった」と言い出し、最終的には2人は「おれたちは一番の親友だ」と仲直りしてしまった。少し前には殴りあうほどの大ゲンカをしながら、そんなことは無かったかのようだった。モンゴルの友人同士のケンカではこういう終わり方が普通なのか。いったい何がきっかけで解決したのか。

　日本では交通ルールがしっかり遵守され、チケット売場では一列に並び、横から割り込むことなどほとんどない。日常的にもめごとの現場に遭遇することは少なく、しかも自分がまき込まれることもほとんどない。日本ではもめごとが起こらないように規則を守り、謝罪したり、我慢したりするという手段を取り、もめごとを回避しているのではないだろうか。

　それに対しモンゴルでは交通ルールや約束の時間などに対して、守らなければいけないという感覚が少なく、日本とは規則や規範に対する考え方が違うということがよくわかる。また、もめごとを回避するより自分から進んでもめごとを起こし、ヘルール、つまり口喧嘩を使って解決しているという印象を受けた。どうしてわざわざ自分からもめごとを起こすのだろう、少し我慢すれば終わることなのにと不思議に思い、一歩間違えれば事件に繋がるかもしれない中で、どのように解決し、秩序を維持しているのだろうかということに興味を持った。彼らはどのようなヘルールの技術を持っており、もめごとをどのように解決しているのだろうか。

　本章で扱うヘルールの舞台となるモンゴルの首都のウランバートルは、人口は2008年当時、104万4500人、人口密度は1㎞当たり222人の「大都会」である。モンゴル全体では、人口密度は2人程度なことを考えると、いかに人口の多くがウランバートルに集中しているかがわかるだろう。当初の都市計画ではこれほどの人

口増加を予想していなかったため、人口の割に街は小さく、道路も狭いため、いつも人や車であふれかえっている。人口の増加に対して、様々なすきまにマンションや建物が建てられていったために、道は入り組み、行き止まりも多く複雑化している。

ここでは、1年間の留学中の経験と今夏にモンゴルに訪れた際に遭遇したもめごとを基に考察していきたい。調査は2009年9月13日から9月30日までの18日間、行った。首都ウランバートルで人が多く集まりそうな場所に行き、ヘルールの場面を探した。より細かいヘルールの手法を調べるために、ヘルールをＩＣレコーダーで録音し、どのように行われているのかを観察した。18日間のモンゴル滞在で、16件のヘルールに遭遇し、その中でしっかり録音ができ、有効であったものは、5件であった。それぞれのヘルールをシーン[1]（会話のまとまり）に分け、どのようにヘルールが行われ、どのように解決されているのか、会話のやり取りにおける規則やルールを分析していこう。

1. 仕事のヘルール

最初に紹介するのは、仕事上のトラブルを巡るヘルールである。仕事上にトラブルが起きた場合、どのようにすれば、自分の主張を通すことができるのだろうか。ここでは、2例を挙げたい。

1-1. 停電の中で

携帯電話の会社やネット通販の会社の事務所、銀行など何件かの会社が入っている建物で停電になったために起こったヘルールである。モンゴル人が自分の目的を達成するためにどのような主張をしているのかが見ものである。

現場となった建物は3階建てで、2階の通路の奥にいくつかの事務所と階段がある。この建物が停電してしまい営業ができなくなってしまった。そのため、その通路の入口のガラス戸が閉められ、警備員が見張り、中に入れなくなってしまった。そこで、中に人を入れないようにする警備員と中に入ろうとするおばさんや客たちがヘルールをし始めた。

---

[1] 会話分析では「シークエンス」という言葉が使われるが、ここではわかりやすさをはかるために「シーン」と呼ぶことにする。

このヘルールでは、解決に至るまでに2つのシーンに分けることができる。(1) 両者が自己を正当化するシーン (2) 女性が警備員を威嚇するシーンの2つである。最初、互いに自分の意見を主張するが、途中から片方が優勢になってくると、そこから追い討ちをかけるようにまくし立てている。

女：女性（50代）ネット通販で薬を買ったが、違う商品が届いたためネット通販の
　　会社にやってきた。
警：警備員（40代）
年：女性の連れのお年寄り（70代）
事：建物内の事務所の職員（20代）
客：銀行に来た客（20代）
客2：銀行に来た客その2（40代）

まず、「両者が自己を正当化するシーン」を見ていこう。
〔会話例1-1〕
1　警：最初にその人（建物の中にいた人）を外に出してしまったんだ！
2　女：理由を言って、中に入って、ここに戻って来るのが、何でダメなの！
3　　　さっきの人たちだって他に2人連れて入ったでしょ！
4　　　私たちと何が違うの？　同じ人間でしょ！
5　警：銀行はそのとき営業してただろ！
6　女：この人たちを（中に）入れるって言って、2人連れて入ったでしょ！
7　　　私たちだって顧客でしょ！
8　警：私たちだって仕事してるんだ！
9　　　あなた[2]何で押してくるんだ！
10　女：それが何の関係があるのよ！コイツ何ておかしなやつなの！

ここでは、警備員は現在の人の動きを説明している。それに対して女性はまず、「理由を言い、ここに戻ってくる」（2行目）と、人とのやり取りのルールに従った適切な頼み方をしていることがわかる。そして論理的に自分の前の人は入れて、自分がどうして入れないのか、空間のしきりをめぐって、自分を正当化し、相手を追及し

---

[2] モンゴル語には、「あなた（та）」と「お前（чи）」という二人称があり、「あなた（та）」が使われている
の場合は敬語的に訳している。

ている。また、「同じ人間」（4行目）だと言うことで、共感を得させ、理解を求めている。ここでは《共感を求める技法》と呼んでおこう。その言い分に**警備員**は、中に人がいたときと今での状況の変化を理由に正当化している。そして、女性は「顧客」（7行目）という言葉を出すことで、サービスを受ける立場であり、自分のほうが優位であると示すことに成功している。

〔会話例 1-2〕

11 客：（不明）置き忘れて、銀行員に渡した内容明細をもらうって言ってたの！
12 年：真っ暗な中に忘れ物した人も入れないでしょ！
13 警：あぁ？
14 客：銀行員に渡した内容明細をもらうって言ったの！
15 　　その人が「無いです」って言ってたの。今取りに行っちゃうわ。いい？
16 警：（不明）っていうのは（　　　　不明　　　　　）
17 　　言ってるだろ！ここから（中にいた人たち）出ただろ！
18 客：そうなの。
19 警：ドアは、もう閉まってるんだ！あぁ（何だって）？
20 事：警備員さん、3階に行って戻って来るわ！
21 警：ダメだ！
22 客2：私も出たけど入ることをやめちゃった。
23 警：ドアは閉まっている！停電もしている！営業もしない！
24 女：（　　　　　　　不明　　　　　　　）
25 警：（　　　不明　　　）しない！しない！がんばっても無駄だ！
26 　　上は真っ暗なんだ！
27 　　停電が直ったら、あなたを（中に）入れるよ！
28 女：（　　　　　不明　　　　　　　）
29 　　このネットショッピングの薬、違うでしょ？
30 　　全然別のものじゃない！アンタこっち見てよ！

ここでは、女性たちが中に入るための理由を主張し、自分を正当化している。対する**警備員**は一貫して、中に人を入れないという態度をとり続けている。「停電」「営業していない」（23行目）というように、中に入ってもどうしようもないという理由を提示し、自らの正当性を主張している。**警備員**はこのままでは同じような

状況が続くと判断したのか、「停電が直ったら、中にいれるよ」（27行目）と提案

表1：会話例1における双方のヘルールの技法の流れ

警備員　　　　　　　　　　（）は行数	女性、客、お年寄り　　　　（）は行数
正当化 (1)	正攻法の攻め方 (2)
↓	↓
	空間の仕切りをめぐる正当化 (3)
	↓
	共感を求める (4)
	↓
正当化 (5)	優位性のアピール (7)
	↓
	相手を貶める (10)
	↓
	理由説明 (11)
↓	↓
	非難 (12)
	↓
正当化 (17、19、23)	提案 (14、15、20)
↓	
正当化 (26)	
↓	
譲歩によるなだめ (27)	理由 (29)
↓	↓
外部性、主語を変える (31)	正当化 (32)
↓	↓
平等性のアピール (33、35)	正当化 (36〜38、39)
↓	
混乱予防 (42)	相手を貶める (46)
	↓
	カテゴリー化、同情心を煽る (49)

している。内容は、停電中は中に入れないという今までの主張と何も変わらないが、ただ禁止するだけでなく、言い方を変えることで相手の怒りを和らげようとしているのだと考えられる。まさに、《なだめの技法》である。

〔会話例 1-3〕
31 警：(上の人に)「絶対に人を入れないでください」って言われたんだよ！
32 女：(でも) 上のほうにいっぱい人がいるよ！
33 警：今、その人たちを外に出しているんだ！外からは入れないんだ！
34 女：事務所にいた人がいるでしょう！
35 警：そんな真っ暗な部屋で何するんだ？今外に出してるんだ！
36 女：そうなのよ！絶対そうなのよ！
37 　　2時10分に(中に)入って2時15分に出てきたでしょ！(現在2時17分)
38 　　それは他の人たちでしょ！
39 警：いない。いない。
40 女：女の子を一人、中に入れておいて、何言ってんのよ！
41 　　知ってるのよ！
42 警：今このおばあさんを入れると、後からこうやって人が争い始めるだろ？
43 　　停電してるんだ！
44 女：入って、戻ってくるでしょ！
45 　　(　　　　　　不明　　　　　　)

　ここでも建物内の人の存在の有無について、それぞれ異なる主張をしている。まず、警備員の「〜って言われたんだ」(32行目)という言葉から、「人を中に入れるな」ということが他人から言われたことだと判断できる。これは、外部性と呼ばれる、事実を客観的に語ること、動かしようのない事実として扱う手続き［鈴木 2007:58］を使用している。これによって警備員は人からこうしろと言われただけで、この状況を自分ではどうしようもないのだ、という主張につながっている。この技法を《外部性によって事実を固定する技法》と呼ぶことにする。また、「中の人は外に出している」「人を中に入れない」と警備員は、中の人も外の人も皆が同じく中にいられないことも話し、平等性を主張している。それは警備員の「今このおばあさんを入れると、後からこうやって人が争い始めるだろ？」(42行目)という発言から混乱を予防する目的もあるのだとわかる。

このように両者、さまざまな角度から主張を行い、自分の主張が一段落した後、最後の手段として、「女性が警備員を威嚇するシーン」が始まる。

〔会話例1-4〕
46 女：こんな野蛮な人と話してられない！
47　　アンタがここの長なら、理由を言って！
48　　（　　　　　　不明　　　　　　）
49 年：上に本当は4、5人上にいるのよね？年寄り待たせて、
50　　昨日も言ったでしょ！私の物が全部上にあるのよ。

＊その後警備員が根負けし、おばさんとおばあさんの2人を中に入れ、ドアを閉めた。

　ここでは女性が警備員に対して、感情的な手段を使い、相手を精神的に追い詰めている。女性は、相手のことを「野蛮人」(46行目) ということで、相手を貶め、自分のほうが正しく立場が上のように見せている。ここでは《相手を貶める技法》と呼んでおく。逆にお年寄りが、自分のことを「年寄り」(49行目) と表現し、年寄りは大事にしなければならないものだという観念から、同情心を煽っている。これを《同情心を煽る技法》と名付けておく。
　会話全体を通して、おばさんは警備員を非難し、何度も「中に人がいる」という言葉を繰り返し、だから自分も中に入れるべきだと主張し続けた。女性は警備員に何度否定されても諦めず、自分の考えを押し通し続け、最後には中に入ることができたのだった。しつこく主張し続けること。そして、その中に細かい揺さぶりをかけることで、おばさんたちは、目的を達成することができたのだった。

1-2. サービス

　次は、ウランバートルの中心地にあるノミンデパート（旧国立デパート）で起こった、荷物を運ぶサービスをめぐって起こったヘルールである。デパートの1階にある商品の受け渡し窓口で、客の買った荷物を運ぶ女性店員と男性店員の間で、この口喧嘩は起こった。女性店員が男性店員に、客の持って来た荷物をカートに載せて外まで運ばせようとしたが拒否され始まった。このデパートには、カートを管理する者がいる。

第1章 モンゴル人のヘルール（口喧嘩）の技法　125

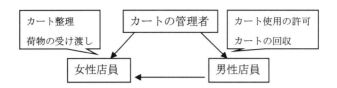

　このヘルールでは、解決に至るまでに 3 つのシーンがある。(1) 両者が相手を威嚇するシーン (2) 両者が自己を正当化するシーン (3) 女性が論理をすり替えるシーンの 3 つである。

男：放置されているカートを回収する男性店員（20 代）
女：カートの整理をしている女性店員（20 代）
男 2：途中でやってきた男性店員（30 代）
女 2：途中でやってきた女性店員（20 代）

　まず、「両者が相手を威嚇するシーン」を見ていく。

〔会話例 2-1〕
1　男：こっちの荷物を（カートの）上に取って置け！自分で取れ！自分で取れ！
2　女：私がアンタに（荷物を上に乗せてって）頼んでいるでしょう！
3　男：この人たち（お客）の荷物を持てよ！おい！
4　　　お前、ケンカする気ならケンカするぞ、お前！
5　女：アンタ男なんだから恥を知りなさいよ、アンタ！
6　男：お前もだろ！
7　女：私が何で恥じなくてはならないのよ！私はカートを整理してるのよ！

　ここでは、どっちが客の荷物を運ぶかでもめ、互いに相手が運ぶよう主張している。女性店員は初め、男性店員に頼んで、荷物を運んでもらおうとしたようだが、拒否されたため怒り出した。男性店員は女性店員に「ケンカする気ならするぞ」（4 行目）と、自分は間違っていないし、主張も変えるつもりはないと脅しを与えている。ここではそれを、《脅しの技法》と名付けておく。
　そこで女性店員はジェンダー論を持ち出し、「アンタ男なんだから恥を知りなさい」（5 行目）と女性相手に凄んでくることと女性に荷物を運ばせることが男らしくない恥ずかしい行為だと批判している。女性店員は、仕事の説明より先に男が荷物を

運ぶべきという考えを持ち出すことで相手に譲歩を迫っている。逆に男性店員は女性店員が自分の仕事をしないことを恥ずべき行為だと批判している。その後、女性店員は「カートを整理している」（7行目）と、自分には他の仕事があり、荷物を運ぶことができないと自分を正当化する理由を述べている。

　ここからは、「両者が自己を正当化するシーン」が始まる。
〔会話例2-2〕
8　男：このカートで客の商品を押して行くんだろ、そうだろ！
9　女：（　　不明　　）
10　男：俺は正しい！正しいんだよ！
11　女：運ぶべきものは運んで、運ぶ必要のないものは運ばないの！いい？
12　男：これは運ぶものだろ？見てみろよ！　おい！
13　女：こっちの（荷物）は...ちょっと！
14　男：運ぶものだろ！
15　女：違うって言ってるの！！
16　男：運ぶものだろ！お前（商品を）買った人（客）に聞いてみろ！
17　女：私はアンタに頼む人（カートの管理者）のところに行って頼んで、
18　　　これ（荷物）を運べって言えって言ってるでしょう！
19　男：オレはカートを回収している！しないって！何て女だ！
20　男2：　どうした？
21　女：私はアンタに質問する人（カートの管理者）のところに行って、質問して、
22　　　それで（荷物を運ばせる）許可をもらって来いって言ったのに、アンタ何て言った？
23　男：許可もらうのか？

　男性店員は「カートで客の荷物を運ぶのか」（8行目）と女性店員に自分の仕事だと認めさせようとするが、女性店員はこの問いを無視する。そのため自分で返答することで、女性店員の仕事だと責めている。対する女性店員は、この荷物は自分の運ぶものではないと、仕事の範囲外だと主張している。しかし、女性店員は、運ぶものと運ばないものの違いについての根拠を話さないため、説得力はなく、相手も納得できない。男性店員は客に誰が運ぶ仕事なのか聞けと主張するが、女性はカートの管理者に頼んで来いと反論する。それに対し男性店員は、「カートを回収している」

(19行目)と自分には仕事があることを強調し、正当化している。互いに譲らず、解決できないと悟っていたのか、しきりに第三者の介入を望む発言をするが、行動できずにいる。互いに「頼め」と言っていることから、自分から動くことは相手の言いなりになるという不快感を持つため、何もできずにいるようだ。

写真1　カウンターの奥に使わなくなったカートが置いてある

　最後は、「女性が論理をすりかえるシーン」が始まる。

〔会話例2-3〕

24 女：あんた誰よ？ちょっと！
25 男：お前に教えて何になる！おい！
26 女：ちょっと！嘘つかないでよ！ちょっと！
27 男：おかしなこと言うな！お前！
＊男性店員が女性店員に向かって何かを投げた。
28 女：アンタつかんで物投げたじゃない！でしょう！アンタ！
29 男：オレはそれ（カウンターの奥のカート）は使わない！
30 　　ほざけ！
31 女：それじゃ、（回収したカートを）こっちに取ってきて！
32 男：こっちの（回収した）カートでサービスするのはやめたって言っただろ！
33 　　そう言ったのに！
34 女：違うって言ってるのよ！
35 男：お前はなんておかしなやつなんだ！
36 　　どこでもこうやって（カートが）放置されてあるんだ！いいか！
37 　　オレはカートを回収してるんだ！お前は自分で荷物を持てよ！
38 女：「人（私）に訊いてから、（カートを）回収しろ」って言ったの！これ以上何をするのよ！
39 男：何言ってんだ！ばかなこと言いやがって！お前そう言っただろ！
40 　　お前何ておかしなやつなんだ！

41　　　　　オレは一生こんなんじゃないんだ(こんな仕事しない)！オレはカートを回収する！
42 女：あなた自分で荷物持って行って！
43 女2：皆（カートを外に）出して置いて行ってしまうのよね。
44 女：もともとそうでしょ！
45　　　皆、道の向こうに（カートを）持って行って置いて行ってしまうのよ！
46　　　最後はいつもそうでしょ？あんたそっち行って！いい？チッ
47 男2：（カート）押して（荷物）入れて来たっていいだろ？
48 女：私はそう言った！（　　　不明　　　）
49　　　置いて早く取って来て！いい？（　　不明　　）トランクに

＊男性店員は外にカートを押して荷物を運んで行った。カートを店内に持って来たが、ヘルールしたサービスカウンターの近くを避けるようにしていた。

　女性店員が名前を聞いてきたことにも、男性店員は、拒否するという返答の仕方を取った。会話分析の理論によると「質問―返答」は隣接ペアと呼ばれる１つのまとまりであり、質問することでその返答を要求するというように、型にはまったものである。それに反することは人として守るべき道徳的なルールから外れ、相手に無礼な印象を与えることとなる。しかし、ここでは、男性店員は道徳的なルールを外れてでも返答を拒否することで、相手に対して優位に立とうとする技法を取っている。この技法を、ここでは《隣接ペアを解体する技法》と呼んでおこう。
　それから男性店員は、何か物を投げ不満を表すが、女性店員に非難されてしまう。このシーンではお互いに「言っていた」というように、新たな主張ではなく、過去に話した内容を持ち出し、言動の変化を責めている。男性店員が物を投げたのも、ヘルールの技が少なくなってしまい、つい出てしまったのだと思われる。
　その後男性店員は、皆が「カートを放置」（36行目）して行ってしまうから、カートを回収する必要があると、自身の仕事（役割分担）を正当化する。しかし、彼は今の職業に対してずっと続ける気はないとも発言しており、仕事に対するモチベーションが低いこともわかった。そのため、自分の役割分担以外の仕事はしたくないという気持が見て取れる。ここでは、このように違う話題を出すことを《論理のすり替えの技法》と名付ける。そんな男性店員を助けるように、後から来た別の女性店員が「客がカートを外に出して言ってしまう」から、カートを回収するのは必

第1章 モンゴル人のヘルール（口喧嘩）の技法　129

表2：会話例2における双方のヘルールの技法の流れ

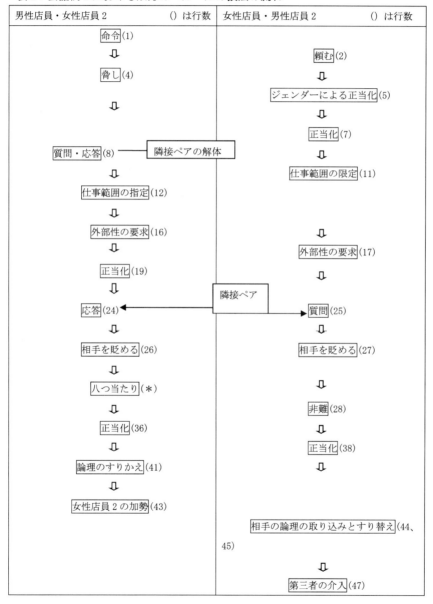

要な仕事だと男性店員に、加勢する。ところが、女性店員が、「もともとそうでしょ」(44行目)と相手の論理を認めながら、だからこそ、客が荷物を運び出してカートを放置しないように、男性店員が荷物を運ぶべきだと、論理をすりかえたのである。つまり、女性店員は相手の意見を利用しながら、自分の論理へ取り込んでしまったのだ。この技法をここでは、《他者の論理の取り込みとすり替え》と呼んでおきたい。

　最終的に、後から来た別の男性店員の一言で、ヘルールしていた男性店員が、女性店員の要求どおり、外に荷物を運び出した。すなわち、このヘルールは第三者の介入で解決に至ったのだった。後から来た男性店員はヘルールしていた男性店員の上司だったようだ。

　この女性店員は荷物を運ばない理由を「物を整理している」と他に仕事があるためだと言っていたが、「この荷物は運ぶべきものではない」という理由に変化し、誰が荷物を運ぶのか「他の人に聞け」と自分ではわからないという理由に変化していった。女性店員は、主張を変えることで状況を変えようとする《論理のすり替えの技法》が使われていた。ヘルールを全体的に見てみると、女性店員は男性店員の話をよく聞かず、自分の主張だけをしていた。男性店員が話し始めると、女性店員はその発言に被せるように話し、聞きたくない話の最中はずっと同じ言葉を叫び続け、相手が話しにくくさせていた。相手に話させないということも1つの技法のようだ。最終的には、女性店員は、男性店員と荷物を運ぶ仕事の関連性を見つけ出し、押しつけることに成功した。

2. 警察官とのヘルール

　この章では、法律違反者をとりしまる警察官との間で起こったヘルールについて論じていく。違反してしまった人がどのように、処罰から逃れようとしているのか、それに対し警察官はどのように処罰を受けさせるのか、2例を挙げ分析していく。

2-1. 無許可の商売

　この節では「ゾーンアイル」という、ドアや大工用品などを取り扱う店が多い通りで起こった、警察官と無許可で商売する女性とのヘルールについて紹介しよう。若

い警察官が、道路に面した駐車場に車を停めてその車の中で日用品を売っている中年女性を取り締まっている。道路に面しているため、信号機や車の騒音などにより聞きとることが困難な場面があった。

　このヘルールでは、解決に至るまでに3つのシーンがあると考える。(1) 両者が自己を正当化するシーン (2) なりすましのシーン (3) 女性が相手を威嚇するシーン (4) 両者が意見調整を試みるシーンの4つである。

女―女性（40代）メインでヘルールをしている。
女2―女性（20代）子ども連れのため、あまり参加していない　3人で商売をしている。
年―お年寄りの女性（60代）
警―警察官（20代）若いため比較的丁寧な態度をとっている。

まず、「両者が自己を正当化するシーン」を見ていく。
〔会話例3-1〕
1　警：オレになんの関係がある？オレは仕事してる！
2　女：私もよ！
3　警：法律守らないのか！それじゃあ、法律違反者として処罰するぞ！
4　女：法律違反してるだって？いっぱい泥棒がいるってのに！（　　不明　　）
5　年：(許可証とか)もともと私にはないよ！ないよ！
6　　　でもアンタは、泥棒している奴や、お酒飲んでる奴、
7　　　お酒飲んでる奴らを追い出せないくせに！
8　(　　　信号音、騒音により聞き取れない　　　)

　警察官は、自分はただ仕事をしているだけだと、正当化を行っている。一方、女性も違法であるに関わらず、自分の仕事だと主張している。女性は、警察官に違法だと言われると、泥棒の話題を出し、警察官が「泥棒や酔っ払い」(6、7行目)を取り締まれていないことを批判する《論理すりかえの技法》を用いている。女性は、無許可の商売より泥棒や酔っ払いのほうがより悪いことだと思っているため、そっちを捕まえていないのに自分が捕まえられるのは不公平だと主張するわけである。

　次に、ここから女商売人が、買い物客だという虚偽の説明をしはじめる。自分は、

商売をしているのではなく、買い物客だと主張する「なりすましのシーン」の始まりである。

〔会話例 3-2〕

9　女：（車の中の商品を指して）ここにあるものは、（この人たちが）買ったものなのよ！
10　　　私は石鹸を1個、買うつもりでこの2人と（ここに車を）停めていたのよ！
11　警：それは違う、違う！そうだろ？こいつら（残りの女性2人）と話すことなんか無い！
12　　　オレたちは連れていく場所（警察）に連れて行って、
13　　　逮捕する場所で逮捕して、裁判所で有罪にしてやる！いいか？
14　女2：あんた大丈夫？この人は私たちと同じ人間でしょ？
15　警　：それで？
16　女2：そうでしょ！
17　警　：それで？

　ここでは、女性は、違法行為をしていないと主張している。女性は、「車の中にあるのは、自分のお金で買った商品」（9行目）だと主張し、ここに来たのは買い物のためだと、客になりすますことで、見逃してもらおうとする。ここでは、これを《なりすましの技法》と呼ぶことにする。しかし、これは明らかな嘘で、車を覗けば、靴下などが並べられており、商売目的だということはすぐにわかる。警察官も、もちろん気づいており、堂々と嘘をついてくる相手に「処罰する」「逮捕」（13行目）など具体的な処罰を言葉に出す、《脅しの技法》を使用している。別の女性はそれに、恐れを抱いたのか「同じ人間」（14行目）という共通点を持ち出し、相手を落ち着かせ、甘く見てもらおうという《共感を求める技法》を使っている。

　ところが、中年の女性はひるまない。さまざまなヘルールの技法を使って、逆に若い警察官を追い詰めていく、「女性が警察官を威嚇するシーン」の始まりである。

〔会話例 3-3〕

18　女：あんた何を怒ってんのよ？この乞食め！
19　　　あんたひょっとして今まで犯罪を捏造してきたんじゃないでしょうね！！
20　　　それか、今、犯罪を捏造しようとしているの？（アンタと同じように私たち

だって）
21　　同じ1つの職業でしょ！（アンタちゃんと）仕事してるの？
22 警：オレは仕事してる！
23 女：仕事してるの？
24 警：オレは仕事してる！
25 女：いいじゃないの！私はただ1個の石鹸を買うためにここにいるの！
26 警：オレの仕事はこれだろ！
27 女：私たち2人はこんなことをしただけで、ここで法律違反しているというの！
28　　私たちの他には（犯罪者は）いないの？
29 警　：いない、いない！
30 女：いる、いる、いる！
31 警　：股開いて死んでる役立たず（□хчихсэн ац）かもしれないが、
32　　オレたち警察はこの仕事をしている！オレたちの仕事はこれだろ！
33　　（　　　　　　騒音のため聞こえない　　　　　　）
34 警：そう言うなら、ゾーンアイルの方向に行って、見てみろ！いいか！
35　　かなりたくさんの場所に行って調べたんだ！
36 女：かなりたくさんの場所を知ってるだって？
37　　私たちが悪い泥棒たちを捕まえて来るわ！いいかい？本当だよ！（不明）

　女性は相手を落ち着かせようとする作戦が失敗した後、警察官が怒っていることに対して怒りだす。女性は警察官を「乞食」（18行目）と《相手を貶める技法》を用い、警察官は不必要な仕事をしているだけだと責め立てた。そして、女性は自分たちの無許可の商売も「1つの職業」（21行目）だと正当性を主張する。
　しかし、この正当化は論理的に破綻している。つまり、この女性は、一方で商売をしていることを否定し、買い物客の振りをしておきながら、その一方では商売をしていることを暗にほのめかしている。
　その上さらに、女性は自分から注意をそらすため、「他に犯罪者がいる」（28行目）という主張を行い、《話題のすり替えの技法》を使っている。女性が警察官に対して役立たずという認識を持っている。そのことに対して、警察官はそれを否定するのではなく、自虐的に、「役立たずかもしれないが仕事をしている」（31行目）と返答している。警察官は、自虐的に返答し、自らを貶めたうえで、「かなりたくさんの場所に行って、犯罪者の存在を調べた」（35行目）と自身を正当化している。だが女性

はそれを認めず、証拠となる人を「捕まえてくる」(37行目) と強気な姿勢を崩さない。
　最後は解決のために「両者が意見調整を試みるシーン」が始まる。

〔会話例3-4〕
38 警：あなたがたは、一体どうしたらいいっていうんだ！
39 　　言ってください！言ってください！市民よ、考えを言ってみてください！
40 女：あんたもちゃんと仕事をしろ？いいかい？
41 　　わたしたちのことを疲れ切った貧しい人だと思って、放って置いてよ！
42 警：「私たちは疲れ切った貧しい人」なんて言って芝居するのはやめろ！
43 　　全然信用できないよ！
44 　　ここで物を売ってはいけないって言っても、
45 　　こいつらは（残りの2人の女性に向かって）わかりゃしないよ！
46 　　食料品、美容品とかにしても、勝手な場所で売ってはいけないんだよ！
47 女：（　　　　　　　不明　　　　　　　　）
48 警：そんなこと言うなら、確かに靴下や服を売って、
49 　　道に立っている人もいるにはいるよ。
50 　　（　　不明　　）
51 女：違う！それで、私はどうすりゃいいの？仕事やめてすぐここから行けばいいの？
52 　　どうすりゃいいのよ？違うでしょ！
53 　　私はお金を渡して、勘定してもらって、買い物したいのよ！

＊その後、各自仲間同士で話し合い、警察が紙に何か記入し帰って行った。

　ここで、警察官は女性にどうしたいのか意見を求めることで、一旦場を落ち着かせようとしている。そこで、女性は、自分が有利になったと判断し、最終目的である「放って置いてほしい」(41行目) と訴える。女性は、ただ訴えるだけでなく、「疲れ切った貧しい人」(41行目) と自らを貶め、警察官に《同情心を煽る技法》を使用し、同情させてから本題に入っている。
　しかし、若い警察官はここから再び態度を厳しくし、「芝居をするのはやめろ」(42行目) と女性を一喝する。そして、警察官は、無許可で商売をすることが違法だと説

明しだした。ここで、女性は、無許可で商売することの違法性について言及されてしまったため、これ以上仕事について口喧嘩しても無駄だと判断したようだった。そのため、女性はこれからどうすればいいのかという《論理のすり替えの技術》行っている。そして、買い物がしたいと客への《なりすましの技法》を使いつつ、早期解決を求めた。

表3：会話例3における双方のヘルールの技法の流れ

警察官　　　　　　　　　　　（）は行数	女性　　　　　　　　　　　　（）は行数
仕事の正当化 (1)	正当化 (2)
	⇩
	話題のすり替え・注意を逸らす (4)
	⇩
	なりすまし・嘘 (9)
	⇩
脅し (12)	
	共感を求める (14)
	⇩
	相手を貶める (18)
	⇩
	批判 (19、20)
	⇩
正当化 (22)	
	なりすまし (25)
	⇩
正当化 (26)	
	不公平さへの責め (27)
	⇩
自虐・開き直り (31)	
⇩	
正当化 (32)	
	証拠提示の意志 (37)
	⇩
意見を聞く (39)	
	同情心を煽る・要求 (41)
	⇩
説得 (44)	
	論理のすり替え (51)
	⇩
	同情心を煽る

このヘルールでは、無許可で商売をする女性に明らかに非があるが、自分のことは棚に上げ、警察官の非を新たに見つけ出そうとしている。ここでは、《逆切れの技法》と名付けておく。《逆切れの技法》では、非があるほうが謝るという社会的な道徳なルールに対して、逆に相手の非を新たにみつけだそうとする。ここで女性は、この技法によって、立場の逆転に成功している。すなわち、逆切れの技法とは、ヘルールにおいて攻守を逆転させる技法でもあると言えよう。

そうして、若い警察官がひるんだところで、最後に《同情心を煽る技法》を使っている。
女性の発言の中には、明らかに嘘だとわかるものもあったが、自分を正当化するためには、関係ないようだ。女性はずっと同じ意見を押し通すだけではなく、自分の正しさ、相手の批判、相手を落ち着かせるなどさまざまな角度から攻撃し、また様子を見ながら強く出たり、同情させたりと多くの技術を駆使している。逆に警察官は最後、相手の意見を聞くことで、落ち着かせ、自分の説得を聞くようにしむけている。最終的には、警察官側が優しい態度を見せることで相手の勢いを落とすことができたのだ。

2-2. 交通違反

次は交通違反を取り締まる警察官と車の運転手のヘルールである。運転手は進入禁止の道に侵入してしまい、警察官に免許証を取られ、罰金を求められたが、今回は見逃してほしいと懇願した。しかし、警察官はそれを認めなかったため、口喧嘩が始まった。車は駐車スペースに停車させ、車から少し離れたところでヘルールが行われていた。

このヘルールでは、解決に至るまでに4つのシーンに分けられる。(1) ドライバーが警察官を威嚇するシーン (2) 両者が激しく意見をぶつけ合うシーン (3) 意見調整を試みるシーン (4) 女性による口喧嘩終了のシーンの4つである。

ド：車のドライバー（40代）
警：交通違反を取り締まる警察官（30代）
女：ドライバーの連れの女性（30代）

まず、ドライバーが警察官を精神的に追い詰める「威嚇のシーン」が始まる。

〔会話例 4-1〕
1 ド:わかってるだろ?へなちょこ野郎[3]（амьсгаа минь）!
2 警:できるなら殴ってみろよ!お前!
3 ド:お前金持って消えちまえ!オレの拳に耐えられないくせに!何なんだよ!
4 　 オレは免許証もらって消えてやる!
5 　 クソ野郎[4]!オレはお前に頭下げて頼んでるだろ!
6 　 おまえとオレ同じように互いに恨んで(どうするんだ)、
7 　 罰金取るなら取って、さっさとオレを行かせてくれ!
8 警:オレに口応えするなって言ってるだろ!おいクソ野郎!
9 ド:オレはお前に頼んでるだろ?頼んでるだろ!免許証返せ!
10 警:お前には渡さない!
11 ド:頭おかしいこと言うな!免許証返せ!
12 警:渡さない、お前には!わかったか?
13 　 頭おかしいこと言うな!
14 ド:お前それじゃあ、オレに免許証返せ!
15 　 金のために車の免許証没収するのか?
16 　 お前のその身分証と車の免許証返してくれ!
17 　 違反するようなことしてない!無駄口をたたくな!

　この口論でも、普通に考えれば、不利な立場にあるはずのドライバーの男が警察官に対して、威嚇をしている。ドライバーは自分が免許証を返してくれと、頼んでいるのに、聞き入れてくれない警察官を挑発している。警察官はそれに対して、「殴ってみろ」(2行目)と挑発にのり、相手に威嚇し返している。しかしドライバーはその後も、警察官相手に「オレの拳に耐えられないくせに」(3行目)など自分の強さを強調し、殴り合いになれば警察官のほうが不利だと脅し返すというように、ひたすら威嚇をつづける。ドライバーは、口では「頼んでいる」といいながらも、すごみつづける。
　しかし、その一方で、ドライバーは罰金を払う気があることを話し、早くこの場から離れることを望んでいる。

---

[3] 本来 Амьсгаа は、「息」という意味である。ここでは、「人間の吐く息のように弱々しい」という意味のスラングとして使われている。
[4] ここでは、ロシア語で女性器を指す卑語が使われているが、「クソ野郎」と訳した。

これに対して、警察官も、「オレに口応えするな」（8行目）と応酬する。
　これは警察官のほうが優位な立場にあり、ヘルールしても相手が不利だということを強調している。ドライバーは没収された免許証を返してくれと頼んでいるだけだと、下手に出ているという事実を何度も繰り返している。ドライバーが頼むといいながら、すごんでいることを《威圧的懇願の技法》と名付けておこう。
　しかし、頼んでも免許証を返してもらえないため、命令口調になっていく。さらに、ドライバーは警察官が免許証を没収したことは、金を取るため（袖の下）の口実だと非難し、自分は「違反していない」（17行目）と自らの罪を再び否定している。

ここからは2人ともが少し落ち着き、「両者が激しく意見をぶつけ合うシーン」が始まる。

〔**会話例4-2**〕
18　ド：お前はただ罰金を徴収すればいいんだよ！
19　警：じゃあ、やめた！お前は好きにしろ！やめた、やめた！
20　ド：それじゃあ、せめて免許証返してくれ！
21　警：お前はおとなしくしとけ！
22　ド：おとなしくしてやるよ！
23　警：おとなしくしろ！
24　運：オレはアンタに何て言った？
25　　　オレはアンタに最初、（見逃してくれと）頭下げて頼んだだろ？
26　　　男は皆、口を開けば、「クソ野郎」って言葉を吐くもんだろうが！
27　　（　　　不明　　　）
28　ド：お前それで、10,000トゥグルク[5]罰金を科すって言ってるのか？
29　　　お前、こんなことを道路の上で決めなきゃいけないのか？
30　　　こんな事を道路の上で決めなきゃいけないのかよ？
31　警：お前は決めさせてくれないんだな！お前罰金払わないんだな！
32　ド：オレは罰金払うために、金持って出かけてるわけじゃない！そうだろ？
33　　　オレは金持っている！オレは罰金払わないなんて言ってない！
34　警：何のつもりだ、ようするに？

---

[5] 2009年11月下旬現在、10,000トゥグルグは、日本円で約642円

第1章 モンゴル人のヘルール(口喧嘩)の技法

　警察官はこのやりとりでは何も変わらないと考えたのか、一旦「やめた」(19行目)と言い出し、ヘルールからぬけようとするふりをし出す。ドライバーは、警察官にヘルールから抜けられると、自分の目的を遂行することができなくなるため、態度を軟化させなければならなくなった。そうして、警察官は、ドライバーの態度を軟化させ、下手に出させることに成功した。ここでは、この警察官のヘルールからぬけようとするふりを《離脱演技の技法と》呼びたい。

　ここで下手に始めたドライバーは、自分が「クソ野郎」と暴言を吐いてしまったことに対して、「男なら誰しも使う表現だ」(26行目)と言い訳を言い始めた。ドライバーは、「罰金を払わないとは言っていない」(33行目)と自分で話し、負けを認めている。しかし、ドライバーは警察官の手続き方法を責め、罰金の減額に目的を替え、ヘルールを続けていく。つまり、ドライバーは総論では負けを認めながら、各論で有利に事をすすめようとしているのだ。

　次は「意見調整を試みるシーン」が始まる。

〔会話例 4-3〕
34 警：何のつもりだ、ようするに？
35 ド：(道が)混んでいたんだ！混んでいたんだよ！それでオレは引き返したんだよ！
36 　　オレはお前に初め、頭下げて頼んだのに！お前は偉そうにしやがって！
37 　　それでいいんだな！お前はただ、罰金を取るなら取って、オレを行かせろ！
38 警：お前は免許証と違反切符を受け取れ！
39 ド：それじゃ車の免許証をもらおうじゃないか！
40 　　決めちまいやがったな？それじゃ言うが、オレは金がないんだ！
41 　　オレはお前に最初頭下げて頼んだだろ！
42 警：いいか？オレはお前にもう説明した！
43 ド：オレはお前と男同士ということで頭下げて頼んだんだぞ！
44 　　だけど何も変わらない！
45 　　でも、オレは頭下げ続けた！それじゃ、オレはもう行く！
46 　　何だ？オレの車は何も違反してない！
47 　　オレは酔っ払い運転もしたことない、交通違反も大丈夫だ。
48 　　それで同じようなものだろ？

　ここからは、議論が総論から各論へと移っていく。言い換えるならば、犯罪したか

否かという議論から、罰金をどれくらい払うかという議論になったのだ。「何のつもりだ」という警察官に対して、ドライバーは交通違反を認めたが、「道が混んでいた」（35 行目）「警察官が偉そう」（36 行目）などと言い訳を言い出す。それに対して、警察官は、違反切符を切るという最終手段を持ち出し、応酬する。しかし、ドライバーは言い訳だけに終わらず、所持金がないということを理由に罰金を逃れようとする。ドライバーは、最終的に罰金を払うことから、これは嘘だということがわかる。これは、まさに《嘘による言い逃れの技法》である。

さらに、ドライバーは続けて、「男同士」という言葉を出すことで共感を求める戦術に出る。ここでは《共感を求める技法》が使われている。このような技法を使いながら、ドライバーは議論をふりだしに戻そうとする。

〔会話例4-4〕

49 警：ダメだ！おれは間違いを理解してる！
50 ド：さっき、お兄さん（自分）[6]を見逃してくれって頭下げて頼んだだろ！もう罰金取れよ！
51 　　それに、白線を越えなかった！
52 　　お前、オレのこともクソ野郎って言っただろ！
53 　　それで同じように言い合って、同じようにヘルールしただろ？
54 警：オレは警察官だ。
55 ド：おれの性格、態度はアンタに何の関係もないだろ？わかったか？
56 　　オレも頭にきて、ついそう言ってしまった。
57 　　そうかわかった。オレが間違ってたんだ！
58 　　罰金払って行くか、途中、頭下げて頼んだだろ？
59 　　オレは最初に、お兄さんを1回だけ見逃してくれって言っただろ！
60 　　なのにお前はダメだって言ったんだ！

ドライバーの頑張りもむなしく、警察官は、冷静にドライバーの違反について発言した。そのため、ドライバーは罰金の減額を図るため、「白線を越えなかった」（51 行目）と違反はしたかもしれないが、大きな違反ではないというアピールをしている。

---

[6] モンゴル人は年上の人を「お兄さん」と呼ぶ。ここでは自分のことを「お兄さん」言うことで、年上だと強調している。

第1章 モンゴル人のヘルール（口喧嘩）の技法

そして、運転手は自分にも非があることを認めたが、お互いにヘルールをしたため、自分だけの非ではなく、意見を認めてくれなかった警察官にも非があったと相手を責め、お互いさまだと主張しだした。運転手はこの件を両方に責任があったことにし、なかったことにしようとしている。さらに、ドライバーは、自分が警察官より年上であることを利用して、自分を優位に立たせようとしている。ここでドライバーが使用している技法を《社会的地位の強調》と呼べるだろう。それに対して、警察官は「警察官」という自分の権力を誇示し、一般市民とは立場が違うということを示す。ここでも《社会的地位の強調》が使われる。

ここからは、第三者であるドライバーの妻と思われる女性が参入し、このヘルールは終息へと向かう。以下、「女性によるヘルール終了のシーン」である。

〔会話例 4-5〕

61 女：ちょっと！アンタ子どもたちをつらい思いさせているのよ！
62 　　お金渡して行かせちゃってよ！私が赤ちゃんを送って行こうとしているのに！
63 　　アンタには、子どもも家族もいないっていうの？
64 　　「どうしよう」って、それで違反切符切らせて、もう行っちゃって！
65 　　罰金払って行って！アンタは何て役立たずのうんこなの！
66 ド：あぁ、お前は！お前の名前は？
67 警：バヤンムンフだ。私の個人番号とかあるぞ！
68 女：何てダメな男なの？何にも経験してない！
＊その後、罰金を払い運転手は帰って行った。

ここでは運転手の連れ、恐らく妻だと思われる女性が、車の窓越しに登場する。女性は男性の、家族への責任を追及し、家族について考えるよう要求している。女性はまずドライバーに「役立たずのうんこ」（65 行目）と《相手を貶める技法》を用い、警察官にも「ダメな男」だと《相手を貶める技法》を用いている。女性の登場によって流れが変わり、女性の主張通り、罰金を払い、すぐさま終了となった。

表4：会話例4における双方のヘルールの技法の流れ

警察官　　　　　　　　　　　（）は行数	運転手、女性　　　　　　　　　（）は行数
	挑発 (1)
	⇩
挑発 (1)	脅し・相手を貶める (3)
⇩	⇩
	威圧的懇願 (5)
	⇩
脅し (8)	威圧的懇願 (9)
⇩	⇩
	相手を貶める (11)
	⇩
相手を貶める (13)	非難・正当化 (15)
⇩	⇩
離脱演技 (19)	正当化、言い訳 (26)
⇩	⇩
	正当化・非難 (28)
	⇩
	正当化・言い訳 (33、35)
	⇩
違反切符 (38)	嘘による言い逃れ (40)
⇩	⇩
正当化 (42)	共感を求める (43)
	⇩
	言い訳 (47)
⇩	⇩
間違いの指摘 (49)	社会的地位の強調 (50)
⇩	⇩
社会的地位の強調 (54)	罪を認める (56)
	⇩
	第三者の介入 (61)
	⇩
	相手を貶める (65)

ドライバーは、罰金を払うと言いながらも、見逃してもらうことを諦めず、最後まで警察官を非難したり、自分を正当化し続けた。運転手はただ主張し続けるだけではなく、罰金を払うという態度を見せることで、相手の《警戒を解くという技法》を見せている。さらに運転手は、懇願と脅しという態度を使い分け、その場を上手く翻弄していることもわかる。ドライバーは、最終的に警察官に勝つことはできなかったものの、さまざまな技法を用いて、本来、一般市民より優位な立場にある警察官と対等の勝負を展開したのだった。

最終的には女性の登場という第三者の介入によって、運転手は罰金を支払い、解決ということだった。

3. 家族内のヘルール

この章では家族の中で起こったヘルールについて見ていこう。家族という、よく知っている関係の中で、どのようなヘルールを展開しているのかが気になる。

3-1. 夫婦間のお金の貸し借り

モンゴルの人たちが集まるウランバートルの中心であるスフバートル広場で見つけたヘルール。夫が妻からお金を借りて返さないことが原因で始まった。夫は仕事先の社長からお金をもらってそれを渡すと言い、夫の仕事先まで移動し、事態は一度落ち着いた。しかし、その社長が出てこない上に連絡も取れないことから再びヘルールが始まった。

このヘルールでは、解決に至るまでに5つのシーンがあると考える。(1) 妻が夫を脅すシーン (2) 夫が妻を諦めさせようとするシーン (3) 妻が夫の携帯を奪うシーン (4) 妻が夫を精神的に追い詰めるシーン (5) 妻が夫の逃亡を阻止するシーンの5つである。

```
妻：夫にお金を貸している妻（20代）
夫：工事現場で働く夫（20代）
```

まず、妻が夫を圧倒する、「妻が夫を脅すシーン」が始まる。

〔会話例5-1〕

1 妻：アンタの権利………。
2 夫：オレの身はお前の望み次第だ！
3 妻：ちょっと、アンタが私の望み次第だって言うのね。
4 　　それじゃお金返してもらおうじゃないの！
5 　　返してよ！できるでしょ！そんなに大金じゃないでしょうが！
6 　　10万トゥグルグ[7]返してもらおうじゃないの！
7 　　アンタいつも何よ！アンタいつも何なのよ！
8 　　アンタお金なんかよりずっと人（妻）のこと苦しめてるのよ！
9 　　アンタが私を損させるなら、私がアンタを損させてやる！
10 　　終わりになるまで（完全にダメにできるまで）損させてやる！
11 　　私は最初に損したのよ！いい？アンタは人を損させているのよ！
12 夫：（　　　　　　不明　　　　　　）
13 妻：私に訊いて、私はそれでどうするの。何で私に訊くのよ！知るわけないじゃない！
14 　　アンタなんかよりまともな人と結婚してたら（良かったわ）
15 　　（　　不明　　）
16 妻：それでアンタは、金持ちになったんじゃないの？
17 　　私はアンタに損させてないでしょ！いい？

*この後、男性の仕事場である工事現場に行き、そこで話し合いが始まった。工事現場は塀で囲われているため中の様子を窺うことはできない。男性は社長からお金をもらって女性にお金を返すと約束し、その場で社長が出てくるのを待つことにした。中に入るドアの前で待っているが、男性は中に入らず、たまに仕事仲間の出入りがあるだけだった。初めは、2人とも男性の仕事仲間と談笑するなどなごやかに待っていたが、事態が何も変わらないことに女性が怒りだした。

夫は初め、妻の望みに従うと下手に出ている。それを聞いた妻は、「お金を返して」（4行目）という自分の望みを伝える。妻は返す金額は大金ではないとアピール

---

[7] 2009年11月下旬現在、1米ドル＝日本円92円＝1,433トゥグルグ。10万トゥグルグは日本円で約6,419円

し、夫にすぐ返すことができると思わせている。そして妻は「自分は損をした」（11行目）という理由から、夫にも同じ目に遭わせてやると、自分を正当化したうえで夫を脅し《脅しの技法》を用いている。

　その後、夫は妻にどうするべきか頼ってきたため、妻は夫が自分で解決策を考えず、人任せであることに苛立ち始める。そして、妻は夫と他の人とを比較することで、夫に屈辱感を与えている。この時点で妻は声の大きさ、話す量ともに夫を上回り、圧倒している。夫は声が小さく、妻に反論しても圧倒的な勢いで言い返されていた。夫にはお金を借りている後ろめたさもあったのかもしれない。そこで夫は解決策を提案することで、妻を落ち着かせ、自分の名誉回復、また金銭を返す気があることを表している。ここでは、《譲歩によるなだめの技法》が用いられている。

　ここからは「夫が妻を諦めさせようとするシーン」が始まる。

〔会話例5-2〕
18 妻：周りの人はこの女（自分のこと）は、アンタから大げさに振舞って、
19 　　お金を取り返そうとしてると思っちゃうじゃないの！
20 夫：意味分かんねえ！
21 妻：2人の子ども育てる能力もないくせに！
22 夫：あぁ？あぁ？何だと！オラ！
23 妻：ただ、いつ来るのか訊きなさいよ！アンタ男なら嫁を（守るもんでしょ
24 夫：（　　不明　　）
25 妻：それじゃ、電話しちゃいな！
26 夫：（　　不明　　）
27 妻：私はそんなバカじゃあるまいし！「あなたはいつ来ますか？私は彼の妻です」
28 　　って、言うなら（社長は）怒るでしょう？それでアンタ電話番号知らないの？
29 夫：オレは知らない！（　　不明　　）
30 妻：私がヘルールしてるのをアンタはどこで見たの！
31 　　別にアンタとヘルールしてないでしょう！
32 夫：行けよ！おい、おい！何だって？
33 妻：何も悪いことしてないような顔して！

　夫は妻がすぐ諦めると考えていたのか、時間稼ぎをしたかったのかわからないが、

社長は、やって来ず、夫が出した解決策は役に立たなかった。この後、夫は社長と連絡を取ろうとせず、夫の出した解決策は、解決策ではなく、《嘘による言い逃れの技法》が使われていたのだ。妻は、夫が社長に会おうと積極的に動いてくれないため、何とかしたいと思っているが、自分で訪ねて行くのは人目が気になるためできずにいる。妻は、夫を動かすために、「子ども」、「男」、「妻」（21、23行目）という言葉を出し、父親の責任、男の責任、夫の責任を果たすべきだと、夫が背負っているものを自覚させ精神的に訴えている。ここでは、これを《責任追及の技法》と呼ぶことにする。夫は、妻に言い返せず、聞き返したり、とりあえず叫んだりするだけだった。その後、妻は社長と連絡を取ることを優先的に考えるが、夫は断固として社長と連絡をとろうとせず、連絡しないのではなくできないのだと自分を正当化し、この場をごまかし、仕方がないと諦めさせようとしている。妻は普段こんなヘルールはしないと、それだけ自分が真剣なのかをアピールしている。

ここからは、「妻が夫の携帯を奪うシーン」が始まる。

〔会話例5-3〕
＊妻が夫の携帯を奪おうとする。
34 夫：何をしようとしてるんだ？
35 妻：アンタ話しな！私は急いでるの！アンタわかってる？
36 夫：携帯のクレジットの残金がない！
37 妻：アンタできないならメール書いて！
38 夫：（　　　不明　　　）
39 妻：アンタ本当に最低ね！
40 夫：「人間は言葉で、家畜は足で[8]」、っていうだろう。よく話し合おう！
41 妻：（社長に）妻が横にいて、（お金を返せと言って）待ってるっていいなさいよ！
42 夫：（携帯が）充電できてない。
43 （　　　　不明　　　　　）
44 妻：アンタ本当に哀れでかわいそうな奴ね！でしょ！
＊再び妻が夫の携帯を奪おうとする。
45 夫：何するんだよ！

---

[8] 「人は他の動物とは異なり、心の思いを言葉で表現し、それによってお互いに理解し合うものだ」という意のことわざ。なお、このことわざは、特にけんかを仲裁するときに、双方よく話し合って解決すべきであるという文脈で用いられることが多い。[塩谷、プレブジャブ 2006：105]

第1章　モンゴル人のヘルール（口喧嘩）の技法　　147

46 妻：さぁ！ほら！アンタの面倒な携帯、最初に（借金の代わりに）取り上げるわ！
47 夫：何でオレの携帯取るんだよ？
48 妻：アンタ私のお金返さないで逃げたら、（私は）どうすんのよ！
49 夫：なんて変な奴だ！
50 妻：ちょっと！あんたの何を信用するのよ？
51 　　アンタがいつも今行くって言って、いなくなるんだから！
52 　　何を信用すればいいのよ！アンタの携帯取っておくわ！
53 夫：何でオレの携帯取り上げるんだよ！
54 妻：渡して！いい？
55 夫：嫌だ！
56 妻：（私がアンタの携帯奪えるかどうか）見る？アンタ！
57 夫：見ようじゃないか！

　ここで、妻は夫の携帯を奪おうとする。妻は急いでいるため、夫に今すぐ社長と連絡を取るよう強要する。しかし夫は、相変わらず理由をつけ、自らを正当化し、社長と連絡を取ろうとしない。妻はだんだん苛立ちを露わにしていき、それに気がついた夫は、《ことわざ》を例に、話し合って解決しようと提案し、妻の怒りを収めて会話の流れを変えようとする。《ことわざ》は、ヘルールにおいても友好的な技法である。夫から話し合いの提案を受けた、妻は、再びメールでもいいから社長と連絡を取るように言うが、夫はこの要求には答えないため、この状況は何も変わらない。
　妻は夫を「哀れでかわいそう」（44 行目）だと、《相手を貶める技法》を用いている。そして、妻はこのままでは埒が明かないと判断し、お金が返せないなら交換に携帯を預かって担保とし、逃亡できないようにしようと考えた。妻の、夫が「いつもいなくなる」（51 行目）という言葉の通り、夫はこの問題から逃げ回っているようで、妻は夫を全く信用していない。一方夫は、担保の代わりに携帯を要求されると、納得できず理由を質問し続ける。夫は、円満な解決を求めながら、実際には逃げ回るだけである。

　ここからはまた、「妻が夫を脅すシーン」が始まる。
〔会話例 5-4〕
58 妻：アンタみたいに行き遅れの女みたいに怒らないわ！いい？
59 　　アンタみたいに（不明）怒らずにいてあげているでしょ？わかる？

60 夫：どういう意味だ？
61 妻：アンタは本当にちゃんと男らしく
62 　　きっちり電話で人と話をつけることができない！！
63 　　バカみたいに、妻の力がなければ、何もできないんだから！いい？
64 夫：お前何言ってんだ？
65 妻：アンタ自分で何言ってんの？このクズ！
66 夫：何て汚い言葉を吐くんだ？
67 妻：そうじゃない！アンタそれで何でメール見せてくれないのよ！
68 夫：お前に見せて、どうするんだ！
69 妻：私には権利があるでしょ！いい？
70 　（　　　不明　　　）
71 妻：アンタみたいにヘルールしない！わかった？私はアンタみたいに。

　妻は、夫の怒り方を女性的だと《相手を貶める技法》を用いている。さらに、妻自身は、「怒らずにいてあげている」（59行目）と冷静を装っている。妻は、続けて、夫が「男らしくなく、何もできない情けない奴だ」と再び、《相手を貶める技法》を利用している。また、先ほど夫は「携帯が充電できていない」（42行目）と発言していたが、妻の「何でメール見せてくれないのよ」（67行目）という発言から、夫が携帯電話を使っていたことがわかり、《嘘による言い逃れの技法》を使っていたことがわかった。今までの「充電できてない」等の発言は嘘であり、自分が不利にならないように、嘘をついてまで自身を正当化していたことがわかる。嘘も彼らのヘルールにおいては、重要な技法のひとつである。
　なおも妻は携帯を奪うために自分には権利があると主張している。妻は、怒って喚き散らしている自分を棚に上げ、ヘルールをしていないとアピールしている。ここでは、怒っていないという《なりすましの技法》が使われている。夫に携帯を差し出させるため、怒っては夫の神経を逆なですると考え、妻は怒っていない、なりすましているのだと思われる。

〔**会話例5-5**〕
＊妻は夫の携帯電話を没収することに成功する。
72 夫：（携帯を取られたことに対して）何で（携帯を）没収されなきゃいけないんだよ？

73 妻：私はアンタみたいにお母さんのおっぱい吸っている子どもなんかじゃないのよ！
74 　　いい？
75 夫：お前何でオレの携帯取り上げなきゃいけないんだよ！
76 妻：没収するわ！いい！？
77 夫：何で？
78 妻：私はアンタがお金を返してくれたら、携帯は返すわよ！いい！？
79 夫：何で？
80 妻：お金をくれたら返すわよ！いい！？
81 夫：最初にオレの携帯渡せ！それから（金は）返す！
82 妻：調子に乗るな！アンタ何様のつもりなの？
83 夫：あぁ？何が何様なんだって！
84 妻：アンタ、何様のつもりなのよ！
85 夫：塀の中からドアの鍵が閉められてんだ！もうここから離れて仕事しろ！
86 　　ここにいる理由はもうお前にはないだろ！いいか？
87 妻：調子に乗るな！いい？ほざけ！どうするつもりなのよ！アンタ！

　妻はどうしようもない夫のことを赤ちゃんだと《相手を貶める技法》を使っている。それに対して、夫は、携帯電話を没収されたことに納得がいかず、不満を言い続ける。妻は自分が直接社長からお金をもらってあげると提案するが、夫は自分の携帯を優先させる提案をし、2人の意見は相いれない。妻は夫が借金している身分でありながら、高慢な提案をしてきたため、怒りを表し「何様のつもりだ」（82行目）と相手を非難している。妻は社長を探すために工事現場の様子を窺おうとするが、夫は現状維持を望んでいるため、妻を早く立ち去らせようとしだす。

　最後は妻が逃亡を図る夫のシャツを掴んで阻止しようとする、「逃亡を阻止するシーン」が始まる。

〔会話例5-6〕
88 夫：（シャツを）放せ！おい！
89 妻：放さない！
90 夫：放せって！おい！
91 妻：放さないならどうするの？

92 夫：これは、人のシャツ着てるんだ！ほら！のびてるだろ！
93 妻：アンタに誰が着ろと言ったのよ！アンタに誰も着ろって頼んでないのよ！いい？
94 夫：放せって！おい！
95 妻：アンタに着てって、私は頼んでない！アンタは、人を押さえつけないで！いい？
96 夫：おい！
97 妻：(私が)黙って聞いているのに、えらそうにするな！いい？
98 夫：放せ！おい！
99 妻：放さない！
100 夫：お前恥を知れ！
101 妻：アンタが恥じないなら私が恥じるべきだというの？
102 夫：放せ！お前！
103 妻：アンタ本当に恥を知りなさい！アンタ今日は、本当にバカな事してんでしょうが！
104 夫：放せって！お前！
105 妻：放さない！
106 夫：放せって！お前！
107 妻：アンタに同情して携帯返そうと思ったけど、
108 　　アンタはいつも人の同情を突き返してくる[9]（өшиглөх）！
109 夫：放せ！おい！
110 妻：アンタ何で……
111 　　人（社長）からお金貰って、携帯はお金を（私に）返してから、受け取りなさいよ！
112 夫：だから、人(社長)からもらってから、金返すって言ってるだろ！
113 妻：だからアンタに（社長と）話せって、さっきから頼んでるんじゃない！
114 夫：それで？
115 妻：ちょっと！
116 夫：オレは行く！

---

[9] өшиглөх は、「蹴っ飛ばす」という意味で、「同情を受け入れない」というより強い意味合いを持つため、「突返す」と訳した。

第1章 モンゴル人のヘルール（口喧嘩）の技法　151

表5：会話例5における双方のヘルールの技法の流れ

女　　　　　　　　　　　　（）は行数	夫　　　　　　　　　　　　（）は行数
	下手に出る (2)
正当化・脅し (4)	
⇩	解決策の提示 (*)
比較 (14)	⇩
⇩	
父親・男・夫としての責任追及 (21、23)	できないことへの正当化 (29)
⇩	
解決策の提示 (28)	
⇩	
真剣さのアピール (30)	ことわざ・話し合いの提案 (40)
⇩	⇩
相手を貶める (39)	できないことへの正当化・嘘 (42)
⇩	⇩
候補によるなだめ (47)	説明要求 (53)
⇩	⇩
挑発 (56)	挑発 (61)
⇩	⇩
相手を貶める (58)	
⇩	
なりすまし (59)	
⇩	
非難・相手を貶める (65)	非難 (66)
⇩	妻が夫の携帯没収　⇩
相手を貶める (73)	
⇩	
譲歩によるなだめ (78)	説明要求 (79)
⇩	⇩
提案 (80)	譲歩によるなだめ (81)
⇩	⇩
脅し (82)	追い出し (85)
⇩	⇩
妥協案 (107)	正当化 (92)
⇩	⇩
譲歩によるなだめ (111)	譲歩によるなだめ (112)
⇩	
お願い (113)	

＊最後は夫が逃げてしまった。妻は仕方なくその場で、夫の仕事仲間と話したりしながら社長を待っていたが出てこなかったため、帰ってしまった。夫の仕事仲間は夫と口裏を合わせていたようで、妻のために働きかけることはなく世間話に付き合ってあげていた。

　夫は逃亡を図るが、服を掴まれ失敗に終わる。それでも逃げるために、妻の行動を恥ずべきものだと非難し、手を放させようとする。妻はここで逃げられては困るため、このヘルールでの自分を正当化し、それを踏みにじる夫を非難する。それでもだめなので携帯を妥協案として出すが、逃げられてしまった。

　夫はお金を返す気がある振りをして、解決策を出し、妻の怒りを鎮めようとしている。しかし、返す気ない夫は、自分が出した解決策に協力しないうえに、「しない」というのではなく、「できない」という表現を使い仕方がないという姿勢を取っている。最後にはもうどうしようもないと、これ以上相手に有利な情報を与えないため逃げるという方法を取った。夫は逃げてしまったため、このヘルールは決着がつかないまま終わってしまった。しかし、そんな中でも妻は夫から担保として携帯を奪うことができ、このヘルールは無駄ではなかった。

おわりに－ヘルールの技法から交渉の技術へ－

　本章の目的は、ヘルールの技術を使って、もめごとをどのように解決しているのかを明らかにすることであった。これまで、ウランバートルで集めた5つのヘルールからモンゴル人のヘルールと解決の技法を見てきた。実際のモンゴル人のヘルールを分析していくと、その中には数多くの技法が使用されているということがわかった。本稿で名付けた技法だけでも、《共感を求める技法》、《カテゴリーに結びついた行動を求める技法》、《譲歩によるなだめの技法》、《外部性によって事実を固定する技法》、《相手を貶める技法》、《同情心を煽る技法》、《脅しの技法》、《隣接ペアを解体する技法》、《論理のすり替えの技法》、《他者の論理の取り込みとすり替え》、《なりすましの技法》、《話題をすり替える技法》、《逆切れの技法》、《威圧的懇願の技法》、《離脱演技の技法》、《嘘による言い逃れの技法》、《社会的地位の強調》、《警戒を解くという技法》、《責任追及の技法》、《ことわざ》、の20個もの技法が存在した。

　「ヘルール」と聞くと野卑な印象を持ちがちだが、実際のヘルールでは論理的に

第1章　モンゴル人のヘルール（口喧嘩）の技法　153

自身を正当化するという「文化的」な技法を用いている例も多数存在した。

　まず、ヘルールにおいては、自分は間違っていない、正しいのだと主張することが一番重要である。正当化と言っても、ただ単に自分が正しいと主張するだけでなく、相手の間違いや問題点を論理的に批判し、責めたてることで自分を正当化するのである。しかし、ここで相手を説得できなくても諦めることなく、ここから様々な技法を駆使して、何とか目的を達成しようとする。主な技法として《同情を煽る》、《相手を貶める》、《威嚇》、《お願い》、《論理のすりかえ》、《交換条件》、《嘘》といったことがよく使われていた。《同情を煽る》ことと《相手を貶める》ということは、正反対の意味を持つが、1つのヘルールの中で出てきている。つまり、自分や相手の立ち位置を上下に揺さぶるということが、ヘルールの有効な技法であるということだ。普通、自分が相手を貶め優位に振舞った場合、次に自分の立場を貶めるというように自分の立場を切り替えることはプライドが邪魔になり、中々できないことだろう。しかし、モンゴル人たちは自分の要求を認めさせるために、いとも簡単に切り替えてしまう。自分の目的を見失うことなく、解決までの過程よりも結果を見つめているのだといえよう。

　また、5例のヘルールに多かったのは、お願いをして受け入れられなければ、脅して、それでもだめなら、最後にお願いするというパターンである。これは、脅すことへの保険であるように感じられた。最初にお願いしておくことによって、「お願いしても認めてくれなかったのだから仕方がないだろう」というようにやむを得ず、脅したのだと後で主張ができるのだ。ヘルールの中でモンゴル人は、高圧的であったり下手に出ていたり、一見思うままに何も考えず話しているようだが、彼らなりの筋道が存在しているのだ。モンゴル人は大まかなヘルールの流れや、やり方というものがもう頭の中に入っているのである。

　「話題や論理のすり替え」というのもよく見られる技法である。別の話題に注意を向け、自分に不都合なことから目を逸らさせるという技法はかなり難易度が高いと思われる。相手の欠点や落ち度を瞬時に判断し、話し始めるタイミングを図りながら一気に相手を巻き込むことが必要になってくるからだ。相手が多少なりとも気にしている内容でないと、「何を言ってるんだ」という一言で片づけられてしまうかもしれない。ヘルールをするときには、相手の特徴や反応などに注目することが重要なのである。

　さらに相手の要求に対して交換条件として自分の要求を主張するという技法もあった。確かに相手の要求だけを受け入れるのは、何とも損をした気分になる。それ

に対して、受け入れないと拒否するのではなく、交換として自分の要求を受け入れさせようとしていた。

　驚くことに彼らは、自分を守るためならば堂々と嘘さえもついてしまう。絶対にばれるだろう嘘を悪びれる様子もなく、主張するのだ。その堂々たる姿によって、その嘘をまるで事実のように錯覚させてしまう。例え嘘でも主張し続けることによって、事実にしてしまう。モンゴル人は怖じ気づきそうな状況にもそんな強さを持って乗り切っていた。

　このようにヘルールには、多くの技法があることがわかった。しかもこれらの技法はモンゴル人ならば、たいてい使用できると思われる。多くのモンゴル人にとってヘルールとは、特別なものではなく日常的に、誰もが行っているものなのである。その証拠に、私は約2週間という限られた期間内で十数件のヘルールに遭遇することができた。場所についても、デパートの中や路上、ウランバートルの中心地にある広場など様々な場所で見つけることができた。

　最初に述べたように、ヘルールというと下品で怖いというような印象を持ちがちだが、モンゴルにおいてヘルールとは自分の意見を認めさせるための「文化」の1つであるといえよう。もっと言うならば、ヘルールの技法とは、他者との交渉技術でもあるのである。現に私のモンゴル人の友人は、海外に長く住んでいて数年ぶりにモンゴルに帰り、「ヘルールが下手になって、悔しい思いをした」と話していた。このことから、モンゴル社会では、ヘルールは生きていく上で必要な技術だと思われていることが分かる。すなわち、モンゴル人は一般市民のレベルで非常に高い交渉能力を持っているということである。

　国民がこれだけの交渉技術を持っているぐらいなのだから、国家としても非常に交渉能力を持っていることは、容易に想像がつく。モンゴルがロシア、中国という2つの大国に挟まれながらも、吸収されることなく独立国として存続し続けられたということは、まさに彼らの交渉能力の高さを物語っているのではなかろうか。

　モンゴル人は、どうしてヘルールをよくするのだろうか。それはモンゴル人の文化と関係がありそうだ。まず、彼らは口承文芸という文化を持つため、元々話す能力に長けているという点が挙げられる。また個人主義的な傾向の強い遊牧文化とも関係しているのかもしれない。そもそも、遊牧とは個人経営である。遊牧民にとって、牧草地は早い者勝ちだ。こうした中、遊牧民が、良い牧草地を先取するためには、他の遊牧民との交渉力が必要となってくる。時として嘘をついたり、相手を威嚇したりして、彼らは牧草地の利用権を獲得していくのである。そうした文化的背

景の下に、これらの《ヘルールの技法》は生まれたに違いない。

　本研究を通して私には、ヘルールを見ることでモンゴル人の考え方やしたたかな生き方が見えてきた。現在、国家レベルで日本は、外国に対して交渉下手だということが取りざたされる中、このようなモンゴル人の姿から学ぶものがたくさんあることだろう。

　もし、私がこのようにヘルールの世界で生きたなら、自分の物は何も守れず、全て奪い尽くされてしまうだろう。日本国内では、黙って耐えるのが美学だと考えられることが多いが、国際社会においては、それだけでは生きていけない。グローバル化が進む現代、われわれ日本人は、強くたくましく他者と交渉するモンゴル人から、その技法を見習う時が来ているのかもしれない。

（2010年1月）

参考文献

宮本勝　2003『くらしの文化人類学6　〈もめごと〉を処理する』、雄山閣。

萩原守　2005「モンゴル民族の法制の歴史」松原正毅、小長谷有紀、楊海英（編）『ユーラシア草原からのメッセージ』、平凡社、pp. 316-338。

鈴木聡志　2007『ワードマップ　会話分析・ディスコース分析　ことばの織りなす世界を読み解く』、新曜社。

大和祐子　2009「意見の一致を目指す会話における意見交渉の過程―意見が異なるもの同士の「歩み寄り」、の始まりを中心に」、『言葉と文化』10号、pp. 59-75、名古屋大学大学院国際言語文化研究科日本語化専攻。

宮脇淳子　2008『朝青龍はなぜ強いのか？－日本人のためのモンゴル学』、ワック株式会社。

田山茂　2001『アジア学術叢書84　蒙古法典の研究』、大空社。

サンバ・バトジャルガル（大束亮訳）2005『日本人のように無作法なモンゴル人』、万葉社。

塩谷茂樹、E・プレブジャブ　2006『モンゴル語ことわざ用法辞典』、大学書林。

МУУСГ（могол улсын үндэсийн стастисикийн хороо）
　　2008　『могол улсын стастисикийн эмхтгэл　2008』

外務省ホームページより　http://www.mofa.go.jp/mofaj/area/mongolia/data.html

第2章　幽霊譚から読み解く現代モンゴル社会

北田　昂大

はじめに

　私にとって幽霊譚は、非常に身近なものであった。幽霊譚は口伝えだけでなく、書籍、映画、インターネットなど様々なメディアから知ることができる。現代日本を生きる私たちにとっては一般的な娯楽の1つであるだろう。

　幽霊譚は時には掟や教訓を学ばせる役割をもち、時には富の偏在を説明する道具にもなる。前者の最も有名な例は「トイレの花子さん」に代表される「学校の怪談」である。「学校の怪談」では生徒が理科室や音楽室などの危険なもの、貴重なものがある部屋に入ること禁じる役割や、夜遅くまで学校に残ることを禁じる役割を持っていることが予想される。後者の例は「座敷童子」が挙げられる。人々はなぜ特定の家だけがお金持ちになったのか、通常では説明できない場合、上手く理由づけをするために「座敷童子」が住み着いたと説明する場合もある。つまり幽霊譚は幸、不幸を表す一種のバロメーターであるともいえる。

　また、単純に畏怖しているモノに対して幽霊譚が語られる場合もあるだろう。例えば、モンゴルにおける中国人幽霊がそれにあたる。デラプレスによると、モンゴル人は中国人を嫌い、虐げているため、復讐されることを恐れ、その思いを幽霊譚として語ることがあるらしい [Delaplace 2010]。さらに、現在モンゴルでは資本主義が導入され、富の偏在が顕著になりつつある。このような状況下において幽霊譚は社会の現状を端的に表す道具になり得るのではないだろうか。

　そこで本章では、モンゴルの幽霊譚を読み解くことにより、モンゴルの世相を探ってみたい。私はモンゴルに留学中、モンゴル国の方から民話などを聞く機会はあったが、幽霊譚については聞けずじまいであった。だからモンゴル人にとって幽霊譚とはどのようなものであるのか、強い興味を持つようになったのである。

　モンゴルの幽霊譚は欧米や中国、韓国の幽霊譚とは違い、日本のインターネットや書籍ではなかなか知ることができない。モンゴルの文化については広く研究が行なわれているが、幽霊譚の研究はまだ手つかずの分野であるといえる。このことか

らも今回モンゴルの幽霊譚を翻訳し、どのような世相を表しているのか探ることは非常に有意義であると考えている。

　日本や韓国、中国の幽霊について語られているものは多くあるが、モンゴルの幽霊について日本語に翻訳されているものは少ない。モンゴルの民話が多数集められている『モンゴル民話研究』を読んでみても、幽霊に関する話は全く見つからなかった。

　しかし、僅かばかりではあるがモンゴルの幽霊について書かれている研究も存在する。それは1953年に兒玉信久によって書かれた『モンゴルの幽霊譚』と題された論文である。この論文は昭和13年に兒玉が満州国の旗立学校で日本語教師として勤務していた時に、生徒の父兄や友人から聞いた遊牧民についての幽霊譚をまとめたものである。この論文の中で兒玉は、「モンゴルの幽霊譚は日本の幽霊譚と比べると間の抜けた様で凄みが感じられない。モンゴルの大自然があまりにも雄大であるため、人間の形さえしていれば幽霊であっても、懐かしく温かき友人の様な感じのものが多いのではないか [兒玉 1953：52-56]」と述べている。この兒玉の幽霊譚は、当時、日本の「植民地」であった満蒙を研究したものであるので、モンゴル人に対するオリエンタリスト的な目線が気になるものの、遊牧民の幽霊観を知る上で数少ない資料である。しかし都市であるウランバートルの幽霊譚について日本語で書かれたものは皆無であった。

　ところで、モンゴルの霊魂観について鯉渕信一によると、死後モンゴル人の魂は、天に昇っていくものと、新しい生命に宿って生まれ変わるものの2つがあると考えられている。前者は古来より伝わる考えであり、後者は仏教の輪廻思想の影響によって生まれた考えである。現在この2つの考えは上手く融合し、人々の間に浸透している。しかし、生まれ変わることができない場合も存在する。仏を汚したり、殺生や悪行を重ねたりした者、またこの世に執着、あるいは恨みを強くした場合である。その魂は新しい転性先が得られずにさまよい、悪霊となる。悪霊は怨念を残した相手、悪行を重ねている人に対して災いをもたらすというが、第三者に対してももたらすこともあるという [鯉渕 1995：90-114]。こうした霊魂観を参考にしながら、現代のモンゴルで語られている幽霊話の背後にある世相を考察していきたい。

　モンゴルの幽霊譚を調べるため、現在モンゴルで出版されている書籍から過去に伝えられているモンゴルの怖い話を調べ、翻訳し、モンゴルの歴史、社会事情を踏まえたうえで考察する。ここでは、特にモンゴルの都市部の幽霊譚を中心に調べた。今回使用したモンゴルの幽霊譚が書かれている書籍は、ウランバートルで出版

されている" БУГ, ЧӨТГӨРТЭЙ ТААРСАН ХУМУУСИЙН БОДИТ ЯВДАЛУУД"
（『幽霊と遭遇した人々の本当にあった出来事』）シリーズを使用した。

　この本は、2008年に出版されて以来、首都ウランバートルの人々に非常に強く支持されてきたベストセラー本である。1冊の中に幽霊に関する短い実話が数十話収録されており、2011年10月現在で13巻が発刊されている。モンゴルが舞台の実話も多いが、外国の雑誌やインターネットからの翻訳も含まれている。当初、この13巻をすべて収集する予定であったが、残念ながらモンゴルの友人に問い合わせたところ、品切れで出版社にも在庫がないという状況だった。そうしたなか、私が仕入れたのは、第10巻～13巻の4冊である。

　もちろん、こうした幽霊話をすべて扱うことは不可能に近い。そこでそのなかから非常に現代モンゴル社会を象徴していると思われる以下の四つの話を選び、その幽霊話を社会的コンテキストのなかで位置づけながら、幽霊の果たす機能を考察してみたいと思う次第である。"Уулын савдагтай учирсан бүсгүй"（「山の化け物に出会った女性」）、"Замын жолоочийн үзэсгэлэнт хань"（「運転手の美しい旅の伴侶」）、"Сумын төв сахисан трактор"（「守られたトラクター」）、"Битүүмжлэгдсэн байшингийн эзэн бүсгүй хэн бэ"（「密閉された建物の女主人は何者だ」）。

1. 現代モンゴル社会の概要

　幽霊の話に入る前に、まず現代モンゴル社会について概観をしておこう。

1-1. 社会主義時代のモンゴル社会

　モンゴルにとって、20世紀は社会主義による近代化の時代であった。20世紀初頭、モンゴルの人々のほとんどは遊牧民であった。しかし、社会主義の多くの「近代」をモンゴルにもたらした。小長谷有紀はモンゴルにおける社会主義化＝近代化の概要を統計データから、人口の増加、都市化の進展、家畜の増加、農業の開始というカテゴリーで示した。そして、それらを3つの「産業化革命」の軸で説明する。三つの産業化革命とは、第1に「草原にあったものが変わった」という「遊牧民の社会主義的集団化」の実行である。これは遊牧が国家の産業として変換される「牧畜化革命」である。第2に「草原にこれまでなかったものが作られたこと」すなわち「大規模農場の建設」である。これを「農業化革命」だとする。第3に「草原ではないも

のが作られたこと」、すなわち「首都の建設」である。なかでも「首都における工場の建設」は工業化革命である。そしてこれらの3つの大きな産業上の変化は、遊牧民の定着化というベクトルを共有しながら発展をめざす1本の網に編みこまれていった。［小長谷 2004：13－18］

　社会主義時代のネグデル（集団農場）よって農業がおこなわれた。トゥシンバットによると、このモンゴルにおけるネグデル方式の農業は2つの時期に分けられる。1つ目は1928年から1950年代後半までである。1930年代にネグデルが作られ、遊牧民はネグデルの組員になることを強制された。第2期はネグデルによる集団化がより強化され、集団経営が本格化した1958年以降である。1970年代までには32の国営農場、10の飼料作国営の農場が設立された。国営農場は主要農作物である穀物、食肉、酪農と言った分野における機械化によって集約的な生産がおこなわれ、生産物は都市に供給された。国営農場ではトラクター、自動車、コンバインなどの機械が多用された。国営農場においては、資本金と総生産量がネグデルよりはるかに大きく、定住型牧畜業は、専門的な生産管理や技術などを採用したことにより、ネグデルと比べ農産物を安定して供給することができるようになった［トゥシンバット 2008］。このように社会主義時代農業はモンゴルの人々に欠かせないものとなっていった。

　モンゴルでは社会主義社会化以降、農業も大きく発展することとなった。しかし、社会主義社会以前のモンゴルで全く農業がおこなわれていなかったわけではなく、数千年前から簡単な農業は行われていた。さらに、清朝時代にも中国人がモンゴルに移住し、農業をおこなっていた。そして、モンゴル政府も穀物を自給自足できるようにするため様々な施策を行った。この施策は大きな成果を挙げ、国内の消費分を賄うだけでなく、国外に輸出ができるほどに成長した。

　小長谷有紀の著書の中で、当時実際に国営農場管理局で農業政策にあたったシャラビン・ゴンガードルジはモンゴルの農業についてこのように述べている。

「この時までモンゴル国では小規模の土地で農耕をおこなってはいても、農耕は国内経済には何の影響も及ぼしていませんでした。全ての小麦粉や穀物を外国から輸入していました。未開地の開墾の主な目標は国内の小麦粉の需要を自給すること、また家畜の飼料基地を作りだすことにありました」［小長谷 2004］。
　ゴンガードルジの言うとおり、1960年代に入ってから穀物やじゃがいも、野菜の生産量が飛躍的に増えた。1965年には小麦粉を自給自足できるまでに成長した。

こうした中、1940年代から遊牧民はネグデル（牧畜協同組合）で働く公務員牧民へと姿を変え、家畜は協同組合のものとなっていった。幽霊話との関連で、もうひとつ重要なのは都市の建設である。現在幽霊ビルなどという語りが首都ウランバートルでもなされているが、そもそもそうした定住家屋は活仏の宗教都市「フレー」（現ウランバートル）を除くとほとんど存在しなかったといってよい。20世紀初頭、人口3万人程度だったフレーは、社会主義時代が崩壊する1980年代末には人口60万人となっていた。そして現在は100万人を超える大都市となっている（2009年当時）。また、1921年の民族革命後、モンゴルでは教育にも力を入れ始めていた。1921年に庫倫に小学校ができ、1922年には地方に小学校ができた。さらに1923年にはモンゴル最初の中学校が庫倫にでき、教師養成学校も作られた。このようにしてモンゴルの国民全てが文字を読み書きできるようにするための試みがおこなわれていった。そして、1942年にはソ連の協力のもとモンゴル国立大学が建設された。また、1940年代からはキリル文字が使われだし、全国民が習得することが推奨された。このようにしてモンゴルの教育の基礎が築かれていった。

1-2. 社会主義の崩壊と民主化

　モンゴルの民主化以降の概況については、モリス・ロッサビの著書『現代モンゴル　迷走するグローバリゼーション』を参考に簡単にまとめておく。1989年11月にベルリンの壁が崩壊して、民主化の波がモンゴルにも押し寄せた。民主化が進むように要求する若者たちは当年12月から数度にわたって、スフバートル広場などでデモやストライキを行った。最終的には、政治局全員の辞職が決まり、複数政党制が採用されることとなった。複数政党制の採用とは、人民革命党による政治支配を辞めて党内政治と国家行政との密接な関係を制度上、切り離すことであった。

　1990年7月、民主化後初めて自由選挙が行われた。9月には大統領制に移行したが、直接選挙ではなく人民大会幹部会議の議長が任命された。1992年2月、新しい憲法が施行されると、モンゴル人民共和国は正式なモンゴル国と変更し、直接選挙による大統領制が定められ、人民革命党大会ではなく国会が実質的な立法機関となった。この憲法にのっとった最初の選挙として1992年6月、総選挙が行われた。その結果、人命革命党が圧倒的な勝利をおさめた。

　政治的にスムーズに民主化へと移行したが、経済面での以降はスムーズであったとは言えない。モンゴルでは1991年から牧畜協同組合や国営企業の解体が始まるなど、いわゆるショック療法が実施された。国際金融機関の指導のもと、民主改革派

のなかでも市場経済推進派によって実施された急激な経済改革は、大いに社会的混乱を招いた。例えばネグデル（集団農場）や国営農場は急速に民営化された。また、電気代などの公共料金が突然値上げされ、インフレを引き起こすこととなった。

市場経済移行国の中でもモンゴルは、中央アジア諸国に比べると、独裁的な政治的リーダーがなく、一見すると、民主化がきわめて進んでいるように見える。けれども、利権が複数の政治家へと分散的に配分されているため社会公正が果たされにくいという点では決して民主的であるともいえないであろう。ウランバートルの高級レストランに入ると恰幅の良いモンゴル人で満員であり、飽食している様子が見とれる一方で、数ドルを奪うために殺人を犯すといった貧困による犯罪が多発し、更には外国人を排斥するナショナリストの動きも活発化している［小長谷 2004］。

さらに、社会主義時代に急激に成長したモンゴル農業であったが、社会主義の崩壊とともに衰退の一途をたどることとなった。最盛期には 90 万 t の生産があった穀物の生産量も 2002 年時点では 20 万 t にも満たなくなった。この状況についてゴンガードルジは、かつて 90 万 ha で農耕していたのに対して、現在では 20 万 ha に達するかどうかといった面積でしか農耕がおこなわれていない。モンゴルの農牧業という重要部門を市場経済体制に移行させることができなかった。国の政策として党外の時期にこの部門を市場経済体制に移行させることができなかった［小長谷 2004］と語っている。

このようにモンゴルの民主化による影響はモンゴル社会の随所に見られるようになった。これらの問題の現在に至るまでの大きな問題である。民主化による功罪はモンゴルに重くのしかかっている重大な問題なのである。

2．密閉された家の女主人は何者だ！

2-1．物語の概要

この話はエルデネット市に住むビレグサイハンとう若者が語った話である。ジャムスランという浪費癖のある男が 1 ヵ月ほど、辺鄙ないなかに住んでいる叔母の家に行った。彼はある時から叔母の家の前に入り口や窓に釘が打たれ密閉されている黄色い家に興味を持つようになった。叔母にその家のことを訊ねたが、叔母は恐れた様子で今日はもう暗いから駄目だと言った。次の日の朝、叔母はその家について次のような話をした。

「あの家は今から 20 年前、1987 年に密閉したんだ。なぜならあの家に住んでいた 6 人が次々と気が狂うという事件が起こったからだ。その狂った人たちは県庁から来た精神科医によって隔離されたんだよ。そして彼らは、首都へ連れていかれて事件は収束したかにみえた。

しかし、あの家にいたずら好きの生徒が錠前を壊して中に入ったんだ。そのとたんに、人々に不眠症や記憶障害が起こり始め、郡中がパニックに陥った。再び県庁や首都から医師団が来て人々を隔離することになった。その渦中で地元の老人が、この家のせいで気が狂ったことに気づき、隣の郡から霊能力者を連れてきて様子を見させた。当時は社会主義時代が終わり、宗教が復興したばかりだった。霊能力者はその家のドア、窓に釘を打って密閉し、30 年間誰も手を触れてはいけないと人々に言い聞かせたのだ。それから 20 年になる。この家に近づく勇気のある人はいないよ」

ところが、好奇心の旺盛なジャムスランはこの話を聞き、「首都へ帰る前にその家の中を見たいものだ」と考えるようになった。ある晩あの家のそばに行き耳を澄ませていると、中からごろごろと音が聞こえてきた。ちょうどその時、屋根から黒い羽根が頭の上に落ちてきた。ジャムスランは恐ろしくなり、おとなしく家に帰って眠った。ところが、夢にあの家が出てきた。奇妙な真緑色の光の中で、その家がガラスのように透き通って見える。家の中から不思議な美しい女性が彼を手招きし、「私はあなたがドアを開けるのを待っているのに、いまだに開けてくれない」とため息をつくのがぼんやりと聞こえてきた。朝起きた後も夢で見た女性の顔を覚えていることに気づき、恐ろしくなった。そこであの家のことは放っておくことにした。しかし、その後どこにいても、「早く私を自由にして」と聞こえるようになったので、叔母に自分の身に起きたことを全て話した。叔母はそれを聞くと、以下のように話し始めた。

「私はお前に全て話していなかった。あの家の呪いにかかったんだよ。お前はもう首都に戻った方がいい。実は何年も前にこの郡に来た新任教師も呪いで死んでしまった。今日にも首都に帰った方がいい」そう、ジャムスランを更に怖がらせた。ジャムスランはその話を聞いた後、一日中家の中で引きこもり、次の日の朝帰ることにした。この時あの女性の声は七色に見えるほどはっきり聞こえるようになっていた。耳を塞いでも大きく聞こえた。耐えかねて体の力を抜いてみると、無意識のうちに立ち上がり、あの家に行きたいという気持ちがわきあがってきた。自分の体を

ベッドに縛り、なんとか夜を過ごした。

　翌日、首都に行く車が故障したため、歩いてでも郡から離れることにした。郡から南へ伸びる道を歩くと、突然空が暗くなり霧が濃くなってきた。歩いていると目の前に何かが見えてきた。近づいてみるとあの家が真っ赤に染まり、ドアや窓が全開になっているのが見えた。ジャムスランはそれを見たとたんに恐れおののき、逆方向に走り始めた。走っていると郡の中心の町並が見えてきた。息を切らしながらも叔母の家に入ったが、その家は全く別の家であった。そして全く知らない女性がお茶を入れて座っている。少し落ち着き周囲を見渡すと、全ての窓が釘で密閉されていた。なんと、あの家に座っていたのだ。ジャムスランは一体、何が起きたのか分からなかった。

　気がつくと彼は郡の病院にいた。叔母があの家の前で彼をみつけ、運んでくれたようだ。ジャムスランは気だけは狂わなかった。彼はその日のうちに首都へ行く車に乗った。車に乗ると気分は晴れ、あの家のことも記憶から遠のいていった。

　彼は最後にこのように語った。「あの家には何か恐ろしいものが隠されている。あの家からあの女性が出てきたらと思うと、私はどこにいてもビクビクしてしまう。そのうち本当に気が狂ってしまいそうだ」その後、彼はウランバートルのシャラハド精神病院に入院したと彼の妻は言っていたそうだ。

2-2.『密閉された家の女主人は何者だ！』の考察

　この物語では、対照的な2つのグループが対になっており、そのグループの立場が逆転するという筋立てになっている。

　それは都市の市民といなかの人々という対立項である。実は、モンゴルではお金のある都市の人々には移動の自由があるのに対して、家畜を飼って暮らすいなかの遊牧民は移動の自由が制限されている。都市と地方の対立は、以下の表1のように移動の自由の有無でもある。

　ところが、この物語における2項対立は、封鎖されている家に「浪費家」の若者ジャムスランが侵入したことをきっかけに、全く180度反転する。

　すなわち、都市住民であるジャムスランや後に気が狂って死んだとされている町から来た教師は、逃げようと思ってもいつまでもその郡から抜け出せない、つまり移動できなくなってしまっているのである。

　ここで気をつけたいのは、ジャムスランは「浪費家」であるとわざわざ言及されているほど、否定的な価値がテキストから読み取れることだ。おそらくこの話を語

表1　『密閉された家の女主人は何者だ！』における都市と地方の対立構造

都市住民/移動する自由のある者	いなかの住民/移動しない/できない者
精神科医（県から来た）	6人の家族
ジャムスラン（都市の若者）	おば　黄色い家 緑色の美しい女性（幽霊）

った者は、都市の「浪費的」つまり市場経済化以降の資本主義的価値観をもつ若者に対して批判的であるいなかの人間であることが想定される。また、いなかの人々は都市の人のように自由に移動することに対する羨望のようなものを持っているのである。

ところが、郡のおきてである「封鎖された家の鍵を開けてはいけない」を都市の若者はやぶってしまう。つまり、地方のおきてを破った都市民は移動の自由を喪失する。呪いの発生後の移動─非移動の関係が逆転するのである。

表2　移動─非移動の関係

移動するもの/自然・いなか	移動できなくなった者/都市民
黄色い家	ジャムスラン
緑色の美しい女性	新任教師

　この物語に出てくる密閉された物語の女主人が緑色の光に包まれていると形容されている。モンゴルの神学者ドラムによると緑という色は、自然や増殖の象徴的意味を持つ。シャーマンにとっては緑色の贈り物は霊感を高めるもの象徴でもある。また、モンゴルの様々な物語のなかには緑色の絹の服を着た女性が登場する。これらの物語に出てくる緑色の絹の服を着た女性は、死んだものを生きかえらせる、貧乏になった人を金持ちにするなど、出会った人に対して、人間には到底なしえない奇跡を起こす 。モンゴル国の一部の山や川の精霊は、緑の絹の服を着た美しい女性の姿をしている［Дулам 2000 : 34 - 38］。

　そのことから推察するに、この女性は河の神、大地の神ではないだろうか。郡の建物というのは、そもそも社会主義時代に建てられたものである。遊牧民のような移動生活は野蛮であり、可能な限り定住することが理想とされていた社会主義時代、

地方において木造の家というのは近代化の象徴でもあった。そうした価値観を否定する存在としての緑の大地の主。こうした存在が郡のに1ヶ所に閉じ込められていたというのも象徴的である。そもそもモンゴルの大地や川の主は、1ヶ所にいるというより、むしろ移動する存在として観念されている。定住化=反自然であるということもこの話にはほのめかされていると解釈するのは、いきすぎだろうか。

3. 守られたトラクター

3-1. 物語の概要

　この話はチュハラムという男がドンドゴビ県へ行ったときに起きた話である。その当時は社会主義時代から脱したばかりの頃だった。ジャルガラント郡のセンター近くにトラクターが鎖でつながれていた。そのトラクターはヌルゼッドという40歳くらい男が20年間使っていた。私有財産を否定していた社会主義の時代といえども、このトラクターは、ほぼ彼の私物と化していた。

　しかし、民主化を迎えてまもないある日、郡長が慌ただしくやってきて、ヌルゼッドからトラクターを没収すると、ホブドから引っ越してきた親戚の若者にあげてしまった。ヌルゼッドはそのことに対して怒り狂っていた。そして、その日の夜、ヌルゼッドが酔っ払いながらトラクターのドアを開けたとたん、ヌルゼッドは心筋梗塞で死んでしまった。

　この話を聞いた郡長の親戚は気持ち悪がって、トラクターを受け取ろうとしなかった。しばらくしてヌルゼッドの葬式が終わった後、そのトラクターは2年間も仕事をしていなかったガナーという若者の使うところとなった。ガナーはトラクターを持ち帰り、家の庭に置いた。

　するとその晩のことである。ガナーの妻が「トラクターに男が乗っている」と言い出したのである。ガナーはしぶしぶ確認に行くと、本当にトラクターに男が乗っていた。そして、急に動き出しガナーの家に迫ってきた。ガナーが慌ててトラクターの中へ飛び込むと、中には誰もいなかった。ガナーは急いでエンジンを切り、なんとかトラクターを止めることができた。ガナーの妻は驚いて泣き叫び、霊にとり憑かれたトラクターを持ち主に返すように言った。

　こうして、故ヌルゼッドのトラクターは元の家に戻ってきた。しかし、トラクターは明け方になるとひとりでにエンジンがかかり、地域の人々はその音がうるさく

て眠れなくなった。そんなある日、隣の郡から2人の男が来て、トラクターのエンジンを分解して持っていった。しかし、郡の近くの橋が突然壊れ、車ごと川に落ちてしまった。その後、トラクターはヌルゼッドの妻や子でさえも、放っておくようになった。けれども、トラクターはいつも明け方になると不思議とエンジンがつき、騒音を鳴らしていた。一度アイマグ（県庁）から派遣されてきた人が鎖を取ろうとしたが、その時もトラクターが急に動き出し、彼らを驚かせた。その後はまったく誰も近づかなかった。

　その1年後に私（チュハラム）はジャルガラント郡に行った。霊に取り憑かれたトラクターの噂を聞き、トラクターの中に入り、幽霊を見てみようと思ったからだ。こうして、暑さの厳しい正午にトラクターのところへ行き、中に入り、運転席に座った。ハンドルを握ってみると、今までいたところとは全く違う、森や湖が見える場所にいた。私は驚きのあまり動くことができなかった。夜までじっとトラクターの中で座っていると、元の場所に戻っていた。私は急いで降り、弟の家に行き事情を説明した。しかし、弟は私がトラクターの中にはいなかったと言った。私はわけが分からなくなったが、自分の話は誰も信じないことが明らかだったため、この話は誰にも言わなかった。この4年後、中国人たちが来て、トラクターを持って行った。しかし、ウムヌゴビに向かう道中で行方不明になってしまったそうだ。

3-2.『守られたトラクター』の考察

　この物語でまず注目する点は、社会主義時代の働きものであったヌルゼットからトラクターを奪った郡長や無職の若者が彼の呪いにより痛い目にあっているという筋書きである。

　この呪う側と呪われる側にはいかなる属性の違いがあるだろうか。まず郡長は、権力者であることに間違いはない。社会主義崩壊時、ネグデルや国営農場が民営化するとき、多くの資産が有力者たちによって「私物化」されたことが知られている。モンゴル語では「民営化」も「私物化」も同じ単語であり「ホビチラル（khuvichral）」という。ここに登場する郡長は、まさにこうしたネグデルか国営農場のトラクターを私物化したと理解してよいだろう。

　ここでもうひとつ気になるのは、私物化したトラクターを「ホブド」からきた親戚に与えたというくだりである。ホブドは西モンゴルの中心都市であるが、このあたりはモンゴルのマイノリティ集団であるオイラト系エスニック集団が多いことで知られている。

「私はモンゴルで西モンゴルの出身です」あるいは「ホブドの出身です」「オヴスの出身です」などといえば、暗にマジョリティであるハルハ人でなく「オイラト系」であることをほのめかす表現である。

実は、社会主義時代のモンゴルはソ連の統治政策によりオイラド系部族の人々に権力が与えられていた。その代表例としては44年間、モンゴル人民革命党書記長を務めたオヴス県出身のユムジャーギン・ツェデンバルの名が挙げられる。つまり、この物語の郡長の親戚がホブド出身であることから、郡長もオイラド系部族の人間であることが示されているのである。

次にトラクターを手に入れたガナーという青年であるが、社会主義時代前後の時代に仕事をせずに暮らせていたということは、ある程度生活が保障されている身分の人間であり、特権階級であることをにおわせている。

この話の舞台はドンドゴビ県、すなわちモンゴルの多数派集団ハルハ・モンゴル人がほとんどを占める地域であり、とくにチンギス・ハーンの末裔だと自ら信じ「ボルジギン氏」を名乗る人々が多い地域である。突然死したトラクターの運転手だったヌルゼットがハルハ人であることは、ほぼ間違いない。

すなわち、非ハルハ人や特権階級の人々に対して、ハルハの男が怨念によって恨みを晴らすと解釈することもできるだろう。

つまり、オイラト対ハルハ、民主化の権力者対社会主義の敗者という2項が対立する形で話が構成されているのである。

さらに、隣の郡から来た人、首都から来た人、中国から来た人が怪奇現象に遭っていることにも注目したい。いずれも彼らは、民主化以降の市場経済の中でもうける人々である。すなわち、ヌルゼットのようなトラクターで寝るくらいトラクターとともに働いてきた古い価値観の人間にとっては、敵であることは間違いない。また、中国人が霊の被害にあっているのもエスニックなコンフリクトが内包された話であることを物語っている。

最初の被害者がハルハであり、そのハルハの霊魂に復讐されるのがオイラド系であり、次は中国人なのである。こうした筋書きは、ハルハ人の一般市民が話を聞くと、すっとするだろう。つまりカタルシスを感じるような話の展開になっているといえよう。すなわち、ハルハの人々は、どこかしらにオイラト人や中国人に出し抜かれて、損をしている、あるいは不幸だという感情を持っていることがこの話から見え隠れするのである。

4. 運転手の美しい旅の伴侶

4-1. 物語の概要

　去年の夏、私はウランバートルからザヴハン県の妻の実家に行った時の話である。妻の実家は、民主化以降、家畜の柵に動物が収まらなくなるほど、家畜を持っているお金持ちの家だった。妻と子供は、兄の車に乗って先に行って待っていた。そこで私は、妻の両親に会っても恥ずかしくないように、兄の車を借りて「新車を買ったのだ」と見栄を張ることにした。そうして羽振りのいいように見せることにしたのだ。私は市場で義父たちへ喜ぶようなお土産を買った後、正午が少し過ぎた頃に急いで出発した。道行く途中では手を挙げて待っている人々がいたが、私は乗せていこうとは思わなかった。

　首都を出て、2時少し前にトゥブ県ルン郡のガソリンスタンドに止まった。するとそこに、おとぎ話に出てくるようなとても可愛い女の子が私の車の側にやってきた。今まで見たこともないほど可愛かったので、雷に打たれたような衝撃が走った。その女の子は18、19歳足らずのようであった。女の子は「イタチが峠 (Solongotyn davaa)」に行ってほしいといった。そこは、現在モンゴル国が、国力を挙げて建設中の高速道路「ミレニアム道路」の舗装工事をしている場所だった。

　私はこのように可愛い女の子が道で立ち止まっていることがあるのだろうかと思い目を疑った。けれどもすぐに、もし許されるのならばイタチが峠までこの可愛い女の子と一緒に旅をしたいという考えが浮かび、その娘を車に乗せることを許してしまったのだ。

　私は女の子に「学生なのか」と質問したが、「私は売春婦よ」と答えたので非常に驚いた。冗談かと思ったが、女の子がバッグから煙草を取り出し、「12歳の頃から体を売っていたのよ」と何気なく言い、手慣れた様子で唾を吐き捨てるのをみて、本当に彼女の言う通りに思えた。それから、自然にその女の子との話がはずみ、とても仲良くなった。けれども、ふと女の子を見ると最初は18、19歳に見えていた女の子が、今見ると20歳を過ぎた女性のように見えることに気づいた。

　私は女の子ととても仲良くなったので「2人でハラホリンの手前にあるシャンフ寺を眺めながら、一緒に草原で一夜を過ごすのはどうだろうか」と提案したところ、「嫌なところはないけど、私はお寺の近くは幽霊が出そうで嫌よ」と言って私の肩によりかかってきた。こうして2人は、ハラホリンの前にある草原に泊まることに決め、車を道から外れた誰もいない方へと曲がって行った。そこはハラホリンのエ

ルステイ（砂地）という場所だった。人や動物が少ない台地を選んで止まり遊興し始めた。面白いことに、そこで初めて彼女の名前を聞いたことだ。女の子は「私はサイハナーというのよ」と笑いながら言ったのだった。

驚いたことに女の子は酒をまるで男みたいに飲んでいた。そうして夕闇がかってきた時、私たち２人はかなり熱くなっていた。気がついたら、私達は缶ビール４本、馬乳酒５ℓ、ウォッカ１瓶を開けていた。この時、私はあの可愛い女の子の顔がずいぶんと歳をとり、27、28歳の女のように見えることに突然気がついた。ビックリしたけれども、日も暮れてきて、酒も回っているからだと思い特に気にもしなかった。最後に妻の父へのお土産に用意していたウォッカに手を付けてしまった。また買えばいいと思って。そうして、２人は車の中で酒を飲み、そして体を求め合った。

けれども、あの女の子は突然体に触れないでと言い出したのだ。私は酒に酔っていたので相手のことを考慮せず、裸にして上に被さった。すると私の下には顔や口がゴツゴツしていて、乳房は垂れ下がった痩せた女が横になっていたのだ。あやうく心臓が破裂しそうだった。跳ね起き、酒の酔いも醒め、美人の女の子はどこに行ってしまったのかと考えていた。少し冷静になって「君は私と一緒にいた女の子なのか」と質問すると、その初老の婦人は笑うのをやめ、「あんたは、私の顔が分からなくなったって言うの」と怒鳴った。その声は、確かにあのきれいな女の子の声だった。

それから後、どうなったのか私はよく思い出せなかった。朝起きたら自分が１人で寝ているだけだった。昨夜何に出会ってしまったのか。昨日の女の子はどこに行ってしまったのか。私には分からなかった。何よりも、可愛い女の子が一晩の間に歳をとり、初老の婦人になった理由を考えてみたが思いつかなかった。

私は正午に道に戻りアルハンガイ県の県都に到着した。翌日の午後に「イタチが峠」を登って行ってみると、突然後ろの席にあの初老の婦人が座っていたのだった。私は彼女を見て息を吸うこともできず、震え上がってしまった。そうして峠の頂上に着いた時、女は「私はここで降りるんだよ」と言って窓をたたいた。

私は危うく気が狂いそうになった。ぼさぼさの髪の婦人を下ろすとすぐに急いで走り出した。イデル郡の中心に入ったところで、ようやく冷静さを取り戻したのだ。それからというものの、私は何をしてもうまくいかなくなり、子供も病気になり別れてしまった。今はできるかぎりを精いっぱい努力して生きている。

このような物語をウランバートル市バヤンズルフ地区に住む、M.セルゲレンは語

ったのだ。

4-2.『運転手の美しい旅の伴侶』の考察

　この物語では妻子がいる身でありながら売春婦を買い、義父へのプレゼントである酒を飲む、不義理で見栄っ張りな男が痛い目にあっている。この物語の舞台は首都から離れたいなかである。しかし、彼らが通っている「ミレニアム道路」は政府が推し進めている資本主義化の象徴的建設物であり、この男が遭遇した売春婦は資本主義が生んだ幽霊であることが読み取れる。

　この物語の最後に男が妻子と別れるという点にも注目したい。モンゴルでは近年離婚率が増加している。『モンゴル国統計年鑑』によると、モンゴル国の離婚率は2006年時点では人口1,000人あたり0.6だったが、2009年には0.9まで増加している［Мэндсайхан 2010 : 103］。

　鯉渕信一によると、離婚率に関して社会主義時代、変化は少なかったが、民主化以降急激に増加している。社会主義時代は、生活そのものは豊かではなかったが、しかし就職も生活も比較的安定していることの1つの証左であろうか。離婚原因のアンケートの結果では、アルコール中毒を含む飲酒に関わる問題が58.3%を占めて最大の原因とされており、次いで金銭問題が48%と大きな比重を占めている。まさに社会主義体制崩壊後の混乱を象徴するような結果となっている。各種統計を見ると1990年以降、失業などが経済的混乱の引き金になって犯罪が急増した。3年ほど前から現状に転じてきたが、1990年代の前半の体制転換直後には前年比30%〜40%もの犯罪上昇率を示し、そのうちの相当部分が飲酒に関係したものであった。こうした離婚原因の状況から判断すると、離婚の大半が妻側からの申し立てによるものと推察して間違いなさそうだ［鯉渕 2007 : 13 - 14］。

　このようなことから酒に溺れ身を滅ぼす男たちに対して注意を促していることが読み取れる。モンゴルの資本主義導入後の混乱に対して苦言を呈していることも含まれているだろう。

　この物語の中では資本主義社会の勝者と敗者の2項対立、そしてその関係が逆転する様子が描かれている。最初、男は兄から貸してもらった車に乗り、義父にプレゼントするお土産を買うなど、資本主義社会においての勝者であった。それに対して、美しい女の子は（実際は幽霊だったものの）12歳の頃から体を売っていたという部分からも分かるように、資本主義社会における敗者であった。

　しかしこの関係は、この女の子、つまり資本主義社会の幽霊と深い関係を持つこ

とにより立場は逆転する。女の子は男を脅かす化け物になり、男は家族を失い、失業し、資本主義社会での敗者となってしまうのだ。妻子も省みず、自分の欲望のために義父へのプレゼントも浪費し、資本主義的なぜいたくにのめり込んだ男の末路を示しているのであろう。

このことから、この物語は行き過ぎた資本主義社会への批判の意が含まれていることが読み取れる。

5．山の化け物に出会った女性

5-1．物語の概要

「30歳の声が聞こえてくるにつれて、男の人の愛情や優しさを恋しく思いますよね。そんな愛を感じることができないでいると、恐ろしいことが起こってしまうものなんです」彼女はそう言って語りはじめた。

3年前の秋、私は30歳を過ぎていたが、いまだに独身だった。30過ぎの独身女が休日ですることと言えば、何もない。だから、休日に同世代と騒ぐのは楽しく思えたものだ。そこで私が手を挙げて何人かの友達と泊まりで遊びにいくことにした。

私たちは10年生時代（日本の高校3年生に相当）のクラスメート5人で首都郊外の木が生い茂った山の麓にある夏の別荘地（ゾスラン）に行った。5人の内、私を入れた3人は女の子で、残りは若い男の子である。お酒を飲み、食事をして少し時間がたった時、私以外はカップルになっていることに気がついた。私はツェレンバットという男の子のことが好きだった。彼とは昔1度寝たが、そのとき「君が処女だったら、俺が一生めんどうみてもよかったんだけどな」と言われて振られてしまった。

それでも、私は、時々自分から彼にせがんで会っていた。今日も彼と楽しもうと思っていたけれど、彼は私の友達と仲良くなってしまったので、がっかりして黙って外に出た。

しばらく外で立ち止まっていたが、私の後からは誰も出てこなかった。秋の夜の肌寒い風が冷たくなってきたので建物の中に入った。そこでは、ほろ酔い気分の友人たちは熱い情事を始めており、その声が私の心をくすぐり、誰でもいいから男を受け入れたい気持ちになった。

その気持ちに駆られながら外に出たが、周囲に人はいなかった。悲しくなり「私

と出会い、私の望みを分かち合う幸運な男性はいないの」と叫びたい気持ちになった。そしたら、建物から離れた木の下に誰かが焚火をしているのがぼんやりと見えた。私は無意識のうちに焚火の方へと歩き出した。私は普段とは違い、愛欲の奴隷になってしまったのだ。

　焚火の側に行ったがそこには誰もいなかった。私はとても驚きぞっとしていたら、突然誰かに後ろから抱きしめられた。私は何が起きたのか全く理解できなかった。さっきほどの恐怖心は消え去り、再び愛欲が燃え上がってきた。その男は優しくキスをし始めた。肩、首、胸を通り過ぎて、私の胸に優しくキスをし、揉み始めた時、私は無意識のうちに服を脱ぎ始めていた。気づいた時には、彼は私の湿った秘部を優しく舌で舐め、普段見せない物を私に差し込み、ゆっくりと上下に動き始めた。私はとても早く絶頂に達するのを感じた。こんなにも早く終わったことにとても驚いた。私は彼を抱きしめようとしたが、不思議な力が加わっているようで、触れることも、顔を見ることもできなかった。まるで想像上の人物とセックスしたみたいだった。

　体の自由を取り戻し、周り見回してみたら森の大通りに1人で倒れているだけだった。この時暗い森が騒がしくなり恐怖に駆られ、走って建物の中に入った。友人たちは、私に気がつかなかったが、私は夜通しビクビクしながら過ごした。ところが明け方にあの焚火を見に行ったら、何もなくなっていた。その日、私は体の調子が悪く、ツェレンバットへの愛情もなくなってしまった。

　この出来事は、次第に思い出となっていた。けれども約1ヶ月後のある晩、仕事を終え、服を着替えていたら、いきなり後から誰かが抱きしめてきた。私は再び大きな愛欲が湧いてきた。そしたら、明かりが突然消えてしまったが、私は恐怖心に溺れることなく、「放して、あなたは誰なの」と質問した。その人は私を押し倒すと、後背位で性交しはじめた。そして、以前よりも強く突き始めた。2人は声もなく絶頂に達し、私は彼の性器の拍動を体全体で感じていた。私は彼が再びいなくなってしまうのを恐れて「行かないで、誰なのか言って」と言ったら、彼は後ろから抱きしめた。私の首にそっとキスをしてから「君が怖がらないなら教えよう」と言った。私が「怖がるなんて、とんでもない。私はいつもあなたが欲しくてしょうがないくらいなんだから」と言ったら、男は「君に姿を見られたくない、少し離れてくれないか」と言ってから、部屋の隅の暗がりに行って腰かけた。

　そして、彼は次のように話し始めた。

　「私は故郷では大人しい人だった。あの日友達が秋営地に行くから手伝ってと言

ったので、準備を手伝ってから出発しようとしたら、『お前が乗ってきた馬を俺の弟に渡せ。弟は向こうの家畜を追って後から来る。お前は自分で車に乗って帰れよ』と言った。でも私はそれを拒否した。別に友達のことを嫌いになったわけではなかった。彼はいつも私に冗談を言っていたから。今回は、私が1回、彼を怖がらせようと思ったんだよ。

彼らはいつも夕方、夜になって放牧から帰ってくる。そこは幽霊の通り道（güdeltei）だと地元でも有名な場所だった。だから、私は彼の放牧ルートの帰り道に赤いデール（民族衣装）を頭からかぶって待ち伏せしていたんだ。そして真夜中になった。彼らが来たところで、私は車の前に飛び出た。恐れあわてた友達は私に向かって車で突っ込んではねてしまった。

私は自分が死んだということに長い間、気づかずにいた。私はそこから離れようとしたが、何故か離れられなかった。そうしているうちに、悲しみもなく、お腹も空かず、寒くもなくなった。

知り合いや友達も通ったが、彼らは私を見て死ぬほど怖がって通り過ぎていった。ある日、大勢の僧侶が来て経典を読み、私に吹雪や砂嵐を打ち付けた。恐ろしく痛いのでどこかへ逃げ出したくなったが、私はその場所から全く動くことができなかった。けれども、そのとき白髪で髭を蓄えたしゃがれ声の老人が現れて、私を森の奥地に連れて行った。その老人はそのままいなくなった。その後君に会うまで1人で過ごしていた。しかし、君を見たとき、私はもう人間ではなくなったことに気づいたんだよ」

そして、「君は私のたったひとつの最後の望みを叶えてくれた」と言い、消えてしまった。私は夢かもしれないと思ったが、もし夢ならば、何回も同じ夢を繰り返してみるだろうか。

その後、ある日、私は突然意識を失い、病院のICU（集中治療室）でまる2日間、昏睡状態にあった。その間、母は、仏教のラマや黒のシャーマン、オトガン（女シャーマン）など、ありとあらゆる宗教者に相談に行ったみたいだった。

すると、あるシャーマンが「水や台地の化け物（lus savdag）」に祟られたな。早く対処しないと、命を失うことになるぞ」と言った。そこで母は、私が少し良くなると病院を出て、シャーマンのところに連れて行った。その人は最初、普通の人だったが、私に会って巫術を始めると、彼は青白いひげを生やしたしゃがれ声の老人に変身した。そして、しゃがれ声で奇妙な言葉をたくさん唱え、耳が聞こえなくなる

くらい、叫び散らして、老人は（シャーマンの体から）去っていった。シャーマンは巫術が終わった後、「女性が行ってはいけない山や川がある。そういう場所でお前は、土地の化け物（*savdag*[10]）に遭遇してしまったのだ。普段はそんなに生きている人間が目にすることはないのだが、その化け物はどうやら、お前に対して欲情したみたいだな」と言った。

「まるで蜃気楼のような夢のような出来事だったけど、本当の話よ」そういって、その女性は話を終えた。

ちなみにこの事件はみなさんの教訓になるのではないかという視点から最後に伝えておこう。個の別荘地になっている山の裾野は「ハンドガイト（ヘラジカのいる場所）」という場所である。それから、「山の主（*uulyn ezen*）と土地の化け物（*savdag*）の2つは、正反対の概念である。山の主というものは山を守っている精霊（*ongod shūteen*）であり、土地のサヴダグというものは死霊（*alvin*）のようなものである。サヴダグが色々な形に見えるのは大きな理由があり、モンゴル人は昔から小さな子供や年若い娘たちが山に1人で行かないように戒めている。そして、女の人が行ってはいけない場所に入らないように、『足を阻む（*khöl khoridog*）』慣わしだった。サヴダグに祟られた女性は一生不幸になると言われている。土地の神が人の目に見えるときは、美しい若者の姿、もしくは見るに堪えない汚らわしい（*üzeshgüi verool tatankhai dur*）姿をとるようだ。変幻自在の恐ろしい存在である。

5-2.『山の化け物に出会った女性』の考察

この物語の特徴は、「30歳近くまで結婚しない女性が男遊びをすると、ひどい目にあう」非常に男性目線のジェンダー観が反映された教訓話である。「30歳近くまで結婚しない女性」とわざわざ書いているのは、モンゴルの多くの女性が20代前半で結婚するからである。

この物語は最後に書いてある通り、女性や子供が1人で山に入らないという戒めの要素が大きい。この物語に登場するハンドガイトは、ウランバートルの郊外に位置する有名な避暑地（別荘地）であり、多くのバンガロー的別荘が立ち並んでいる。このような多くの人々が訪れる土地の山でさえも女性は立ち入ってはいけないということは、女性の自由を阻害し、男性に対して従順であれという意味が含まれてい

---

[10] モンゴル語・英語辞書のひとつ『MONGOLIAN-ENGLISH DICTIONARY』には「土地の神、土地の精霊（チベット語源:sa-bdag）」［Baeden 1997］

ることが読み取れる。そもそもモンゴル遊牧社会は女性の社会的地位が農耕社会に比べると、非常に高かった［宮脇 2008：63－65］。一方で、男性優位の道徳的原理も持ち合わせていた。ところが社会主義やグローバル化を経験するなかで、女性の社会的地位はさらに高まる一方で、男性の地位が相対的に低くなりつつある。

槇村久子によると、市場主義経済の移行に伴い、女性の高学歴化、女性のビジネスチャンスの到来、女性の自立促進が起きた。市場経済への移行は、教育における女性の状況を大きく変えている。特に男性に比較して女性の高学歴化である。また、親の経済力による所得格差によって就学率の不均衡が起きている。モンゴルではなぜ女子の進学率が高いのだろうか。親は、男子は生活していくためにどのような種類の仕事でもできるが、女子は経済上の安定と職を得るには、教育を受けるのが唯一の道と考えているからである。その結果、専門職に占める女性の割合が高い。1996年では博士号を持つ科学者の43％、経済学者の31％、そして内科医の80％、弁護士の70％が女性である。また、経済的な面では、夫の失業など家庭の一定水準での生活のために、妻の収入はさらに重要になる。家庭の所得について、33.1％の女性がその大半を稼いでおり、25.6％の女性が夫と同等の割合を稼いでいることが分かった。つまり、モンゴルの女性は女性自身の収入を得ることが当然であり、自分や家庭のためにも非常に重要な位置を占めている［槇村 2003：101‐106］。

以上のように、モンゴルでの男性の社会的地位は相対的に低下しており、それを恐れる人々によって男性優位の社会を維持するために、このような男性目線の物語が書かれたと考えてよいだろう。

いずれにせよ。男性優位の道徳原理と女性優位の実態というモンゴル社会のもつジェンダー・ジレンマがこのような物語を生み出したと考えられる。

さらに、この物語はモンゴルでの晩婚化に対しても警鐘を鳴らしているとも考えられる。現在の日本においても危惧されている晩婚化は、モンゴルにおいても徐々に進行している。『モンゴル国統計年鑑』によると、モンゴル国の結婚率は2006年時点では18.9％だったが、2009年には12.6％に減少している。

前述の鯉渕によると、一般的に高学歴化、女性の社会進出などが晩婚化を推し進める要因である。モンゴルの場合は逆に高学歴層の初婚年齢が若干低く、低学歴層の方が高くなっている。ただし、低学歴層の就職率が低いのは生活不安が原因である。職を持たない若年層の初婚年齢は30歳となっている。また、モンゴルでは都市部と遊牧地帯では初婚年齢に大きな差があり、地方が全国平均よりも男女ともに早婚であった。都市部では体制移行後の経済混乱からくる生活の不安定さが初婚年齢

に大きな影響を与えていると考えてよさそうだ［鯉渕 2007：9－10］。この物語の主人公は 30 歳である。鯉渕の説から考えると、彼女は、仕事はしているが低学歴層の女性であるとも考えられる。つまり、低学歴であるがお金を持っている奔放な女性ということである。これはモンゴルで増えている、お金がなく仕事もないモンゴル人男性と正反対に位置する存在であろう。モンゴルでの社会不安によって結婚することができなかった都市に住む女性が、地方の山の精霊に会い性行為をするという物語は、都市と地方の初婚年来の格差を現わしているとも読み取ることができる。

この物語はモンゴルの社会問題の 1 つである晩婚化、そして女性の地位の向上に対する男性側の危機意識が描かれている。つまり、モンゴルの晩婚化、女性優位社会化に対するジレンマがこの話に表れているのである。

まとめ

これら 4 つの物語から我々は何を読み取ることができるのだろうか。物語の分析を通じて、明らかになってきたのは、いずれの話も対立する 2 項が提示され優位のものが、「幽霊」事件を媒介として転落し、劣位になるという筋立てである。

例えば、最初の「密閉された家の女主人は何者だ」では、優位の存在である都市生活者や郡長が、幽霊事件を媒介におかしくなるなど、劣位の存在へと転落する。

そこで対立する 2 項とは、都市住民と地方の住民、ハルハ対オイラトという 2 項があることが明らかになった。優位であった都市住民や、オイラト系の人々が幽霊事件をきっかけに劣位になるのである。こうした対立する 2 項とその立場の逆転は「守られたトラクター」でも同様である。

「運転手の美しい旅の伴侶」では 1 人では遠くに移動できない女性を車に乗せた男が痛い目に遭っている。彼は、妻の両親に「車を買った」と見栄を張ろうとし、さらに売春婦を買うという妻に対する「裏切り」をする。ここでは資本主義社会の勝者と敗者の 2 項対立が見られる。当初は車もお金もあり、売春婦を買える勝者の立場の男だったが、幽霊事件をきっかけに、離婚し、仕事を失うなど敗者の立場に転落している。

「山の化け物に出会った女性」では奔放な首都の女性と素朴ないなかの若者の 2 項対立が見られる。奔放な首都の女性はお金も自由もある身であり、素朴ないなかの若者は土地に縛られ体の自由が利かず、自身の望みも叶えることもできなかった。

しかし、幽霊事件に遭遇することで、女性は入院し、若者は自身の望みを叶えられると同時に、土地から解放されることとなった。当初では女性の方が何不自由ない優位な立場であったはずだが、この事件によって立場が逆転してしまったのだ。

こうした2項の優劣がなぜ、逆転する必要があるのか。おそらく、現実に優劣があり、優位のものは、それに対する後ろめたさがある。優劣が逆転した時、おそらく優位の側の読者は「恐ろしい」と感じるであろう。劣位の側の人間がこの話を読むならば、カタルシスを感じることであろう。

つまり、実際の都市住民が地方住民よりいい思いをしている。でも、それが逆転するから町の人間は「恐ろしい」。独身を謳歌している30代女性は増えてきた。でも、それが幽霊事件によってひどい目にあう。快楽をともないつつも、ひどい目にあわすのは、生前、性行為の経験のなかったいなかの牧民の若者の霊である。

"都市といなかの対比"では、伝統的な遊牧生活をないがしろにする、拝金主義で自分勝手な都市生活者たちに対する戒めを読み取ることができよう。

モンゴルの首都ウランバートルは人口が20年前と比べて2倍の100万人を超えるなど凄まじいペースで発展している。高層ビルの建設なども急速に進んでいる。しかし、その裏では犯罪の増加、失業者の増加、無秩序な建設、大気汚染に代表される都市環境の悪化など多くの問題を抱えている。このような現状を踏まえ、『幽霊話』は都市に住んでいる人間たちを様々な目に遭わせることで、暗にウランバートルの人々に都市社会の抱える諸問題に警鐘を鳴らしているのではないだろうか。

言い換えるならば、モンゴル人とって、倫理的には「好ましくない現実」があって、その現実をひっくり返す関数として「幽霊」があり、事実「好ましくない現実」あるいはそれを体現する人々は、物語のなかで懲罰をくらうのである。すなわち、幽霊話はこうした好ましくない現実と実際の現代モンゴル社会のジレンマを示すものだといってさしつかえないだろう。それだけ、現代モンゴル社会は、矛盾を抱えているということだ。

興味深いのは、優位から劣位の価値の転換の方法が、「移動できるものが、移動できなくなる」という図式をとっているものがあるということだ。例えば、最初の『密閉された家の女主人は何者だ！』で自由にモンゴルを移動していた町の若者や新任教師は、幽霊によって郡から抜け出せなくなる、あるいは入院させられて移動の自由を奪われるのである。『密閉された家の女主人は何者だ！』や『山の神に出会った女性』では物語のなかで山の精霊や河の精霊が非移動の状態から移動可能な状態になっていることも重要なポイントである。これも自然と人間の優劣の関係が、移動・

非移動に置きかえられていることである。そこに移動—自由・善、非移動—不自由・悪という極めて遊牧的な価値観が透けて見えているといえよう

　このように幽霊譚を見ることで、モンゴルにおける様々な問題が透かし絵のように見えてくるのである。

　そうした社会の持つ矛盾やジレンマを幽霊譚は身近なところからモンゴルの多くの人々に対して、比喩的に問題提起しているのである。言い換えるならば、幽霊譚は、これらの社会矛盾をモンゴルの人々が気付き、伝統的な戒めを守り、よりよいモンゴル社会にしていこうという意識付けを行うような機能を担っているといえよう。

（2012年1月）

参考文献

鯉渕信一　1995「モンゴル人の魂の行方」、梶村昇編『アジア人のみた霊魂の行方』、大東出版社、pp. 89-114。

鯉渕信一　2007「現代モンゴルの家族関係とその諸問題」、『アジア研究所・アジア研究シリーズ』、no. 62、亜細亜大学アジア研究所。

兒玉信久　1953「モンゴル幽霊譚」、『日本の歴史』、NO.62、吉川弘文館　pp. 52-56。

小長谷有紀　2004『モンゴルの二十世紀　社会主義を生きた人々の証言』、中央公論新社。

小松和彦　1994『憑霊信仰論』、講談社。

小松和彦　1997『悪霊論』、筑摩書房。

志村有弘　他編　2007『アジアの怪奇譚』、勉誠出版。

トゥシンバット・ダワースレン　2008「市場経済移行に伴うモンゴル農業経営の変化」、『農村研究』、第106号。

ツェレンソドノム　1981『モンゴル民話研究』、蓮見治雄訳、開明書院。

T. ナムジム、村井宗行訳　1998『モンゴルの過去と現在　上巻・下巻』、日本・モンゴル民族博物館。

中村希明　1994『怪談の心理学——学校に生まれる怖い話』、講談社。

槇村久子　2003「市場経済移行に伴うモンゴル女性の開発と変化」、『現代社会研究』、第4・5号、京都女子大学現代社会学部、pp. 97-113。

宮脇淳子　2008『朝青龍はなぜ強いのか？——日本人のためのモンゴル学』明石出版。

モリス・ロッサビ著、小長谷有紀監訳、小林志保訳　2007『現代モンゴル——迷走するグローバリ

ゼーション』、明石書店。

Б.Даваасүрэн

 2010 *БУГ, ЧӨТГӨРТЭЙ ТААРСАН ХҮМҮҮСИЙН БОДИТ ЯВДАЛУУД*, Улаанбаатар

Д.Цэрэнсодном

 1989 *Монгол ардын домог үлгэр*, Улаанбаатар

С.Дулам

 2000 "*МОНГОЛ БЭЛЭГ ЗҮЙ Дэд дэвтэр ӨНГӨНИЙ БЭЛГЭДЭД ЗҮЙ ЗҮГ ЧИГИЙН БЭЛГЭДЭД ЗҮЙ*" Улаанбаатар

С.Мэндсайхан

 2010 *МОНГОЛ УЛСЫН СТАТИСТИКИЙН ЭМХТГЭЛ*、2009 Улаанбаатар

Ш.Гаадамба, Д.Цэрэнсодном

 1978 Монгол ардын аман зохиолын дээж бичиг" Улаанбаатар.

Bawden、Charles

 1997 *Mongoian-Eiglish Dictionary*, London and NewYork: Kegan Paul International.

Delaplace、Gregory

 2010 Chinese Ghosts in Mongolia、*Inner Asia* 12（1）、pp.127-141.

第3章 モンゴルの学校には「いじめ」がない？

柴田　友登

はじめに

　大学に入学して受けた講義で何よりも驚いたのは、「モンゴル語には『いじめ』に相当する概念がない」という話だった。例えば、英語には「bullying」という「いじめ」に相当する単語が存在する。ところがモンゴル語には「いじめ」に相当する概念がない。最も近い概念として、仲間はずれを意味する「ガドールハグダハ（гадуурхагдах）」という語がある。しかしこの「仲間はずれ」は瞬間的なもので日本のいじめのような長期的なものでもないらしい。また、この「ガドールダグダハ」には、暴力的な意味も込められていないのだという。

　一方、我々が暮らす日本では、いじめ問題がニュースや新聞で取り上げられることが少なくない。滋賀県で言えば、2011年10月大津いじめ自殺事件が大きくニュースで取り上げられた。この事件後、国会では「いじめ防止対策推進法」が可決されるほど社会を大きく揺るがした。一方で、社会には知れ渡ることのなく、学校内だけに留まる小さないじめも数多く存在する。

　そもそもいじめとはなんだろうか。文部科学省によるいじめの定義は、時代によって変遷している。1985年～1993年までのいじめの定義では、以下のようになっている。

　「いじめ」とは、「①自分より弱い者に対して一方的に、②身体的・心理的な攻撃を継続的に加え、③相手が深刻な苦痛を感じているものであって、学校としてその事実（関係児童生徒、いじめの内容等）を確認しているもの。なお、起こった場所は学校の内外を問わないもの」とする。

　現在では、2014年（平成25年度）から「いじめ防止対策推進法」の施行に伴い、以下のとおり定義されている。

　「いじめ」とは、「児童生徒に対して、当該児童生徒が在籍する学校に在籍している等当該児童生徒と一定の人的関係のある他の児童生徒が行う心理的又は物理的な影

響を与える行為（インターネットを通じて行われるものも含む。）であって、当該行為の対象となった児童生徒が心身の苦痛を感じているもの」とする。なお、起こった場所は学校の内外を問わない［文部科学省 2016a, 2016b］。

　新たな「いじめ」現象が生まれるにつれて、さまざまな新しい行為がいじめのカテゴリーに分類されていっているのである。時代とともに、いじめの種類も増えていき、あらゆる行為がいじめと認知されているのである。
　文科省の定義はともあれ、私自身も中学・高校生時に「いじめ」に遭っている生徒を目撃したことがある。このいじめを学校側は明るみには出さないように、全校集会などでいじめをしないように呼びかけるなどして、問題が事件化しないように努めていた。私の経験上、いじめはどこの学校にでも存在するものだと思われる。そしていじめは、極めて身近なものである。そんな日本では当たり前の「いじめ」の概念がモンゴルにはない、というのは衝撃的であった。
　そんなモンゴルを体験したく思い、私は 2013 年 9 月から 2014 年 7 月にかけてモンゴルに留学した。留学生活を通して垣間見たモンゴル人は、他人とは常に違う行動をとる傾向が強いように感じられた。しかし、実際に学校の現場においてモンゴルの子供たちの間に本当にいじめは存在しないのだろうか。ないのだとしたら、その理由はなぜなのだろうか。
　そもそも日本とモンゴルは背景となる文化も異なれば、国民性も違う。日本の基層文化は農耕文化である。この農耕文化、とりわけ灌漑農業においては水利用や農作業をめぐって他人と協調して働くことが求められる。その結果、農業に従事する村落共同体内においては、集団主義的な秩序と調和が重んじられる。大学の先生の話では、こうした集団主義がうまく機能すると「和の精神」という形になるが、少しでも集団秩序に背こうものなら、「村八分」という仲間はずれが引き起こされる。
　ところが、モンゴルの基層文化は遊牧文化である。遊牧民は農耕民と異なり、牧畜作業をめぐって常に他人と協働する必然性は低い。遊牧という生業は、フェルト作りや皮なめしといった一部の共同作業を除けば、基本的に核家族単位で水草を求めて移動する個人主義的性格が強い。何よりも遊牧民は定住しないし、「村」をつくらない。したがって「村八分」というものは存在しないのだという。
　モンゴル史学者の宮脇淳子も以下のように論じている。

　「日本では、稲作はみんなで一緒に一度におこなう必要があったため、その農耕

生活から生まれた習慣として、まわりと協調することを最も大切なことと考える。しかしモンゴルでは、他人が家畜をつれていった草原には行かないように、つねに新しい草原を探す必要があるため、その遊牧生活から生まれた習慣として、人とはつねに違うことをしようと考えると述べている。また日本の文化は、聖徳太子のおことばとされる「和をもって貴しとなす」に象徴されるように、たくさんの人間が摩擦を起こさずに一緒にいるということを何より重んじるので、「場の空気」を読むことができない人間は評価されない。この「空気」ということばほど、外国人がとまどうものはない。日本人なら誰でも、思い当たることがあると思うが、はじめての会合に出席したとき、自分だけが場違いな人間である、という気持ちを味わうことが多い。なぜなら、自分以外の出席者はみな、とてもよく似た雰囲気をもっていてのびのびと楽しんでいるように見えるからだ。なんとなく、みんなが同じようにふるまうということについては、日本人はひじょうに能力高い。これに対して、人間の数よりも家畜の数のほうが多いモンゴルでは、家畜の主人である人間は、動物を守るために自分の能力を最大限に発揮することが求められる。それで、男も女も性格が強く判断力があって独立心が旺盛であることが美徳となる［宮脇 2008：214 - 216］。

　こうした日本とモンゴルの間における集団主義：個人主義という対比は、スポーツの世界においても顕著に表れているように思われる。日本の場合、なでしこジャパンで知られている女子サッカー、体操団体競技、水泳のメドレーリレーなど団体競技でメダルを獲得したとき国民は大いに盛り上がる。個人種目が弱くても団体種目になると強くなる競技もある。一方、モンゴルはオリンピックに限るが、メダルを獲得した種目は、柔道・レスリング・ボクシングとすべて個人種目である。また国の祭典ナーダム祭で行われる競技は、モンゴル相撲・競馬・弓射の3つすべて個人種目である。スポーツの観点からもモンゴルは個人主義的であるといえよう。
　しかし、現在モンゴル国の人口の80％が都市や村落に定住しており、遊牧民は人口の20％を切っている。そんな遊牧民的な個人主義は、都市化した学校社会においても生きているのだろうか。こうした疑問や前提をもとに本章では、モンゴルの学校でフィールドワークを行うことで、子供たちの間でいじめが起きない理由を、とりわけ「グループ形成」と「過当競争と学校管理」という側面から考察するものとしたい。
　ところで日本のいじめ研究は数多く見られるが、モンゴルのいじめ研究に関する

書籍、論文は見当たらない。日本におけるいじめの原因論について、内藤朝雄が、これまで識者たちが世に問うてきたものを以下のようにまとめている。

1. ゆとりのない受験戦争や詰め込み教育が子どもの心をむしばんでいる。
2. 勉学で「身を立てる」という目的意識が希薄化し、学校で勉強する意欲が低下し、だらだらして、授業が成立しづらくなった。
3. 学校の過剰な管理。
4. 学校秩序のゆるみ。規範意識の希薄化。
5. 何をやっても許されるという欲望の自然主義。あるいは、青少年の「おれさま」化。個が突出して強すぎる。
6. いつも他人の目を気にして、自分でやりたいようにできない、個の脆弱化。
7. 家族の人間関係の希薄化（あるいは愛の欠如）。
8. 少子化・核家族などによる家族の濃密化（あるいは愛の過剰）。
9. 学校や地域社会の共同性の解体と、都市化に伴う市民社会や消費社会の論理侵入。
10. 学校や地域の共同体的しめつけと、市民社会の論理の排除。
11. 子どもの生活のすべてを覆い尽くす、学校の過剰な重み。学校に囲い込まれた人間関係の濃密化。過剰な同質性への圧力。
12. 青少年の対人関係の希薄化。
13. 「近ごろ」の若い人は幼児化した。精神的に未熟になった。欲求不満耐性が欠如し、我慢をすることができなくなった。
14. 仲間内の集団力学や強者のやりたい放題には、はいつくばって我慢するか、大人びたやり方で、顔色をうかがって、うまくたちまわる。子ども社会が大人と変わらない狡猾さにみちた「世間」と化して、「純真な子どもらしさ」が消滅した。
15. マス・メディアや電子ゲームの露骨な暴力描写や、嗜虐を売り物にするお笑い番組の流行（ヴァーチャルに暴力を学習したから）。
16. 暴力や死が社会から隔離されて子どもの目に触れなくなったり、周囲が甘やかして暴力を体験できなくなったりしたため、「けんかのしかた」や「他者の痛み」がわからなくなった（暴力を学習していないから）。
17. 親や教師や他の子どもたちから痛めつけられて、暴力を学習した（リアルに暴力を学習したから）。
18. 「ガキ大将」によるリーダーシップや年齢階梯制（年齢によって上下の身分が

ある）地域集団の消滅（「ガキ大将」がいなくなったから）。
19. 子ども集団に自生する非民主的な身分関係。心理操作や人心掌握にたけた攻撃的で支配的なリーダーへの追随（「ガキ大将」がいるから）。
20. 日本の「文化」が崩壊したから。
21. 日本の「文化」が残存しているから［内藤 2009：15-17］。

つまり、いじめの原因は多種多様であるということだ。内藤朝雄自身も、いじめの原因はひとつでないという見解を示している。とはいえ、「学校の過剰の管理」と「学校秩序のゆるみ」、「日本の文化が残存しているから」と「日本の文化が崩壊したから」といった、矛盾する原因を両方示したままで放置するのは、いささか無責任な議論であるともいえる。そこで上記の21項目を相反する原因を同一カテゴリーに振り分けたりすることで整理すると、重なりはあるものの、以下のように分けられた。

1) 過当競争と学校の管理（ゆるい・きびしい）1、3、4、11
2) 人間関係
   3-1) 個人主義（俺様化、個の脆弱化）5、6
   3-2) 家族（希薄化・濃密化）7、8
   3-3) 学校（しめつけ・崩壊、濃密化・希薄化）9、10、11、12
   3-4) 地域共同体（しめつけ・崩壊）9、10、11、12
3) 「昔と比べて」論
（幼児化・子どもらしさ消滅、暴力を学習していない、ガキ大将がいない）
    13、14、16、17、19
4) メディア・ゲーム原因論
5) 日本文化（崩壊、残存、非民主的な身分関係）　19、20、21

　1) の過当競争と学校の管理について、「尾木ママ」として知られる教育評論家の尾木直樹は、「ゆとりのない受験戦争や詰め込み教育が子どもの心をむしばんでいる」とした上で、「日本の学校では、絶えず子どもたち同士で競争させる。その中でも、中心ということできるのが学歴競争である。教育現場に競争原理を持ち込むことで、子どもたちはストレスフルになり、そのストレスを発散するためにいじめを行う当事者になってしまう」と論じている［尾木 2010：69-80］。

こうした「過当競争」といじめとの関連性は考察の必要があるであろう。したがって、本論ではモンゴルとの比較項目に入れておきたい。

次に、3) の人間関係についてであるが、ここでは学校社会を対象としているので、3−2) の家族や3−4) の地域共同体の問題は扱わない。

学校内の人間関係について、三島浩路は、子どもたちの対人関係が希薄化する理由として、日本の子どもはインフォーマル集団の形成を例に挙げている。つまり「日本の子どもたちは自分の周りの子どもが次々とインフォーマル集団を形成していくのをみて、自分も早くインフォーマル集団に所属しないと孤立してしまうという不安に包まれる。そこで作られたインフォーマル集団は、それ以外の子どもたちの交流が少なく、インフォーマル集団間の成員の流動性が低いために、友達を作る力が脆弱である。このように、友達を作る力の低下した理由として、学校生活の中で、インフォーマル集団をもとにしたグループ作り、テレビやゲームなどの単独型の遊びが普及したからである」のだという［三島　1997］。

最後はテレビゲームにいじめの原因を求めていくことは、さておきグループ作りがいじめを引き起こすという議論は注目に値する。加野芳正は、そうした集団意識の高さがいじめにつながると指摘している。彼は「村八分」[11]を例に挙げて、日本の集団主義について述べている。農耕文化を基盤にしていた日本は、田植え、稲刈り、脱穀、道作り、冠婚葬祭、水の管理から餅つきにいたるまで、地域の人々が協力し合って、日常生活を送ってきた。しかし、高度経済成長期を経て、集団主義の行動規範が強かった農村でさえ、機械化にともなって、共同で作業を行う必要がなくなったため、地域との連携が薄くなった。このようにして、集団主義の行動原理が急速に崩れてきたので、子どもたちの行動様式も集団主義からほど遠いものになった。ところが、学校では現在でも、クラスや班を単位として集団行動をとり、掃除もみんなで行い、給食もみんないっしょに食べるなどして、集団主義的なシステムが優位に置かれている。その日常生活と学校生活のギャップが、学校を舞台として、いじめを生み出していることが考えることができる［加野　2011：155-158］。このように集団主義意識は今もなお深く学校に残っている。

日本の学校では、集団主義意識が高いことは教育指導要領からも垣間見える。文部科学省が規定している「個に応じた指導」に関する学習指導要領によると、小学校、中学校の義務教育期間には、「各教科等の指導に当たっては、児童が学習内容

---

[11] 村のおきてに従わないものに対し、村民全体が申し合わせて、その家と絶交すること。〈はちぶ〉については、火事と葬式の2つを例外とするとこからともいう

を確実に身に付けることができるよう、学校や児童の実態に応じ、個別指導やグループ別指導、繰り返し指導、教師の協力的な指導など指導方法や指導体制を工夫改善し、個に応じた指導の充実を図ること」と書かれている［文部科学省 2016a］。

以上のように記されている。また、学習指導要領の特別活動の項目には、学級活動の目標に「学級活動を通して、望ましい人間関係を形成し、集団の一員として学級や学校におけるよりよい生活づくりに参画し、諸問題を解決しようとする自主的、実践的な態度や健全な生活態度を育てる」と記載されている［文部科学省 2016b］。

このように、授業ではグループで指導される場合もあると記載され、学級活動においては、集団の一員としての過ごすことの重要性が説かれているわけである。つまり、日本の学校社会においては、子供たちは、自発的にインフォーマルなグループ形成を行うのみならず、教師の指導によって「フォーマル」なグループ形成を行う。

こうしたグループ形成といじめとの相関に関する考察はほとんどない。そこで本論では、モンゴルの学校社会におけるグループ形成について調査することで比較考察を行うものとしたい。なお、「昔にくらべて」論に関しては、捨象可能だと思われる。なぜなら、『昔はよかった病』を著したマッツアリーノが指摘するように社会統計学的データを参照すると、『昔はよかった』系の議論は、誤っていることが多いからである［マッツアリーノ 2015］。例えば、「今の子は、けんかのしかたがわからない、暴力を学習していない」という議論に関しても、戦後や昭和 30 年代などのほうが、平成の現代より若年の凶悪犯罪が圧倒的に多かったのであり、こうした仮説は多分に感情論に過ぎない。

以上のような議論を踏まえて、本章ではモンゴルの学校を舞台とした「いじめの実態」を明らかにしていきたい。ただし本章では現代のモンゴルのいじめの実態を対象にするため、遊牧文化が今もなお残っている首都以外の地域におけるいじめの実態については調査をしていないことを断っておきたい

私は 2015 年 4 月から 5 月にかけて約 4 週間、モンゴル国首都ウランバートル第 48 番学校でフィールドワークを行った。調査方法は、7 年生（日本の中学 1 年生）から 11 年生（高校 2 年生）の授業に一緒に参加して、子どもたちの授業風景や環境を観察しつつ、適宜生徒や教員に聞き取り調査をした。

第 48 番学校は国立学校であるため、モンゴルでは一般的な学校である。さらに、この学校では第二言語で日本語を教えているので、生徒と仲が深まりやすいと考え、

この学校を選んだ。調査対象者は第 48 番学校の 7 年生から 11 年生である。第 48 番学校では 7 年生から日本語を学び始めるということもあって、7 年生から 11 年生を調査対象者として選択した。その中でも、主に日本語の先生が担任である 11 年生のとあるクラスを中心に観察した。

1. モンゴル国の学校教育制度と第 48 番学校

　ここでは、まず、社会主義時代のモンゴルの学校教育の歴史に簡単に触れた上で、民主主義化以降の教育制度についてまとめておく。依拠した資料は、小出達夫著の「モンゴル　人と教育改革（6）- 社会主義から市場経済への移行期の証言 -」および Bayasgalan の「日本におけるモンゴルの教育に関する研究- 指導法改革に対する諸外国の協力と課題を通じて - 」という論文である。そうした上で、本論文のフィールドワークの舞台となった第 48 番学校について、簡単に紹介しておきたい。

1-1. 社会主義時代の教育制度

　モンゴルは、1924 年、世界で 2 番目の社会主義国家となった。モンゴル国にとって社会主義の始まりは、ソビエト連邦（以下、ソ連）の指導による近代化の始まりを意味した。学校教育制度がはじまったのも社会主義の時代であり、1930 年より全国的に学校が開校した。その後、1940 年代には義務教育制度が確立した。

　社会主義体制下の学校教育においては、学費や寮費は無料であった。また、遊牧民のように学校から遠い場所に住む子どもたちのために全国各地に寄宿舎が建てられて、多くの子どもたちが教育を受けられるようになった。学校制度は民主化へ移行するまでソ連式の 10 年制であった。すなわち義務教育 8 年、高校に相当する 2 年間を合わせた計 10 年で中等教育を終えるというものである。その後、さらに高等教育を受けるものは 4 年間の大学生活をおくることになる。

　社会主義時代の学校教育について仲律子は、「社会主義時代のモンゴルの学校教育はソ連にならい、マルクス主義の原理に基づき、頭脳労働と肉体労働の総合を通じた教育が行われていた。モンゴル政府は、ソ連の指導のもと、人口の大半が文盲であったモンゴルの識字率を 100％に近づけ、学校教育と宗教と分離した」と述べている［仲 2010:9］。

また、1990年以前のモンゴルの学校教育制度について、小出達夫は以下のような特徴があると述べている。

1. 学校制度が広がり始めるのは1930年代に入ってからで、当初は遊牧民のテント（ゲル）などを使用しており、"人民教育教室"と呼ばれ、開設期間も冬季を除く半年に限られていた。
2. 義務教育制度については、1960年まで「初等教育」と呼ばれ4年制だったが、60年になり「基礎教育」と改称され7年制（4・3）に延長された。69年前後になり、さらに1年延長され8年制（4・4）に変り、それが90年以降まで続いた。
3. 入学年令は8歳児からで、実際の入学年令は8－10歳にばらついていた。6歳児入学制への移行は漸く2008年になってからだ。
4. 小学校から高校までの学校制度は、68年までは4・3・3制度だったが、8年制義務制度になった69年以降は4・4・2制度にかわり、高校は3年制から2年制に縮小された。とはいえこの移行時期は県によりばらばらであったようだ。
5. 10年制普通学校のカリキュラムに職業教育が入ってきたのは1980年代になってからだと言われており、比較的遅い。60年代に入り10年制学校は"労働ポリテフニク学校"と呼称されたようだが、普通教育内部で職業教育が定着する形跡を読み取るのは困難で、おそらく課外や夏休み期間における課外実習などが中心であったと思われる［小出2010：47－48］。

小出は以上の特徴を述べたうえで、社会主義時代のモンゴル教育は20世紀後半のアジア・アフリカカ諸国の中ではもっとも識字率の高いとして注目され、国連における評価も高かったと指摘している。

1-2. 民主化移行後の教育制度

社会主義時代から民主化に移行した1991年には、新しい教育法[12]が発布された。この教育法では、社会主義理念やイデオロギーを脱した個人の育成が強調され、教育制度が多様化することとなった。

2002年の教育法では、以上の3法（教育基本法、初等中等教育法、高校教育法）

---

[12] 91年教育法の主な内容は、8年制義務教育（6・2制）、高校2年制（10年制普通教育体系）、9学年からの職業教育導入、分権化の実施、財政の地方負担（寮・学校の維持は地方の責任）、私学設置の自由などがあった。

に加えて新たに職業教育法ができた。ここではじめて5・4・2学校体系が目指された。8歳児入学から7歳児入学になり、小学校が4年から5年制へと変わることになり、それが2005年9月から実施されることになった［小出 2010:59］。

2005年からは基礎教育課程が10年制から11年制（5、4、2年制）に移行した。この新教育課程によって、それまでの8学年の義務教育課程から9学年までに初等前期中等教育を履修することが義務化された。また、初等学校への入学年齢を8歳から国際的な標準である6歳まで段階的に引き下げられることになった（7歳の場合もある）。2009年には、基礎教育課程が11年制から12年制（5、4、3年制）に延長された［Bayasgalan 2012］。

写真1　第48番学校（筆者撮影）

12年制に延長された理由として、モンゴルではグローバル化や経済の安定化により、留学の希望者が増加しているため、従来の11年制では高等学校卒業後、そのまま続けて留学することが不可能であることが挙げられる。また、同じ年齢の外国の子どもたちと比較したとき、修学期間が1年少ないことによる学力不足があることから世界基準に合った教育が必要という認識がされたためである。

1-3. ウランバートルの学校状況

2011年度の統計によると、モンゴル全国には752の一般教育学校（小中高）があり、そのうちウランバートル市には206校あり、そのうち約半分の96校が私立である［齋藤 2014:211-212］。

学校数は十分に足りているように思えるが、地方から仕事を求め、よりよい教育環境を求めて、ウランバートルへ移住する人が急増している。そのために、国立学校では生徒数に対する教室の数の不足が社会問題化している。この教室不足を解消するために、授業は午前の部（8:00〜13:10）と午後の部（13:30〜18:40）の2部制で行われる。

1-4. 第 48 番学校の概要

　モンゴルでは、小学校から大学までが教育文化科学省の管轄下である。国立、私立を問わず、初等学校 5 年間（小学校）、前期中等学校 4 年間（中学校）、後期中等学校 3 年間（高校）の 12 年制の教育が中心で、小・中・高一貫の学校が多く、12 年間同じ学校で学ぶ生徒が多い。第 48 番学校（図 1）もそのうちの 1 つである。第 48 番学校は、ウランバートル市の中心地バヤンズルフ地区にある。1971 年に設立され、2005 年に小学生専用の 2 号館が日本の支援によって建設された。全校生徒は 3100 人以上で、200 人弱の教員がいる。

　クラスは 30～40 人で 1 つ形成される。授業は午前の部（8：00～13:10）と午後の部（13:30～18:40）の 2 部に分かれて行われる。5 年生から必修外国語として英語を学び始める。7 年生（日本の中学 1 年生に相当する）からは第二言語でロシア語、ドイツ語、日本語の中から 1 つ選択して、12 年生まで学ぶ。

まとめ

　モンゴルは 1924 年世界で 2 番目の社会主義国家となり、その後民主化に移行するまでの間、社会主義下の学校教育が行われた。社会主義下の学校教育は 10 年制で行われた。民主化すると、1991 年に新しい教育法が発布された。そこでは、9 学年からの職業教育導入、私学の設置など教育制度が多様化することとなった。その後も教育法は変更され、2009 年に現在の基礎教育課程が 12 年制に移行した。その背景としては、モンゴル経済が安定し、海外へ移住する人や留学する人にとって世界基準にあった教育課程が必要であると認知されたからである。2009 年以前の教育課程では、11 年制であったために海外の同じ年齢の子どもたちと比べたとき、修学期間が 1 年短いことによる学力不足が指摘され、留学を拒まれることもあった。

　現在モンゴル首都ウランバートルには、国立私立を合わせると 200 校近くの学校がある。またその多くの学校が小中高一貫の学校である。第 48 番学校も小中高一貫学校であり、約 3000 人の生徒が在籍する。3000 人を擁する学校のため、生徒数に対して教室が足りない状況にある。これを解消するために、8：00～13:10 までの午前の部と 13:30～18:40 までの午後の部の 2 部制で授業を行っている。このようなケースは、モンゴルでは珍しくなく、社会問題になるほど教室不足は問題視されている。

2. グループ形成

ここでは、モンゴル首都ウランバートル第48番学校でフィールドワークを行った調査内容をもとに、グループ形成という観点からいじめの考察を行っていくものとする。その際、日本とモンゴルの学校生活を比較しながら考察していきたい。

2-1. フォーマルなグループ形成がなされないということ

日本の学校では、遠足や旅行をしたり、授業を行ったりする時、あらゆる場面で教員が生徒たちに「グループ」を作らせる。遠足や旅行をするときは、生徒たちが楽しく過ごせるためにも、教員の介入なしに生徒たちも仲の良い子同士でグループを形成する。また、授業では、理科の実験や体育の場面でグループが形成される。その場合、形成されるグループは、座席が近い生徒のグループ、名前の順番によるグループなど教員が授業を進めやすいために作られる。

このように、日本の学校生活の中でグループを組むことはごく普通のことである。三島浩路によると、学校生活の中でのグループ形成を行うことは、仲の良い子同士でグループを形成することで、友達を作るよいきっかけになるのだという。しかし、仲の良い子同士のグループ編成をすることは、子どもたちが友達をつくる機会を失わせることになる。そして、友達を作る能力が低下すると、このようなグループにとどまってしまうために、いじめが起きやすい環境へ進んでしまう［三島 1997：6-8］と危惧している。

2-2. 第48番学校のグループ形成の実態

そこで筆者は、日本で行われているフォーマルなグループ形成を基準にモンゴルの学校でグループ形成が行われているかどうかを観察した。すなわち、遠足、旅行、理科の実験といった場で、モンゴルではいかにグループ形成がなされている、あるいはなされていないかという点を観察したわけである。すると驚くべきことに、モンゴルの第48番学校においては、教師の主導でクラス内にグループが形成されることは、ほとんどなかったのである。表1がその結果である。以下、表1にもとづき、具体的に説明していきたい。

表1　日本のグループ形成と第48番学校のグループ形成

	日本のグループ形成	第48番学校のグループ形成
① 遠足、旅行	○	×
② 理科の実験	○	×
③ 調理実習	○	×
④ 部活動	△	△
⑤ 給食時の班	○	×
⑥ 体育	○	○
⑦ 掃除当番	○	○
⑧ 登下校	○	×

2-2-1. フォーマルなグループ（公的に形成されるグループ）

　公的に形成されるグループとは、生徒同士が望んで形成されるグループではなく、教員や外部の人間が手を加えて形成されるグループのことである。

　公的なグループは、日本、とりわけ私の経験では、①遠足・旅行、②理科の実験、③調理実習、⑤給食時の班形成、⑥体育、⑦掃除当番、⑧集団登下校といった場面で形成されていた。ところが、第48番学校に当てはまるのは、⑥体育、⑦掃除当番のみであった。7個中2個しか該当にしないのは、モンゴルの学校特有の環境があるように思われる。表1の①から順に詳しく述べていこう。

①　遠足・旅行

　第48番学校では、そもそも遠足、旅行時に班を形成して行動しない。筆者が小学生、中学生、高校生のときには毎年遠足、課外授業、旅行などがあり、そのたびに仲の良い生徒同士で4、5人程度の班形成をして、そのグループで行動をとった。しかし、第48番学校では課外授業はなく、毎年遠足や旅行に行くことはない。

　11年生日本語学科のクラス（以下、Aクラスとする）の担任の教師は「4、5年近く生徒と遠足、旅行に行っていない」と語る。また、旅行がある場合でも、学校全体、学年全員で行うのではなく、クラス単位で行うとのことである。クラス単位の旅行では、生徒と教員だけでなく、生徒の両親も参加することができるため、わざわざ班をつくるのは煩わしいとも言っていた。

② 理科の実験

第48番学校では、理科の実験が行われていない。そのため班を形成することはない。その背景には、理科の実験器具が不足しているというモンゴルの教育事情がある。

また、モンゴルの授業1コマ40分である。日本の1コマあたりの授業時間数と比べて高校では10分少ない。そのため、年間を通して、モンゴルの理科の授業時間は日本と比べると100時間近く少ない。

写真2　バレーボール部の部活動（筆者撮影）

その結果、理科の実験に割く時間がないと思われる。このような背景があるために、第48番学校では理科の実験を行われないのではないだろうか。

③ 調理実習

第48番学校は調理実習を行うにも教室がないため行うことが出来ない。また、Aクラスの担任の先生は調理実習の授業をする必要はないと言っていた。疑問に思ったが、そこには、モンゴルの子どもは小さいときから親の手伝いをするため、料理はもちろん家事全般をこなすことができるという事情がある。

モンゴルでは女性の社会進出率が高いために、両親共働きの家庭が多い。実際、第48番学校のAクラスでも8割ぐらいが両親共働きであるそうだ。両親が日中、家にいないため、午前中に授業が終わる生徒はすぐに家に帰って、ご飯の支度や掃除などの家事をする。一方で、午後から授業がある生徒は午前中に家事を済ませて、学校に登校する。

このように、モンゴルでは小さいときから家の手伝いを行うために、授業で調理実習を実施する必要がない。

④ 部活動

第48番学校では美術部、チェス部、手芸部、バスケットボール部、バレーボール部の5つがある。この中で団体行動として行われるのはバスケットボール部、バレーボール部ぐらいである。第48番学校では、中学・高校で1700人以上の生徒がいるが、この2つの部活動ぐらいしか団体で行われていない。日本の学校の部活動と比べると圧倒的に少ないことがわかる。しかし、モンゴルでは夏休みや冬休みだけ

に行われるクラブ活動がある。Aクラスのある生徒は、夏休みに学外のチェス部と水泳教室に参加すると言っていた。また別の生徒は、夏休みに学外の英語クラブに入り、バスケットボール部にも入ると言っていた。先ほど述べたとおり、学校がある期間、授業が終わったほとんどの生徒は家事に従事しなければならない。そのために学校がある期間は部活動に時間を割くことができない。そこで生徒は長期休暇のときに学内であるクラブ活動や教室に参加するのが一般のようである。

⑤ **給食時の班形成**

第48番学校では、午前の部と午後の部に授業が分かれているため、午前の部が終わった生徒は即座に下校しなければならない。そのため、モンゴルの学校は給食の制度がほとんどない。第48番学校の場合、学校内に小さな食堂があるため、そこで仲の良い子同士で食事をしている光景もみられたが、食堂を利用しているのはほとんどが教員であった。

日本の場合では、筆者の体験をもとになるが、小学校から中学校までの間、クラスの中で席が近い生徒で4～6人の班が形成された。この班は、生徒が私的に組むことが許されなかった。そして、この班で給食時に食事をすることになっていた。

⑥ **体育**

第48番学校では、体育に筋トレ、ランニング、バスケットボール、バレーボールが行われる。11年生の体育の授業では、2つのクラス合同で行われる。バスケットボール、バレーボールの競技を行うときは、男女別々に分かれないで、先生がグループを分けていく。生徒同士で、仲が良い者同士でグループを組むことは認められていなかった。

⑦ **掃除当番**

第48番学校では清掃員がいるため、生徒たちは自分たちのクラスの教室のみ掃除を行う。掃除を行うのは、月曜日から木曜日までは4人、金曜日は週の終わりということもあって、普段よりは大掃除を行う必要があるために6人～8人で行う。このとき、日本の給食時の班形成のように座席が近い4人、もしくは6人～8人でグループを組んで掃除を行う。このグループは先生が指示する場合もあるために、私的に形成することはできない。この掃除は午前の部のクラスでも午後の部のクラスでも行われる。そのため1つの教室で1日に2回掃除されることになる。

⑧ **登下校**

筆者が小学生の頃は、同じ地区の生徒が授業開始20分前に特定の場所に集合し、一斉登校をしていた。また下校に関しても、月に1、2回ほど学年ごとに集団下校をし

ていた。中学、高校になると各自で登下校するようになった。しかし、第48番学校では集団登下校は行われていなかった、低学年の小学生に関しては、両親もしくは親戚が送り迎えしている風景をよく見かけた。兄弟がいる場合は、先に授業が終わった弟は兄のいる教室に行って、兄の授業が終わるまで教室の端の席で待機して、授業が終わると一緒に下校する光景も見られた。

　これらの他にも、英語の授業では、先生が4人で1つのグループを形成して、そのグループごとに英語で質問し合い、質問に答えるという授業形式が見られた。これ以外にも英語で簡単な劇を行うために、6人で1つのグループを作り、1人1人に役割を与えられて、先生の前で英語の劇を行っていた。英語の授業では、このように授業内だけの不規則なメンバーで限られた短時間のグループが数多く形成された。

2-2-2. インフォーマルなグループ（私的に形成されるグループ）

　私的に形成されるグループとは、教師などの外部からの介入が一切なく、生徒同士が自由にグループ形成をするものを言う。

　第48番学校で作られる私的なグループの事例を紹介したい。はじめに、生徒はクラスの中に自分の座席があるにもかかわらず、他の生徒の隣に座りに行く。なぜそのような行動を取るかというと、教科書を所有していない生徒がいるからである。このような背景には、モンゴルの学校は義務教育期間であっても、教科書を無償提供されることはないことが考えられる。日本のように教科書が無償配布されないために、誰もが教科書を持っているわけではない。したがってモンゴルでは、教科書を持っていない生徒は、教科書を持っている生徒の隣に座りに行く。さらに教科ごとに教科書を持っている生徒にばらつきがあるために、授業ごとに座席が変動していくのである。

　高橋梢によると、モンゴルの普通教育学校の教科書供給について、現行の制度では、普通教育学校で使用する教科書に関して、初等教育は無償貸与、中等教育は各学年の生徒人口のうち経済的な理由など特別な事情を有する家庭の生徒を中心とする40％までが無償貸与であり60％は有償となっているのだという。その結果、高橋は、生徒たちが自分で教科書を入手しなければいけない現状にあることを報告している［高橋　2014：16］。

　第48番学校も普通教育学校であるため、同様の状況下におかれている。この「授業の度に教科書を持っていない生徒は、教科書を持っている生徒の隣に座りに行く」という行動が私的なグループ形成をうながす。特にそれが顕著に表れていたのは日

本語の授業のときであった。

　第48番学校では、日本語の授業のとき、『みんなの日本語』という教科書を使って授業を行う。ところが『みんなの日本語』は日本で出版されている本のため、モンゴルでは書店で手に入れづらい。さらにこの本は、モンゴル人にとっては高価なものである。公務員の平均給与が約5万であるにもかかわらず、本屋で並んでいた正規の本は約1500円近くで売られていた。市場で売られている中古の本であったら、もう少し安いであろうがしたがって、クラスにこの本を持っている生徒は半数以下であった。

　先ほどに述べたが、モンゴルでは日本のように無償で教科書が配布されることはないので、教科書を学期ごとに図書館からお金を支払って借りる。そのため、生徒は教科書を自ら購入しないかぎり、教科書の私物化はない。「みんなの日本語」は学校の図書館には、10冊程度しか所有していないために、図書館から借りることができない。

写真3　放課後、校庭で遊ぶ生徒（筆者撮影）

　そこで日本語の先生は学校にある『みんなの日本語』を毎回授業前に生徒に配るのであるが、数に限りあるため、2人で1冊もしくは3人で1冊という形で授業を受けざるを得ない。生徒もそれを知っているため、日本語の授業のときは、生徒は教室（日本語の授業専用の教室）に入ると、自分が座りたい席に自由に座る。教室も小さく、生徒たちは基本的に2人1組で1つの長机と長椅子のセットに座ることになる。教科書のこともあって、必然的に2人もしくは3人で長机、長椅子に振り当てられるため、数名のグループが形成される。

　筆者が観察した限りでは、この2、3人のグループはほとんど仲が良い生徒同士で組まれていた。しかし、7、9、11年生のこのグループ形成を観察していると、毎回同じ子同士が席に座る確率はかなり低かった。形成されるグループは毎回変わると言ってもいいぐらいであった。あまりにも仲が良いグループは教員も把握しているみたいで、仲が良い子同士が一緒にペアで座っていると、私語で授業を妨害する恐れがあるため、授業が始まる前に教師が故意に座席を離すようにしていた。こうし

た場合の教師が組む生徒のペアは、公的なグループであるといえよう。

2-3. クラス全体がグループ

　第48番学校には、日本で見られないクラス替えのシステムがある。すなわち、第48番学校では学年が変わるごとにクラス替えをするという習慣がないのである。例えば、小学生にあたる1年生から5年生まで、一度もクラス替えが行われることはないのだという。そして、小学生から中学生に代わる6年生になるときもクラス替えが行われることはない。中学生にあたる6年生から9年生までの間でもクラス替えが行われることはない。

　唯一、クラス替えが行われるのは、高校進学時である。現在、モンゴルでは9年生を卒業すると義務教育が終了するので、9年生卒業後の生徒はそのまま第48番学校に進学するか、私立学校に転校するか、就職するかの選択肢がある。転校する生徒や就職する生徒がいるため、生徒が少なくなるクラスもでてくる。そのため9年生から10年生に移行する段階で一度クラスの再編成が行われる。その後10年生から12年生卒業するまで、また同じクラスメートで学園生活を過ごすことになる。つまり、第48番学校では小学校入学してから高校を卒業するまでの期間に一度だけしかクラス替えを経験しないのである

　日本では、学年が変わるたびにクラスが再編成されるため、前年まで仲が良い生徒と同じクラスになれるとは限らない。そのため、クラス編成するたびに新しい仲の良い生徒を探す必要が出てくる。また、1年でクラスも変わるために、クラスでほとんど喋らずに終わってしまう生徒もいることも少なくない。したがって、クラスの特に仲が良い生徒やグループ内のメンバーでしか交流が行われない。

　しかし第48番学校の場合では、1年生から12年生までで1回しかクラス編成されないため、クラスのメンバーは不変的である。そのようなクラスにおいては、自然と交流が生まれるのではないだろうか。また、もしクラス内でもめ事があれば、そのもめ事を自分たちで解決しないとクラスに不穏な空気が漂うために生徒たちの解決力が身につくとも考えられよう。

　このようなクラスを1ヶ月調査してきて、私が実感したのは、1つのクラスが1つのグループのようだったということであった。

　ただし、この場合のグループはいじめにつながるようなグループではない。第48番学校のクラスは、排除するような他者のいない1つに固まった学級集団であると言える。

3. 競争といじめ

3-1. モンゴルにおける「競争」のゆるさ

　第48番学校で1ヶ月間のフィールドワークをして、気づいたことは競争心を煽って学生生活を送っている空気感が漂っていなかったことである。
　ある7年生の日本語の授業のとき、日本語の中間テストの答案結果が返却された。そこでは、100点満点中10～20点しか取れない生徒でも、高得点を取った生徒でも、お互いに点数を見せ合って、笑いあっていた。また、点数に関わらず、教員は生徒たちの前で生徒の点数を発表しながらテストを返却していた。
　テストの点だけで教員や生徒間同士で優劣をつけている雰囲気もなかった。低得点であっても、落胆する生徒もいない。これは、学校の成績評価制度や受験制度が関わっているのではないだろうか。
　モンゴルにおける成績評価制度については、善野千代子による報告がある。善野によると、教員から子どもへの評価は、一言で言うと観点は「知識・理解」のみである。個人の成績結果は数字で合計計算のみである。年一回のテストだけで評価してしまうこともあるという。学力試験が全国で実施され、県別に成績が国から発表される。点数以外の総合的な判断による評価方法は十分に確立されていない［善野　2005 : 77］。

写真4　日本語テストの返却時の様子（筆者撮影）

　私が参与観察した第48番学校の成績評価の方法は、担任の教員と各授業の教員の評価を合わせて、成績をつけるという形をとる。
　また、1つのクラスに7～8人が良い成績を受け取ることができる。
　以上のことから、第48番学校では、現在の日本の学校と同じく、クラスの生徒に合わせて良い成績を得られる人数は決まっている相対的評価で成績をつけているといえる。日本と同じ評価システムでは、学校生活において競争意識は生まれるので

はないだろうか。では、なぜ第48番学校では競争意識がゆるいと感じられたのか。次の3−2で明らかにしたいきたい。

3-2. モンゴルにおける受験制度

次にモンゴルの受験制度について、いじめとの関係を考えながら紹介しておこう。モンゴルは日本のように義務教育終了後、高等学校に入学するために試験をうけることはない。その代わり、小学校を卒業したら中学校に、中学校を卒業したら高校に上がるための進級試験が設けられている。

ニャマーと佐藤節子によると、モンゴルでは義務教育である小学校と前期中等学校ではそれぞれの終わりに試験があり、児童生徒はその試験で6割の点数に達しない場合、もう一年それぞれの最終年度を繰り返さなければならない。試験で点数が達しない場合、もう一回試験を受けるチャンスはあり、近年留年する児童生徒はほとんどないそうである［ニャマー・佐藤 2014:23］。この背景には、モンゴルの学校は小中高一貫の学校がほとんどであるという事情がある。

またモンゴルの国立学校は、学校が指定している学区の学生のみ受け入れる。そして、一度小学校に入学すると、そのまま高校が終了するまで同じ学校に在籍する生徒が多い。

第48番学校の場合、去年の春、中等部を卒業した生徒のうち、約80％近くの生徒がそのまま第48番学校の高校の部に進学した。しかし残りの20％は、就職や他の高校への転校となっている。特に20人の生徒がほかの高校へ転校した。転校する場合は志望する学校の入学試験を受けなければいけない。

たとえば、モンゴルで日本式の教育を行っている私立の新モンゴル学校では、中学入試において数学、国語、英語の3教科の試験を課している。高校入試では、数学、理科、国語、歴史、英語の5教科を課している。近年、同学校は、高校卒業後、東京大学や大阪大学や千葉大学などの日本の大学に留学した生徒もいるということもあって、入学者が増えている。

また、高校卒業後、大学へ進学する場合は日本の大学入試センター試験に相当する全国統一試験が毎年6月に各県で実施される。全国統一試験は1人3回まで受けることが可能である。大学は、この全国統一試験の評点と高校までの学校の成績を合わせて合否を判定する。

たとえば、総合大学であるモンゴル国立大学の場合、募集人数を21の県とウランバートル特別市（県と同等の地位がある）の合計22個のブロックに分ける。すなわ

ち、全国から満遍なく学生を入学させるシステムである。例えば、ウランバートル市で100人モンゴル国立大学に入学することができるならば、全国統一試験の結果と学校の成績を合わせた成績の上位100人がモンゴル国立大学に入学することができるというわけである。

　以上のように、モンゴルの学校は多くが小中高一貫であるために、多くの生徒が大学へ進学しないかぎり受験を経験しない。これは、日本と大きく異なる。日本では、義務教育終了と同時に高校受験が控えているために、中学3年生になると良い成績を取ろうと奮闘する。その結果、生徒たちは学業面においてストレスを負うことになる。しかし、モンゴルの場合、ほとんどの学生がそのまま同じ学校に進学するため、大学受験を迎えるまでは過当な競争を強いられないといえよう。

3-3. 競争主義といじめ

　モンゴルにおける受験を巡る競争のゆるさは、いじめにどんな影響を与えるのだろうか。尾木直樹は競争原理を教育現場に持ちこむことで、いじめが起きると述べている。

　尾木によると、小泉政権時代に「聖域なき構造改革」で、大きく教育現場が変化した。教育改革の名のもと競争原理に基づく「成果主義」がもたらされたのである。「成果主義」では、数値目標を掲げ、競争原理を働かせて性急に結果を出すことが求められる［尾木 2013:84］。

　尾木直樹は、この状況について、「全国学力テスト」に代表される学力向上施策然り、「〇〇大学への進学者△人」「いじめを3年間で半減」などの数値目標然り、数値によって成果を計り、数値による結果で学校の良し悪しを決定することは、生徒たちにとってストレスフルなものになっていると述べている。

　また、成果主義の最もたるものが、「全国学力テスト」であると論じている。学校や市区町村、あるいは県同士がテストの点数という数値で競い合う状況は、子どもたちにとっても大きな心のプレッシャーとなっている。学びのプロセスなどはまったく無視して、数値目標にむかって、ひた走りに走らされており、子どものストレスが最高潮に達して、キレることにつながっても不思議ではない［尾木 2010:68-69］。

　2006年に第一次安倍政権が誕生し、教育再生会議が内閣に設置され、新自由主義的な改革を教育現場に押し進めていった。そして翌年には、日本全国の小学六年生、中学3年生を対象に行う全国一斉学力テストが導入された。その結果、テストの成績による、学校間競争がさらに加速することになった。学歴社会の伝統では、熾烈

な受験戦争によって、教科成績が良い生徒は学校生活のありとあらゆる面で「勝者」「よい子」とみなされ、逆の立場の生徒は「敗者」とみなされる傾向がある。勝者と敗者を区別することでいじめが生まれる可能性がある［尾木 2013:20-21］。

　以上の尾木の議論をまとめると、近年の学校社会における競争の過激化がいじめを生み出すという1点に整理できる。しかし、いじめは日本において受験戦争が過激化する以前にも存在したのであり、受験戦争がいじめのプッシュ要因ではあるものの、原因そのものではないといえる。とはいえ、モンゴルの事例から考えられるのは、彼ら第48番学校の生徒は、過当な競争に煽られて学生生活を過ごしていないということである。その背景に、モンゴルの学校は小中高一貫の学校が多いということがある。多くの生徒が小学校入学時から高校卒業まで同じ学校で過ごす。そのため、大学受験を迎えるまで学業面で競い合うことは少ないのである。これに対して、日本の場合、義務教育が終了すると、高校に入るために受験をする。そこでは、よりよい成績を取るために、生徒たちは学校内でテストや授業態度で競い合う。その結果、子どもたちにストレスがかかり、それを解消するためにキレやいじめへとつながる。しかしモンゴルでは、子どもたちに学業面では日本よりストレスがかからないために、いじめが起きにくいのではないだろうか。

さいごに

　本章では、モンゴル首都ウランバートル第48番学校での参与観察や聞き取り調査によって、子どもたちの間でいじめが起きない理由を明らかにしてきた。本論は、筆者がモンゴルには「いじめ」という概念が存在しないと聞いたことがきっかけであった。

　この疑問に基づきながら、日本のいじめ研究とフィールドワークの調査結果を比較し、モンゴルの学校を舞台とした「いじめ」の実態をみてきた。

　まず、第1節では、まず、社会主義時代のモンゴルの学校教育の歴史に簡単に触れた上で、民主主義化以降の教育制度について概観した。そして今回のフィールドワークの対象地であった第48番学校について紹介した。次に第2節では、モンゴルの学校生活において、インフォーマルなグループとフォーマルなグループ形成について焦点を当てた結果、日本の学校生活と比べてグループを形成する頻度がかなり低いことが明らかになった。

学校社会内におけるグループ形成は、教師などが設定するフォーマルなグループ形成と生徒が自発的に形成するインフォーマルなグループ形成に分けられる。加野芳正が指摘するように、日本の学校では現在でも、クラスや班を単位として集団行動をとり、掃除もみんなで行い、給食もみんないっしょに食べる［加野 2011］。日本では、フォーマルなグループ形成が重視され、集団主義的なシステムが優位に置かれているといえよう。これに対して、第 48 番学校では、そもそも学校や教師の側からグループを形成するという働きかけがほとんどなかった。もちろん、理科の実験などのように設備が充足していないがゆえにグループを形成できないという、事情もあったのであるが。

　一方、インフォーマルがグループ形成に関して、三島浩路はインフォーマルなグループ作りは、友達を作る機会を失わせることになると論じた ［三島 1997］。日本の学校の場合、遠足、旅行、授業の一部など、あらゆる場面でインフォーマルなグループが形成される。このような場面のとき、教員は生徒たちが楽しく物事に取り組むことができるように、インフォーマルなグループを形成するように促し、フォーマルなグループ作りをあまりしない。

　ところが、第 48 番学校では日本の学校生活と比べると、グループを形成する頻度がかなり低かった。生徒たちは私的なグループを形成せず、分け隔たりなく交流しているところが観察された。実態」で記述したように多くの場面でグループ形成が行われないことが明らかになった。グループ形成が行われる場合も、不規則であり、短時間的なものである。その例として、教科書の見せ合いが挙げられる。モンゴルでは、教科書が無償で提供されないために、教科書を所持している生徒と所持していない生徒がいる。特に、日本語の教科書は高価なものであるために所持している生徒は少なかった。そのため、教科書を所有していない生徒は所有する生徒の隣に座り行く光景がよく見られた。見せる生徒と見せられる生徒のペアはほとんど毎回変わっていた。つまり、学習環境の不整備が幸運にも不規則なグループ形成を生み出しているのである。

　また、彼らの学校生活を観察していると、生徒たちは、そもそもインフォーマルなグループを形成して活動することが少ないことがわかった。たとえグループが形成されたとしても、も短時間で消滅してしまうことが多い。このため、少人数の固定されたメンバーで集まることがなかった。

　さらにモンゴルの学校では、クラス替えという概念がなく、小学校に入学してから、高校を卒業するまで一度しかクラス再編成が行われない。こうした固定クラス

では、生徒間での交流が自然と生まれるのかもしれない。また、もしクラス内で何か問題が発生すれば、その問題を自分たちで解決しようとするために、生徒たちの解決力が身につき、いじめに発展しにくいのではないだろう。

　第3節では受験戦争と生徒たちの競争意識に着目した。第48番学校では、過当な競争を強いられた雰囲気はなく、生徒たちに優劣を付けられていなく、ストレスフルな環境ではないことが明らかになった。モンゴルの学校の多くは小中高一貫の学校であり、ほとんどの生徒が小学校入学時から高校卒業まで同じ学校で過ごす。生徒は進級するための試験はあるものの、日本のような高校受験をしない。このため学校生活において、過当な競争を強いられず、生徒間同士で優劣を付けられることなく、学業のプレッシャーによるストレスなく過ごすことできるといえよう。

　以上のことからわかるのは、第1にグループ形成をしないことこそが、いじめが生まれない秘訣ではないかということである。最初に述べたように、モンゴルの人々はもともと集団を組むのが苦手な遊牧民であった。こうした遊牧民の心性が都市化したウランバートル市にどれだけ残っているのかはわからない。しかし、集団をつくるために、何らかの排除の原理がはたらく以上、集団すなわちグループを形成しないというのも「いじめ」を防ぐために有効な手段なのかもしれない。第2にモンゴルでは日本のような成績と受験を巡るプレッシャーがあまりないこともいじめがないこととかかわっているのではないかという仮説も提示した。しかしながら、近年モンゴルでもいじめが起きているともいわれている。Aクラスの担任の教師によると、モンゴルでもいじめが原因で亡くなった子どもがいると聞いたと言っていた。ただし、彼は「新聞やテレビで報道されていないために本当にいじめが原因で亡くなったのかは、信憑性はない」とも語っていたのであるが。

　伊藤によると、もともと日本語に「いじめる」という動詞はあり、子どもの世界ではいじめと呼ばれるような現象が古くから存在し、認知されていたが、その言葉が名詞形で使われることはほとんどなかった。それが、80年代半ばにまず「校内いじめ」などという言葉がカッコ付きで使われ始め、やがて普通名詞として定着していった［伊藤 2007：7］。

　だとするならば、モンゴルにもいずれ「いじめ」に相当するような単語を生まれるかもしれない。というのも、モンゴルも日本のように自文化の中にない概念は外来語として、取り入れている傾向が強いからである。例えば、コピーするは、「キャノンする（kanohdakh）」という。そんなふうに日本語の「いじめ」という単語をモンゴルが輸入する形があるかもしれない。この学校の生徒たちは、日本語を教えてい

る学校なので「いじめ」という言葉自体を知っている生徒も少なくない。先生たちも「いじめ」というものの存在を日本語の「いじめ」で認識している。

　興味深いことに、第48番学校のある生徒にどこで「いじめ」というものを知ったのかと質問すると、韓国のテレビドラマを見て、「いじめ」というものを認知するようになったと答えた。実際、現代モンゴルは、韓国文化の影響が強い。ウランバートルでは、韓国料理があちこちに点在しており、スーパーにはさまざまなキムチや韓国製インスタントラーメンが陳列されている。また、ウランバートル市内に住む若い人を中心に韓国のコスメやメイクが流行しており、韓国のコスメショップが増加している。そう考えると、「いじめ」も将来、外国から輸入される可能性も考えられるだろう。

　韓国のドラマを見て「いじめ」の存在を知った生徒に、「モンゴルではどのようなことをいじめと認識しているのか」と質問したところ、「金品を奪ったり、殴ったりするなどの暴力的なことを示すようなこと」と言っていた。しかし今後、モンゴルで放送される海外のテレビや映画から新しい「いじめ」の概念が生まれるかもしれない。

　日本においては、いじめは現在どんどん変容している。インターネットの普及により、子どもたちの間では、インターネットはとても身近な存在である。そのインターネットが子どもたちのコミュニケーションの中に浸透して、ネットいじめが波及している。たとえば、学校掲示板の書き込むによるいじめ、SNSを使ったいじめ、無料で電話やメールができるラインいじめが発生している。

　その一方でモンゴルでは、いじめはまだ社会問題化していないようだ。48番学校のある教師は、学校が抱える一番の問題として、教室不足やコピー機がないことを挙げていた。こうした物不足の問題は、急速な経済発展をしている以上、近い将来、解決されていくことだろう。そうなったとき、モンゴルでも「いじめ」が社会問題化する時代が来るのかもしれない。

（2016年1月）

参考文献

伊藤茂樹（編）　2007『リーディングス日本の教育と社会　第8巻いじめ・不登校』日本図書センター。

尾木直樹　2010『子ども格差―壊れる子どもと教育現場』、角川書店。

尾木直樹　2013a『いじめ問題をどう克服するか』、岩波書店。
尾木直樹　2013b『尾木ママの「脱いじめ」論』、PHP文庫。
加野芳正　2011『なぜ、人は平気で「いじめ」をするのか？』、日本図書センター。
小出達夫　2010「モンゴル　人と教育改革（6）―　社会主義から市場経済への移行期の証言　―」『北海道大学大学院教育学研究』、111、pp. 41-63。
齋藤美代子　2014「教育のトレンド」、小長谷有紀・前川愛　編　「現代モンゴルを知るための50章」、明石書店、pp. 210-213。
髙橋梢　2014「モンゴルにおける普通教育学校の教科書供給の現状と課題：ウランバートル市の実態調査から」、『言語・地域文化研究』　(20)、pp. 15-32。
ダシィダバ・ニャマー・佐藤節子　2014「モンゴルと日本における中学校と高校の化学教育のあり方」、『岐阜大学教育学部研究報告』38、pp. 23-30。
内藤朝雄　2009「いじめの構造」、講談社。
仲律子　2010「モンゴルが抱える教育課題―経済的問題を主軸として―」『Bulletin of the Graduate School of Education and Human Development Nagoya University』48、pp. 9-16
パオロ・マッツァリーノ　2015「昔はよかった病」、新潮社。
三島浩路　1997「対人関係能力の低下といじめ」名古屋大學教育學部紀要『心理学』44、pp. 3-9。
宮脇淳子　2008「朝青龍はなぜ強いのか？」、ワック。
善野八千子　2005「モンゴルの教育事情から学ぶ」、『発達人間学論』8、pp. 75-83。
Bayagalan Oyuntsetseg　2012「日本におけるモンゴルの教育に関する研究- 指導法改革に対する諸外国の協力と課題を通じて -」『中央学院大学社会システム研究所紀要』13、pp. 45-56。

インターネットサイト

文部科学省　2016a「個に応じた指導」に関する学習指導要領の規定（2016年1月8日取得）http://www.mext.go.jp/b_menu/shingi/chukyo/chukyo0/toushin/03100701/023.htm
文部科学省　2016b　現行学習指導要領・生きる力（2016年1月8日取得）
　　http://www.mext.go.jp/a_menu/shotou/new-cs/youryou/chu/toku.htm

第3部 「伝統文化」の相貌

現代風にアレンジされたモンゴル舞踊
2016年　ウランバートル市　撮影：八木風輝

第1章 「伝統」という概念のゆらぎ
――モンゴル舞踊をめぐる「伝統」観の世代間格差

今井　冴香

はじめに

　意外なことであるが、遊牧民の暮らす大草原で「伝統的な」モンゴル民族舞踊を見ることはあまりできない。なぜなら現在、モンゴルでは首都ウランバートルへの一極集中が進んでおり、民族舞踊は、むしろ首都にある「国立ドラマ劇場」や、民族のスポーツの祭典が行われる「ナーダム・スタジアム」で観賞するものとなっているからである。

　私自身も留学中（2009年3月～2010年2月）、首都で何度かこうしたモンゴル「伝統舞踊」を鑑賞する機会に恵まれた。そこで踊られていたモンゴル舞踊とは、エスニック集団ごとに衣装やスタイルが異なる「民族舞踊」であった。踊り手たちはエスニック集団ごとに異なった衣装を纏い、また異なる振り付けの舞踊を披露する[1]。きらびやかな民族衣装をまとって、舞台の上で華麗に舞い踊る青年や少女たちの姿は美しかった。振り付けも馬を疾走させる遊牧民の姿や乳しぼりなどの牧畜作業をモチーフとしていることが見て取れた。

　その一方で、バレエのつま先立ちのポーズをしたり、ジャズダンスのような一斉に同じ振り付けで踊ったりする姿も見受けられた。こうしたモンゴル舞踊は、「伝統舞踊」というよりも欧米出自の要素がちりばめられたモダンダンスだという印象を強くもった。そこで1つの疑問が心に浮かんだ。このような欧米化したモンゴル舞踊がなぜ「伝統的な舞踊」として踊られているのだろうか、という疑問である。

　一見すると、現在のモンゴル舞踊はエスニック集団ごとに長い歴史を経て成立してきたように見える。しかし前述したようにモンゴルの「伝統舞踊」にはバレエやジャズダンスの影響を受けているのは明白である。バレエの要素は、ソ連の支配下であった社会主義時代にモンゴルに入ってきたものであり、ジャズダンスの影響は、社会主義崩壊後、アメリカなどの西側諸国から取り入れられたものと考えてほぼ間

---

[1] モンゴル国の代表的なエスニック集団の舞踊の概要は、文末の資料を参照のこと。

違いないだろう。つまり現在のモンゴル舞踊は、単純に伝統的に受け継がれ、その姿を変えることなく踊られてきたのではなく、むしろ意図的に創られてきた可能性が高いのである。

　歴史家のエリック・ホブズボウムは、かつて私たちが伝統的だと思っている習俗・習慣が比較的新しい時代に、ナショナリズム形成との関わりの中でねつ造されてきたことを明らかにした［ホブズボウム 1992］。いわゆる「創られた伝統」論である。しかし、伝統がねつ造されているというのは、外部の観察者の視点であり、当事者たちは自分たちが伝統をねつ造しているとは考えていないと思われる。

　おそらく従来の研究に欠けていたのは、当事者たちが、「ねつ造」ではなく、どのような感覚をもって「伝統」という言葉を認識し、使っているのかという視点ではないだろうか。

　当事者であるモンゴル人たちは、「伝統」のことをモンゴル語で 「*уламжлал (ulamjlal)*」と言う。この単語は、2006 年に出版されたダンバジャブ編によるモンゴル語辞典では、「*уламжлах (ulamjlakh)* の名詞形、昔から継続されてきたこと」と書かれている［Дамбажав 2006］。また、ボーデンの『MOGOLIAN-ENGLISH DICTIONARY』には「伝統、(誰かによって)伝えたもの」と書かれている［Bawden 1997］。一方で日本の『広辞苑　第 5 版』で「伝統」を引いてみると「ある民族や社会・団体が長い歴史を通じて培い、伝えてきた信仰・風習・制度・思想・学問・芸術など。特にそれらの中心をなす精神的な在り方」と書かれている［新村 1998］。辞書の定義ですら、モンゴル語と日本語での「伝統」という言葉の解釈に大きな差異がない事が分かる。しかも何をもって「伝統」とするのかは、社会階層や年齢などによって異なるのではないだろうか。

　以上を踏まえ、本稿ではモンゴル舞踊の「伝統」観の違いを明らかにしたい。とりわけ以下の 2 点を明らかにする。1 点目は、モンゴル舞踊の形成に関する歴史に関してである。すなわち、舞台上で披露される現在の「モンゴル舞踊」の、社会主義時代から現代にいたるまでの創造の過程を見ていく。そうした歴史過程を踏まえて、2 点目に、現代のモンゴル舞踊の舞踊創作者、舞踊家、大学の舞踊研究者などへの聞き取りから、彼らがどのような意味で「伝統」という言葉を使っているのかをとりわけ世代間の違いに注目して明らかにしていきたい。そうすることで「創られた伝統」が当事者たちの中で、いかに「本質化された伝統」として認識されていくのかという問いに迫っていけるのではないだろうか。

　本稿における調査方法は、モンゴル舞踊関係者からの聞き取りをもとにしている。

彼らがいかにして「伝統」を認識しているのかについて述べていくため、大きく2つの研究方法を用いた。1つは文献による調査であり、モンゴルの社会主義時代以前と社会主義時代下の舞踊史をまとめた。もう1つは実際にモンゴル国で行うフィールドワーク調査で、モンゴルで舞踊家や舞踊研究者に対して現在のモンゴル舞踊の成立について聞き取り調査を通じて、各人らが抱く「伝統」の概念の比較を行った。

1. 社会主義時代とそれ以後の「モンゴル舞踊」の成立

　社会主義時代のモンゴル人民共和国では、「国民」や「大衆」といった集団の概念を通して、国策として文化教育事業を推進してきた。具体的には、「クラブ」や「赤い部屋」、「赤い家」などの文化教育機関を設立し、大衆に様々なテーマでの講演、本や新聞の購読、自発的な芸術サークル活動組織の結成と活動が行われた。こうした施設は、文学や演劇といった大衆に理解されやすい芸術を媒体にして、政治的には鋭くかつ明確な革命的内容を持つような作品を上演することで、国民の政治や政権に対する意識の向上を図ってきた。

　その後、ソ連崩壊とモンゴル国の民主化における混乱に伴い、1980年代後半から、1990年代前半は芸術や舞踊の分野で特に進歩や発展がみられることはなかった。モンゴルの舞踊関係者は、この時期を「芸術やモンゴル舞踊にとって良くなかった時代」だと表現している。しかし近年、個人の価値観が多様化し、それらが尊重されるようになったことにより、芸術分野もより自由に表現できるようになり、従来のように政治的意図を持って創られるのではなく、エンターテイメント性を多く含む芸術が認められるようになった。舞踊に関して述べるならば、現在は、ヨーロッパの舞踊をモンゴル舞踊に取り入れて新たな表現を創りだす取り組みなどがなされている。

　こうした舞踊を巡って、社会主義時代の舞踊はどのように創造されてきたのだろうか。次節では、モンゴルの伝統舞踊の創造を通じて、社会主義時代以前から踊られてきた舞踊の概要を追うとともに、それを継承した社会主義時代の舞踊の形成に関して明らかにしたい。

1-1. モンゴルの伝統舞踊の成立

　現在も踊られ続けているモンゴル舞踊の歴史は古いとされている。また、「モンゴル民族」は 1 つの集団であったわけではなく、現在でも多くの集団がモンゴル国の中で暮らしている。そして、これらのエスニック集団はその集団ごとに異なる舞踊を有している。彼らの舞踊がそのように成立したのか、ここでは現在、モンゴルで踊られている舞踊の成立について、翻訳を行った G. ドルゴルスレン著『モンゴル国民舞踊』と D. ナンジッド著『モンゴル舞踊の歴史的伝統と発展への新しい方向性』［Нанжид 2009］を用いてまとめておきたい。

1-1-1. モンゴル舞踊史の成立

　舞踊は、原始時代から世界中で様々な形を持ち、存在している芸術の様式である。モンゴルに存在する舞踊も同様で、古くは石器時代からモンゴル高原で舞踊が踊られていた形跡が残っている。はじめは信仰・宗教儀礼として舞踊が踊られてきたが、モンゴル帝国時代には、国の祝い事として舞踊が用いられるようになった。つまり、舞踊がただ単に踊られるのものではなく、見るために踊られるようになったという記録が残されているのである。社会主義時代になり、政治的意図も多く含まれたが、国家のためだけではなく様々なものごとの表現方法の 1 つとしても舞踊が用いられるようになった。さらに、劇場が造られることで舞台舞踊が成立し、観客を動員したエンターテイメント化した舞踊が一般的となってきた。

　また、モンゴルは多民族国家であるからこそ、それぞれのエスニック集団が独自の「伝統舞踊」を創り上げてきた。そこに近代化に伴って海外舞踊が流入してきたことで、モンゴルの中で新旧の要素が互いに混ざり合い、多くの新しい舞踊や技法が生み出された。

　そして現在では、舞踊はモンゴルの誇る「伝統」芸術のひとつであるとして世界に向けて発信されている。

　現在、歴史的舞踊として踊られている舞踊として、シャーマンの儀礼舞踊[2]と、チベット仏教の仮面舞踊であるツァム（チャム）[3]がある。シャーマンの儀礼舞踊とは、

---

[2] シャーマンとは、北アジアを中心に実践されている精霊と直接交流する宗教的職能者である。一般的にシャーマンはトランス状態に陥ることで超自然的存在と交信することができる。また、彼らはトランス状態に陥るための手段として太鼓を鳴らしたり、足を踏みならしたりして踊るなどの動作を行う。
[3] チャムともいう。チベット仏教に伝わる仮面舞踊劇である。チベット仏教の憤怒尊などの仮面をかぶり舞踊劇を通じて教義を教えるために催される。

降霊を行う際に行われる踊りのことである。シャーマンは、太鼓を鳴らしたり、ジャンプをしたりすることで、トランス状態になり、占いや予言などを行った。この時に行われる舞踊は、シャーマンの衣装と規則性の見出しにくい独特な動きなどが特徴である。モンゴルで最初に生まれた舞踊はシャーマンの舞踊であると言われているが、現在は、降霊は行わないが、上に述べたような独特な動きをする舞踊が劇場の舞台で踊られている。

また、ツァムはチベットから伝わった仮面舞踊が、モンゴルの文化や習慣に触れることで変化し、「モンゴルツァム」となった。近年ではこのツァムもシャーマンの舞踊と同様にモンゴルの伝統舞踊として劇場の舞台で踊られている。舞台で踊られる舞踊では、仮面、衣装、楽器などはチベット仏教の宗教儀礼で用いられる道具を用いて踊っている。しかし、現在踊られているシャーマン舞踊もツァムも舞踊芸術として確立された舞踊であると思われる。

1-1-2. 現代モンゴル舞踊の創造

現在モンゴルで踊られている舞踊は大きく分けて3つに分けることができる。それは、歴史的舞踊、民族舞踊、新しく作られた舞踊である。歴史的舞踊については前述したため、ここでは主に民族舞踊と新しく創られた舞踊について述べていく。

まず、民族舞踊とは、モンゴル人が草原で生活し、その中での形式や道徳、生活習慣などを舞踊に表した舞踊のことを言う。ここでいう民族舞踊とは、文献に残されているような儀礼舞踊や舞台舞踊とは異なり、人々の生活から自然発生的に生まれたものを指す。

しかし、現在モンゴルで踊られているこの民族舞踊にあたる舞踊は多くが社会主義時代に舞踊創作者によって創りだされたものである。実は、社会主義時代にソ連から舞踊専門の指導者が来蒙し、舞踊技術を持ち込まれたのである。このソ連から招かれた舞踊指導者に、コズニツォワとロマノフスキーがいる。特にロマノフスキーは、民族舞踊指導者であると同時にモンゴル舞踊創作者でもあった。また、モンゴルの有名な舞踊創作者として Ts. セヴジッドが挙げられる。彼らは作品を、舞踊創作者が中心となり、作曲家、舞踊家たちが共に創り上げる手法を確立した。また、セヴジッドは作曲方法、舞踊の動きなど舞踊創作に必要な知識を十分に研究し、昔から存在しているハルハの「ナンバ」のやわらかな動きや、「ビー・ビールゲー」と呼ばれる西モンゴルのオイラト人らが踊ってきた独特な動きを取り入れて舞踊を創作した。セヴジッドの作品の多くは現在のモンゴル舞踊の代表作として知られてい

る。

　次に新しく創られた舞踊とは、ソ連をはじめとしたヨーロッパ芸術にモンゴル舞踊が影響を受けて登場した舞踊である。ソ連のバレエ指導者コズニツォワは、モンゴルで初めてプロのモンゴル舞踊家の育成に取り組んだことで知られる。また、彼女によってモンゴルに初めてバレエの技術が持ち込まれた。

　社会主義時代初期はソ連から指導者を招いて舞踊を学んでいたが、徐々にソ連への舞踊留学も進められるようになり、モンゴル舞踊家は直接ソ連でバレエを学ぶ機会を得ることとなった。その結果、1940年代には「テーマを持つ舞踊」が徐々に発展していった。そこで生まれてきた、新しく創られた舞踊の代表的なものが「*Bujgiin jujig*」(「モンゴル式バレエ」) である。この *Bujgiin jujig* は、モンゴル語で「舞踊劇」という意味であるが、ここではその実態から「モンゴル式バレエ」と呼んでおきたい。このモンゴル式バレエの有名な創作者としてS. スフバートルがいる。スフバートルは前出のセヴジッドの息子である。彼は、モンゴル民族の習慣、歴史、文化、伝統だけでなく、歴史や古代の伝説を研究し、それを舞踊に表現した。そのモンゴル式バレエとは、モンゴル音楽と演劇を融合した新しい舞踊であり、民族舞踊に見られたハルハのしなやかな動きや西モンゴルの舞踊「ビールゲー」の動きを取り入れると同時に、ヨーロッパから流入したバレエの要素も含んでいる。創作過程は民族舞踊と似ているが、従来のモンゴル舞踊にはなかった物語性を有している。何よりも、舞台上で舞踊が踊られる事を前提として創作されていることがモンゴル式バレエの大きな特徴だといえる。

　このように、モンゴル舞踊を大きく3つの種類に分けて述べてきたが、実際に舞踊が踊られる際に民族舞踊のみ、歴史的舞踊のみというように単独で見ることはあまりない。特に舞台で披露される舞踊は、コンサートの演目のひとつとして披露されることが多く、その時に披露されるのがどの舞踊になるかはコンサートによって異なる。また、特に観光客向けに開催されているモンゴル伝統芸能のコンサートでは、「モンゴル舞踊」として紹介され、民族舞踊やモンゴル式バレエが区別されることはない。舞踊を披露する場においては、すべての舞踊がモンゴルの歴史や習慣を表現する伝統的な舞踊となっているのである。

2. モンゴル舞踊関係者の「伝統」についての語り

　ここまで、社会主義時代におけるモンゴル舞踊の創造に関して俯瞰してきた。社会主義時代にロシア人が関与しながら、モンゴル舞踊の創作を行ってきた。その中で、モンゴル国内で踊られていた舞踊の技法を取り入れたり、バレエの技術を融合させたりすることで、モンゴル舞踊は創造されてきたといえる。本章では、社会主義時代に形成されてきた舞踊が、現代においてどのように解釈・認識されているのかを、「伝統」の語り口から明らかにしていこう。

　調査に関しては、2011年9月20日〜10月1日までモンゴル国で2週間、7人の舞踊関係者に対して聞き取り調査を行った。また日本に帰国後、日本に留学しているモンゴル舞踊を学んだ経験を持つ学生に対してもメールで調査を行った。

　聞き取り調査を行うことで、現在舞踊に関わる人々がモンゴル舞踊を説明する際に、「伝統」という言葉をどのように使っているのかということを探っていく。

　質問項目は以下のとおりである。

A　舞踊創作のプロセスはどういったものか
B　舞踊を創る目的は何か
C　なぜ舞踊は昔から踊られ続けているのか
D　社会主義時代と民主主義時代の舞踊の違いはどのようなものがあるか
E　現在、モンゴルで踊られている舞踊は「伝統舞踊」なのか

　また、聞き取り調査を行ったインフォーマント(舞踊関係者)のリストは表1のとおりである。

3-1. 聞き取り調査の結果から

3-1-1. 舞踊創作のプロセスに関する聞き取り

　現在、モンゴル舞踊はどのようなプロセスを経て創作されているのか、舞踊関係者から**質問項目A**の「舞踊創作のプロセスはどういったものか」についての聞き取りを分析した結果、現在の舞踊の創作のプロセスには、ひとつの共通項を見出すことができた。

　それは、舞踊創作は舞踊創作者だけでなく、チームを組んで創作されているとい

表1　インフォーマントリスト

	氏名/性別	年齢	職業/所属	概要
1	オーガンバヤル/女性	20代	舞踊家/国立民族歌舞団	国立民族歌舞団に所属している。専門大学で大学院を卒業した舞踊家である。
2	ツェツェグ/女性	40代	大学教授/モンゴル国立大学	モンゴル国立大学で、社会主義時代の舞踊についての研究を行っている。
3	エルデネホルボー/女性	30代	博士課程/モンゴル芸術文化大学	モンゴル芸術大学で、舞踊の研究を行っている。自らも舞踊家であり、舞踊創作者でもある。
4	スフバートル/男性	60代	舞踊家/国立民族歌舞団	モンゴルで最も有名な舞踊家。社会主義時代に民族舞踊にバレエを取り入れて多くの名作を創りだしている。
5	オヨン/女性	60代	舞踊教師/国立音楽舞踊学校	国立音楽舞踊学校でモンゴル舞踊の指導を行っている。
6	オドバヤル/男性	30代	博士課程/モンゴル芸術文化大学	舞踊家であり、現在は研究を行っている。ロシアに留学し、舞踊を学んでこともある。
7	ナンジッド/女性	80代	大学教授/モンゴル芸術文化大学	モンゴルの有名な舞踊家であり、教授でもある。舞踊についての研究を行い、多くの著書がある。
8	留学生M/女性	20代	日本への留学生/東京・某大学	日本に留学中の大学生。モンゴル舞踊に興味があり、趣味で知り合いの舞踊家に舞踊を習っていた。

うことである。このチームは、舞踊創作者を中心に舞踊音楽の作曲家、衣装デザイナー、舞踊家などが一つの舞踊を創作するために編成される。

　このことについて、モンゴル芸術文化大学博士課程のエルデネホルボーは「舞踊

の制作は舞踊創作者、作曲家、デザイナー、舞踊家など舞踊を作る際に関わる人の全てがチームとなって行うことが基本になります。舞踊制作の工程の中で一番大切なことは、テーマを設定したうえで民族の習慣、生活、文化、服装など、どのように暮らしているかということを調べることです」と語った。舞踊を創る際にチームで協力体制を取ることは非常に重要であるようだ。

具体的には、以下のようなチーム体制とプロセスで舞踊は創作されている。

現在の舞踊の創作法

① 舞踊テーマの設定：舞踊創作者（*Bujgiin deglegch*）

歴史的舞踊、民族舞踊、新しく創られた舞踊からどの舞踊を創作するかの選択する。また舞踊を創作して表現する対象（伝承、遊牧民の生活の様子、信仰儀礼など）を決定する。

② テーマに関する研究：舞踊創作者

歴史的舞踊ならば文献研究、民族舞踊ならば遊牧民の暮らしの観察や聞き取りなどのフィールド調査または文献研究、新しく創られた舞踊ならば、新たな身体技法や表現の研究を行う。

③ テーマにあった音楽の作曲：舞踊制作者、作曲家

舞踊創作者の研究成果をベースに舞踊曲の作曲家が舞踊音楽を制作する。この時に舞踊創作者の意図をいかにうまく掴み、表現するかが重要になるという。また最近は、作曲はピアノで行うのが一般的である。

④ 衣装の制作：舞踊創作者、衣装デザイナー

舞踊用の衣装を作るデザイナーに舞踊のイメージを伝え、テーマにあった衣装を制作する。長い布や茶碗を使用する時は、この時点で用意をする。

⑤ 振付の決定。：舞踊創作者、舞踊家

①〜⑤に適した舞踊の全体的な流れや、具体的な振り付けの動作を決定する。基本的な舞踊の流れは次のようになる。

　ⅰ　始まり
　ⅱ　発展
　ⅲ　クライマックス
　ⅳ　終盤（結びを下げる、盛り上がりと盛り下がりのメリハリをつける）
　ⅴ　結末

⑥ 振り付けの舞踊家への指導。：舞踊創作者、舞踊家

舞踊家に創作した舞踊を教えることは、舞踊を創っていくことと同じ意味を持つ。時に、舞踊を指導しながら舞踊家の意見も取り入れながら舞踊を創り上げていく。

　この舞踊創作のプロセスは、エルデネホルボーのほかに、同じくモンゴル文化芸術大学のオドバヤル、ナンジッド、また、現在モンゴルで最も著名な舞踊創作者スフバートルも同じ方法であると語った。最初にこの舞踊の創作法を持ち込んだのは、前章でも述べた、ソ連から派遣されてきたコズニツォワとロマノフスキーである。また、モンゴルの生活習慣をよく観察、研究してから舞踊を創る方法は、セヴジッドが舞踊を創作する際に用いていた方法でもある。

　さらにセヴジッドだけではなく、多くのモンゴル人舞踊家が、ソ連に舞踊留学し、その知識をモンゴルに持ち帰っている。以上のことから、現在のモンゴル舞踊の創作のプロセスは社会主義時代が生みだし、現在まで引き継がれているのだと考えてよいだろう。

　聞き取りを行った際、特に「伝統舞踊の創作プロセスを知りたい」と強調したわけではなかったが、回答者である舞踊関係者たちから「これは昔から」という語りが良く聞かれた。どうやら、この舞踊創作のプロセス自体が舞踊創作者にとって「伝統的なものである」という意識が含まれているらしい。前述したように社会主義時代にソ連より流入したものである。言い換えるならば、制度として整えられた社会主義の「伝統」が舞踊創作のプロセスには含まれており、なおかつそれ自体が「伝統」として認識されているのではなかろうか。

3-1-2. 舞踊関係者にとっての「伝統」についての聞き取り結果

　この項では、聞き取り結果から彼らが「伝統」という言葉をどのように使用してモンゴル舞踊を説明しているのか、また、どのような言葉を使って「伝統」を表現したり、見出し認識したりしているのかを明らかにしていく。

　質問項目Bの「舞踊を創る目的は何か」という質問を、実際に舞踊を創作したことのあるナンジッド、スフバートル、オドバヤル、エルデネホルボーの4人に対して投げかけてみた。

　するとその答えは、舞踊に関わった年代によって大きな違いが表れた。その年代を大きく分けると、社会主義時代真っ只中から舞踊に関わってきた者と、社会主義時代崩壊前後から舞踊に関わってきた者に世代が分けられる。ここでは、前者を「社

会主義時代の舞踊家」、後者を「民主化以降の舞踊家」と呼び分けておこう。
　まず「社会主義時代の舞踊家」であるナンジッドと、スフバートルは舞踊を創る目的を以下のように語る（下線は筆者）。

　　ナンジッド「なぜ、"舞踊"を創るのかというと、「舞踊」という芸術分野を発展させるために作るのよ。"伝統舞踊"をなぜ創るのかというと、「伝統舞踊」をさらに発展させるために作るのよ。舞踊だけでなく、伝統を含めて、芸術を発展させるために創るのよ。どうして舞踊を創るのかというと、人生の進むべき道を表わすためよ。舞踊は何でも表現することができるわ。人間のよいところも悪いところも全てね」

　　スフバートル「舞踊を創るということは、伝統的であり、歴史的習慣なのだ。舞踊の動きは昔から伝わってきた動き方で自然と人を大切にしてきたものである。モンゴルの生活や風習を大切にしているという意味を舞踊の動作には含んでいるのだ。
　　　私の舞踊の特徴は、伝統舞踊をより表現豊かに創って、その民族のしきたり（ёс）、つまり、どのようにあいさつをするのか、また舞踊を踊る前にどのようにお辞儀をするのか、といったことをより豊かに表現することだ。そのような舞踊を通じて、モンゴル人のモンゴルらしさというものを強く感じるはずだ。これらを表現するために舞踊を創るのだ」

　以上の語りから分かるのは、社会主義時代の舞踊家の間で、「伝統」がいくつかの意味で使われていることである。
　1つ目は、下線で示したとおり、彼らが「舞踊を創出すること」自体が「伝統的行為」であると理解していることである。ナンジッドとスフバートルでは、少しニュアンスが異なるものの彼らにとって「伝統」とは、昔の形を維持継承していくことではなく、創造し発展させていくことが「伝統」なのである。
　もうひとつの意味は、二重線で示したように彼らが「伝統」という言葉を「舞踊のモチーフ」として用いているということである。そうすることで、舞踊がモンゴルの中に昔から存在する芸術分野の1つであることを示している。
　またスフバートルに関して言うならば、「民族の中に存在するしきたりも昔から存在する」と語っており、「しきたり」を伝統と理解していた。この「しきたり」を意

味するヨス(ёc)という語は、規則、習慣、しきたりという意味を持つ[Bawden 1997]。

スフバートルは、こうした「伝統的」なしきたりにおける身体動作を舞踊にすることで「伝統舞踊」を創出していた。すなわち、彼にとって「伝統」とは、慣習化された身体技法のことを指している。その一方で、社会主義時代崩壊前後からモンゴル舞踊に関わっている「民主化以降の舞踊家」、オドバヤルとエルデネホルボーは、以下のように語る。

> オドバヤル「なぜ舞踊を創るのか、私にとってその目的とは、父から西モンゴルのビー・ビールゲーとドルノド県の舞踊を教わったことで、その教わった舞踊をより表現豊かな舞踊にしたいと思ったからです。私はもうすぐ舞踊創作者育成コースを卒業します。でも私はさらに15年間、舞踊のことを勉強するつもりです。なぜなら、舞踊創作のために必要な教育を受けてから完璧な舞踊を創りあげようと思っているからです」

> エルデネホルボー「私は、人生の目的として遊牧民の生活を舞踊として表現したいという夢があります。また自分の踊りによって社会に自分の主張を伝えたいとも思っています。このような思いは、作曲家や作詞家、または詩人たちと同じ考え方だと思いますよ」

彼らは、舞踊創作の目的に「伝統」そのものが何なのかを明らかに示して語ってはいない。しかしここで注意したいのは、「舞踊を新たに創作すること」自体に「伝統のねつ造」ではないかという疑念を抱いていないことである。この点では社会主義時代の舞踊家と共通しているといえる。

すなわち、彼らの中では「舞踊の創作行為」は「伝統」の一部なのである。それに加え、教育制度や期間にこだわりを見せたオドバヤルは伝統を「制度」化し、伝統の形式を創りだそうとする意志を持っているように感じられた。また、エルデネホルボーは、遊牧民の暮らしを舞踊に表現するとともに、自分の創りだす出す舞踊で自らの思いを表現することを舞踊創作の目的と述べており、昔から続けられている遊牧生活に対してわき起こる「ノスタルジックな感情を喚起するもの」を伝統という言葉を用いて表現した。

このように、舞踊創作の目的を舞踊創作者4人はそれぞれ「舞踊のモチーフ」、「慣習化した身体技法」、「舞踊の教育制度」、「ノスタルジックな感情を喚起するもの」に

対して「伝統」を見出している点では共通している。

　しかし「社会主義時代の舞踊家」の前者2人が「モチーフ」や「しきたり」といった過去から続いていることを「伝統」と呼ぶ一方で、「民主化以降の舞踊家」である後者の2人は現在、または未来に創りだしていく「制度」や個人の「ノスタルジックな感情を喚起するもの」ことに対しても「伝統」だと理解していた。民族舞踊の「伝統」を創出しているという点において社会主義時代の舞踊家と民主化以降の舞踊家の両者に違いはない。また、舞踊を新たに創作することが「伝統」であるという点においても、相違はない。

　しかし舞踊創作の目的に関して、前者と後者では「昔から続くものを守るため」と、「現在、未来に創りだされるものを守るため」と全く異なる時間軸を「伝統」という言葉で表現していることに注意したい。舞踊制作の目的という点では、世代間での目的の違いだけではなく、創られた伝統の中でもどういう類のものならば「伝統」であると解釈するか、という「伝統」の捉え方そのものに考え方の違いがある。

　質問項目Cの「なぜ舞踊は昔から踊られ続けているのか」について、エルデネホルボーとモンゴル音楽舞踊専門学校舞踊講師のオヨン、モンゴル国立大学の舞踊研究者ツェツェグはそれぞれ、以下のように語った。

　　エルデネホルボー「舞踊で一番大切なことはその"動作"だと思っています。人間が誕生した時から「動く」ということはあったわけで、人間が誕生した時から舞踊は存在していたと考えられています。「人間がいること」と共に「舞踊」というのは存在するのです。これは当然のことで、だから舞踊が踊られ続けていることも当然だと思っています」

　　オヨン「人が存在し、集団を組織すれば、祭りや宴、葬式などが必ず必要になるわよね。その時の感情を表現するために舞踊は存在しているの。私にとって舞踊とは、身体を動かして物事を伝える詩のようなもの。"詩"は書き、読むことで伝えるものでしょ。"舞踊"もそれと同じで身体を動かすことで気持ちを伝えるのなの。舞踊は、喜びや悲しみなどを、身体を動かすことによって伝える芸術よ。人間だからこそ、喜びや悲しみは存在するし、それを表現し続けるでしょう。だからこそ、舞踊がなくなることはこの先もないし、これからも人は舞踊を踊るのだと思うわ」

ツェツェグ「舞踊というのは、昔は習慣や儀礼と音楽や動作などが結びつくことによって創られ、踊られてきたわ。今は信仰儀礼のために踊る必要はなくなってきたけど、その一方でエンターテイメントとして観客を魅了するために踊る、舞踊を踊ることで幸せを感じるから踊ると思うわ」

　彼らは、人間が「動く」という動作を行い、人の持つ様々な感情を言葉だけではなく、体中で表現するために存在し、踊られ続けているとの考えを示した。
　またエルデネホルボーは舞踊における「動作」の重要性を語った。永続的に続けられる動作を舞踊の「身体技法」に取り入れることで伝統性を舞踊の中に表現するのだという。同じようにオヨンは、冠婚葬祭などの儀礼の場で沸き起こる感情が舞踊を生み出すものであり、その感情表現の手段として舞踊が踊り続けられているのだと語っている。言い換えるならば、「感情の喚起」こそが「伝統」だというロジックである。またツェツェグの語るように、観客を魅了するために「昔から踊られている」ということを宣伝文句にして「エンターテイメント性」を有した伝統が表現されるようにもなっているのも事実であろう。まとめると、彼らは「身体技法」「儀礼性」「感情の喚起」に対して「伝統」を見出しているといえよう。ただしツェツェグの指摘した「エンターテイメント性」も含めて、彼女が「伝統」と認識しているかは、はっきりしない。
　以上、彼女らが「伝統」として捉えたものには、あまり一貫性がないように思われる。しかし、古くから継承されてきたとされる「儀礼性」や「感情の喚起」といった伝統は、現在、形として残る「身体技法」における伝統を媒介にし、可視化され、誰にでも理解される伝統として「エンターテイメント性」を有していくと考えるならば、彼らの主張はあまり矛盾するものではないのかもしれない。
　舞踊そのものの変化について**質問項目 D** の「社会主義時代と民主化以降の舞踊の違い」について、民主化以降の舞踊家である国立音楽歌舞団オーガンバヤル、モンゴル芸術大学エルデネホルボーと、社会主義時代の舞踊家モンゴル舞踊創作者スフバートルはそれぞれ、以下のように語る。

オーガンバヤル「昔と今の舞踊の違いは、民族舞踊であるかではなく、舞台で踊られているかどうかなのよ。現代の舞踊は昔の舞踊と比べて変化したかというと、形はそんなに変化していないけど、発展はしてきているわ。ただし、民族舞踊は現代的な舞踊と混ざることで発展してきたの。最近は民族芸術として

の舞踊にも関心がもたれるようになってきたわ。モンゴル舞踊は世界の舞踊の発展と共に発展してきたわ。私は社会主義時代の民族舞踊と現在の民族舞踊は、昔と比べて発展はしていると思うけど、「伝統」的な芸術という面では変わっていないと思っているわ」

エルデネホルボー「外国人は、社会主義時代の舞踊と現代の舞踊を分けたがる傾向があります。でも実際には分ける必要はありません。社会主義時代にソ連は舞踊だけでなく全ての分野に影響を与えました。その影響を受けて、モンゴルの舞踊は、舞台舞踊として近代的に発達することができました。舞踊が最も発達したのは社会主義時代です。この時代がなければ、例えばモンゴルにバレエの技術が入って来ることもなかったかもしれません。国策としてバレエや舞踊を発達させることができたことは、個人的にはモンゴル舞踊に良い影響を与えたと思います。

　社会主義が崩壊し、民主化する際に社会が不安定になりました。その中には舞踊業界も含まれています。その頃から舞踊家の給与は安くなり、舞踊コンサートなどで海外に行き、そのまま留まる人も増えていきました。それに代わって国内の舞踊家は減っていき、既存のモンゴル舞踊が崩壊したとも言われています。民主化はこうみると舞踊にとって悪いことであったように見えますが、この時代に世界各地の舞踊がモンゴルに流入することとなりました。また、ネットが使えるようになり、情報が手に入るようになった点は良い点だと言えると思います」

スフバートル「本来、モンゴル舞踊は、『天と地を愛する民族が自然や動物と触れ合って生きる』という意味をもっている。例えば、『こんにちは』の挨拶の動作は、手のひらを上に向けてお辞儀をする。かつてチンギスの家系であるボルジギン氏族の人々は、『*amariin sain baina uu?*（アマリーンサインバイノー？）』と挨拶しながらその動作を行っていた。それに従って、全てのモンゴルの人々が自然にその動作を行うようになっていった。その姿や思いを表現するのがモンゴル舞踊である。

　近年、モンゴル舞踊の衣装の布面積は小さくなり、肌を見せて舞踊を踊るようになっている。これを「芸術」であるとしているが、まったくもってこのような舞踊はモンゴル芸術ではない。このように、人の思いや姿を表現する以外の

舞踊が踊られるようになったことは、昔との大きな違いである」

　昔と今の舞踊の変化について、民主化以降の舞踊家2人（オーガンバヤルとエルデネホルボー）は、社会主義時代のバレエの要素の混入を認めながらも、それは「発展である」とし、舞踊の内容はいずれも「伝統的」であるとしている。むしろ、舞踊を踊る「場所」の違いに伝統と現代の分岐点を見出した。
　もうひとつ注目したいのは、彼らは今と昔の違いを社会主義以前と社会主義以降に力点を置いていることである。社会主義崩壊以降の変化に関しては「分ける必要はない」と考えている。
　これに対して、実際に社会主義時代に「伝統舞踊」を創出していたスフバートルは社会主義時代のバレエの混入といった要素には目をつぶっている。
　また、大きな変化として草原で踊られていた舞踊が舞台を使って踊る舞台芸術への変化を見落とすことはできないだろう。ソ連から流入した舞台芸術は、それまで舞台を必要としなかったモンゴル舞踊に新たな表現法を与えたと考えられる。モンゴル舞踊が舞台芸術へと移行したことにより、舞台に応じた舞踊、例えば舞踊衣装や身体技法などの変化を創りだし、より観客へ向けてのエンターテイメント性が増したとも考えられる。こうしたことに対する自覚もスフバートルの発言からは、聞き取ることができない。
　実は、彼（スフバートル）と彼の父親であるセヴジッドこそが、こういった民族舞踊のソ連化（ロシア化）や「舞台芸術化」を推進してきた主役なのであるが、そうした旧来の伝統の改変について彼は全く言及しない。そして彼は自ら創りだした「伝統」を、モンゴル人の自然観や宗教観によって、「ノスタルジックな感情を喚起するもの」として、伝統であると認識しているのである。そうする一方で、民主化以降の近年の民族舞踊について、特に肌を露出させる衣装が「モンゴル芸術ではない」とその伝統性を否定するような語りをしている。
　つまり社会主義時代の舞踊家にとっての「伝統舞踊」は、社会主義以前の舞踊と社会主義時代の舞踊であり、民主化以降の舞踊は伝統的でないと理解しているのである。彼らの伝統と非伝統の分岐点は、社会主義崩壊と民主化の時期にあると認識しているのである。
　一方で民主化以降の舞踊家は、むしろ社会主義以前と社会主義以降との間に伝統の断絶を見出している。そして社会主義時代の舞踊と民主化以降の舞踊に関しては断絶よりもむしろ連続性を見出しているのである。

第 1 章　「伝統」という概念のゆらぎ　225

　しかし、両者とも時代は異なれ、新しく「伝統」を創出してきたという「事実」においては変わらない。すなわち、何を持って伝統的か、伝統が断絶しているのかという判断は、世代間による認識の違いであるといってよいだろう。
　こうした世代による「伝統」という概念をめぐる認識の違いは、次の質問によって、より明確に表れることになる。
　最後の**質問E**の「現在、モンゴルで踊られている舞踊は『伝統舞踊』なのか」に対して、社会主義時代と民主化以降の新旧2世代の舞踊家はどのように答えたのであろうか。
　まずは、社会主義時代の年配の舞踊家たちに質問した。なお、重要だと思われる語りには下線を引いて強調している。

　　ナンジッド「伝統的な舞踊は、どうしたって変えることはできないわ。モンゴルには多くの少数民族が存在している。そして全部で18の民族舞踊があるの。また、ハルハにも民族舞踊があるわ。13世紀頃のチンギスの時代の舞踊はハルハ芸術の一つよ。
　　私は『民族』のつくったものを何者も排除することは出来ないと考えているの。民族の伝統舞踊と舞台舞踊は別々のもので、"舞台舞踊"は「人」が創るもので"伝統舞踊"は「民族」が創るものなのよ。だから、受け継がれて今でも踊られている舞踊は、モンゴルの伝統舞踊よ」

　　スフバートル「昔は、舞踊を創る人というのは大変少なかった。現代は私にとって、資本主義のせいでモンゴルの伝統的舞踊の真の意味がゆがめられて伝えられていると思っている。
　　民族舞踊が古典的舞踊となったため、現代の人々は自分が自由に想像することで現代的舞踊を創った。しかしそのような方法で作られた舞踊というのは、モンゴルの伝統的な習慣を無視している。しかし私の創る舞踊や、社会主義時代に創られた有名な舞踊は伝統舞踊である」

　　オヨン「モンゴルで踊られている舞踊は伝統舞踊よ。民族舞踊とは、昔は普通に暮らしている人でも踊れる簡単な舞踊だったわ。でも、舞踊を踊る場が舞台に移ったことで、舞台全体を使い大きく動くことができるようになったの。それによって舞踊が複雑になり、これまでよりも様々な表現ができる舞台舞踊に

変化してきたわ。そしてモンゴル舞踊はより発展して、たくさんの新たな動き方が生まれたの。

　モンゴル舞踊が発展することで、モンゴル式バレエが創られたわ。でも、このような舞踊を含めて『伝統舞踊』は『伝統舞踊』なのよ」

　彼らの語りを通して見えてきたのは、社会主義時代に活躍した年配の舞踊家たちは、社会主義以前の舞踊だけでなく、社会主義時代の舞踊も「伝統」だとみなしているという点である。ナンジッドの言説では、18のエスニック集団が創った舞踊が伝統だとしているが、こうしたエスニック集団の分類自体、社会主義が生み出したものであることは知られている。エスニック集団はナンジッドが語るような自然発生的なものではなく、むしろ清朝時代の行政区分を基礎として社会主義時代に「創造」されたカテゴリーなのである［岡 2000］。

　スフバートルも「自由に想像してつくる舞踊は伝統ではない」とする一方で、自らが取り入れたバレエに関しては不問にしている。そうした上で「私が創った舞踊は伝統的である」とも主張している。両者に共通するのは、社会主義時代の産物は「伝統」であるという理解であるといって間違いない。そして彼らは明らかに「民主化以降に創られた舞踊は伝統舞踊ではない」という認識を持っている。

　長年、音楽舞踊学校で教師をしている社会主義時代を知るオヨンもバレエを含めた上で伝統だとする「伝統」概念を支持している。前者と少し違うのは、現代の民主化以降の舞踊を「伝統舞踊」ではない、と否定するまなざしを持っていないことである。これは彼女が直接的に舞踊の創作に関わったことがないことと関連しているからかもしれない。

　では、民主化以降の若い舞踊家たちはどのように考えているのだろうか。

　　オーガンバヤル「今、踊られている舞踊は、モンゴルの伝統舞踊よ。昔と比べると動きが専門的になってきたと思うけど、昔と今の舞踊の違いは民族舞踊であるかではなくて、舞台で踊られているかどうかなのよ。

　舞踊で何を表わすことができるかというと、なんでも全てのことを表わすことができるわ。例えば、社会主義時代以前はゲルの中でおじいさんが馬頭琴を演奏して、それに合わせて母と子どもがゲルの中で舞踊を踊っていたわ。社会主義時代には国が発展していることを知るために、国民が働いている様子を舞

踊にして踊っていた。そして現在は、自由な発想とモダンダンスなどの新しい舞踊を取り入れてモンゴル舞踊を創りだしているのよ。
　<u>社会主義時代以降の舞踊は少し伝統舞踊とは違う</u>と思うけど、モンゴルの生活習慣を表す舞踊やビールゲーは伝統舞踊だと思うわ。また、近年創りだされた舞踊もモンゴル舞踊であることは間違いないわ」

　エルデネホルボー「ビールゲーとヨーホルのみが伝統舞踊であると思います。もともと"伝統舞踊"とは、誰かが作ったものではなく自然発生的な舞踊ですが、舞台舞踊は誰かが創作する舞踊です。社会主義時代にソ連の影響で『伝統的な舞踊』としてビールゲー、ヨーホルだけでなく、舞台舞踊にも同じ表記がなされるようになりました。この２つは区別する必要がありますが、区別ためのモンゴル語がないため仕方ないと思っています。<u>舞台舞踊は、伝統舞踊をベースにして創られていますが、本質的には別々の舞踊です</u>。だから私は『モンゴル舞踊』に存在する民族伝統舞踊（ビールゲー、ヨーホル）と舞台舞踊は分けるべきであると思っています」

　留学生Ｍ「今、モンゴルで踊られているモンゴル舞踊は、伝統的な舞踊だと言って間違いありません。昔から教えられてきた舞踊もやっているし、現代に入って創られた舞踊もあります。すべての舞踊にモンゴル人の日常的習慣や生活などが表現されているので、伝統的舞踊と言ってもいいのではないでしょうか。もちろん時代も変わり、モンゴル人の生活様式もどんどん現代化し、変わってきています。しかし、その中でも昔の伝統をずっと保ちながら伝えているのが今の舞踊だと思います。もちろん、より芸術的になりパフォーマンスとして質が上がっていると思います。よりステージ向けになっているという面もあるのですが」

　以上の語りからわかるのは、おそらく彼ら若い世代の方が、社会主義時代の「伝統の創造」に敏感であるということである。エルデネホルボーはビールゲーやヨーホルのように明白に社会主義以前に存在していた舞踊は「伝統舞踊」であると述べている。その一方で社会主義時代の舞踊は「伝統舞踊とはいえない」と主張していた。オーガンバヤルもそれほど積極的ではないが、舞台の有無を挙げることで、社会主義以前と以降の差異を強く認識していた。

こうした社会主義を相対化するまなざしは、前出の社会主義時代の舞踊家たちには見られなかったものである。しかし、現在の舞踊を「伝統舞踊」といえるのか、という点については、意見が分かれた。

では、何をもって「伝統」であると意識するのか。社会主義時代の舞踊家たちと民主化以降の舞踊家たちの間にどのような認識の違いがあるのだろうか。

社会主義時代の舞踊家であるナンジッドとスフバートルは受け継がれてきた暮らしや習慣を例に挙げ、モンゴル高原で生活してきた人々の「民族性」に対して伝統を見出していた。

一方、オーガンバヤルはビールゲー、ヨーホルに含まれる動作などを例に挙げ、昔から存在する身体技法を持つ舞踊を伝統舞踊である。すなわち若手は、「身体技法」そのものに対して「伝統性」を見出しているといえよう。

また、エルデネホルボーはオーガンバヤルと同じく「身体技法」に対して伝統を見出すと同時に、モンゴル語の概念分けの限界にも言及している。一方、留学生Mは昔から存在する「民族性」と「身体技法」の両方に「伝統」を見出していた。

しかし、「身体技法」、「民族性」のいずれも社会主義時代に創出されたものであることに変わりはない。バレエ的身体技法には目をつぶり、牧民の労働作業をモチーフにした身体技法は「伝統的」であるとする。民族性に関しても、そうした「民族区分」を生みだしたのが社会主義であった。

ここで注意したいのは、社会主義時代の舞踊家、民主化以降の舞踊家はそれぞれ「民族性」、「身体技法」に「伝統」を見出したことに対し、趣味で舞踊を習っていた留学生Mは、「民族性」「身体技法」のどちらに対しても「伝統」を見出しているという点である。すなわち、この留学生Mは、世代の違う舞踊家たちの両方の発想をあたかも吸収したかのような語りをしていたのである。

おわりに －「伝統の創造」を認識/否認する－

本稿では、社会主義時代のモンゴル舞踊の創造過程を示した上で、モンゴルの舞踊関係者の語りの中で、彼らがいかに「伝統」を認識しているのかということを明らかにしてきた。

そこで明らかとなったのは以下の2点である。第1に、辞書に記載された意味とは裏腹に舞踊関係者が新たに創出するという行為も含めて「伝統」だとする特殊な

第1章 「伝統」という概念のゆらぎ　229

「伝統」概念をもっているということである。これは、社会主義時代の舞踊家たちが、「舞踊を創出すること」を「伝統的行為」であると理解し、民主化以降の舞踊家も、「舞踊を創出すること」を「伝統のねつ造」ではないかと疑念を抱いていない点からも明らかである。

　なぜ、彼らはこうした動態的な「伝統」概念をもっているのだろうか。本論では、その理由にまで迫ることができる決定的な証拠はない。しかし、仮説を述べるならば、マルクス主義に起因する「社会主義的発展史観」が関係しているのではないだろうか。舞踊関係者の言説には、「伝統」と「舞踊の発展」という概念が常に一緒に登場していた。この「発展（хөгжил）」とは、社会主義的発展史観における「発展」をさすと考えて間違いあるまい。社会主義時代を経た彼らにとって、マルクス主義的な考え方から、自分たちは常に「発展途上」の中にあり、新たなものを創出することが「伝統」であるとするならば、「発展」と「伝統」が矛盾しない同居可能な概念であるという可能性は十分に考えられる。もちろんこれを実証するためにはデータが不足しているため、その検証は今後の課題であろう。

　2点目に、社会主義時代の年配舞踊家と民主化以降の若手舞踊家では「伝統」という概念をめぐって認識が異なるという点である。両者ともに、社会主義時代以前の舞踊は「伝統舞踊」であるとの認識を示したが、社会主義時代の舞踊家は社会主義時代の舞踊も「伝統舞踊」であると示したのに対し、民主化以降の舞踊家はそうであるとはしなかった。

　さらに、舞踊家たちは両者共に伝統を創出しながら、自らの伝統創造行為は前述したように、「伝統の枠内」であると解釈し、異なる世代の人々の伝統創作行為に対しては、「あれは伝統ではない」と敏感に作為性を認識している。

　すなわち、モンゴルにおいて伝統を創造する当事者は、自らの創造行為は「伝統」であり、他世代の創造行為は「非伝統」であるという認識をもっているということである。

　また、何をもって「伝統」とみなすかという点においては、前述したように社会主義時代の舞踊家たちは、モンゴル高原で生活してきた人々の「民族性」という抽象化されたもの対して見出していた。これに対して、民主化以降の若い舞踊家たちは、昔から存在する身体技法をもつ舞踊を伝統舞踊であるとし、「身体技法」に対して伝統を見出していた。この問いについては、断言することはできないが、少なくとも「民族性」「身体技法」のいずれも社会主義時代に新たに創造されたという事実がある。そうであるならば、何に伝統を見出すかは極めて個人の恣意に委ねられるのかもし

れない。

　結果的に、この両者の発想が結合すると、社会主義以前から社会主義時代を経て、民主化以降までの流れを「連続した伝統」であると理解することもできる。もちろん、社会主義時代、民主化以降の両方を「伝統のねつ造」として否定することは論理的にも可能であろう。しかし、その選択肢は、舞踊関係者たちにとって自らの「モンゴル性」を否定することになるため、まず、そういう選択肢を取る人は出てこないだろう。その結果モンゴル舞踊は、留学生Mが語るように一般の人々からすると「連続した伝統」として本質化していったのではないだろうか。

　本論は舞踊関係者の語りからモンゴル舞踊における「伝統」概念を検討してきたが、以上で述べたような動態概念としての「伝統」は、モンゴル文化を理解する上で有効であるかもしれない。例えば、同じチベット仏教における仏画についても、チベットの仏画は伝統の踏襲が絶対視されるのに対し、モンゴルにおいて仏画は新たな形式が常に創造されている。その背景にそもそも「伝統（*уламжлал*）」といった概念が、動態性を持つものとして意識されてきた可能性も考えられる。もちろん、「伝統」という言葉自体、それほど古いものではないと考えられるが、舞踊に限らず、モンゴル世界における「伝統」概念を再検討する必要があることは確かであろう。

（2012年1月）

資　料
エスニック集団ごとの伝統舞踊の概要

　モンゴルには約18のエスニック集団が存在する。そのエスニック集団は、それぞれ特徴のある文化を有している。舞踊もまた同じように、エスニック集団ごとに異なった特徴を有すると言われている。

①ハルハの舞踊

　現在のモンゴル国で最も人口の多いエスニック集団がハルハである。彼らの舞踊の特徴は「*Нанба*（ナンバ）」と呼ばれる動きである。ナンバとは身体をしなやかに動かす動作のことである。

　ハルハの舞踊は現在でも踊られており、近代の舞踊製作の父と呼ばれるTs.セヴジッドは「糸を紡ぐ人」、「剣を鍛える人」、「馬に乗る人」、「乳搾りをする人」などの舞踊をこのハルハの舞踊から創りだしている。これらの舞踊は、国立ドラマ劇場な

どで現在も多くの人に披露されている。

②オイラド系エスニック集団の舞踊

 オイラド系エスニック集団は、モンゴル国の中でも西側に住んでいる集団であるため、総称して「西モンゴル」と呼ばれている。このオイラド系エスニック集団はトルゴード人、バヤド人、ドゥルベド人、ウリアンハイ人、ザハチン人の5集団を指す。元々オイラド系エスニック集団は、モンゴル高原でハルハ・モンゴル人とは異なる集団として存在してきた。そのため、「モンゴル人」というアイデンティティーが生まれたのもごく最近のことであり、同じ遊牧民であったことには違いないが、ハルハ人とは異なる舞踊を有している。

 オイラド系エスニック集団の舞踊の最大の特徴は、「*Бий бийлгээ*（ビー・ビールゲー）」といわれる動きである。ビー、あるいはビールゲーとは、本来は「体」もしくは「体でおこなうこと」といった意味であるが、現在では、舞踊の技法のひとつを指す語となっている。

 その最大の特徴は、手、足、肩、胴の使い方にある。胴で肩と足を支え、肩で手の動きを支える。更にここに独特なステップと座り方が加わることで特徴的な動きが創られている。また、オイラド系エスニック集団の中でも、それぞれの集団ごとに異なる舞踊の特徴を有している。

 現在でもビールゲーは、モンゴルの代表的な舞踊として知られており、「天にミルクを捧げる舞踊」「速く駆ける黒馬の舞踊」などが知られている。また、オイラドのビールゲーから生まれた舞踊は、現在は、エスニック集団に関係なく踊られており、「モンゴル民族」の舞踊として世界中で知られている。

③ブリヤートの舞踊

 ブリヤートと呼ばれるエスニック集団は、ロシアや中国に跨って住む。そもそもは森林地帯に住む狩猟採取民であったといわれる。彼らはホリ・ブリヤート、アガ・ブリヤート、セレンゲ・ブリヤートといういくつかの集団に分かれている。

 ブリヤートは言語文化、生活様式、習慣を重要視し、口承文芸、健康、歌、舞踊を創りだした。また、舞踊を踊ることを祝事の習慣として伝統化し、劇場で演じられてきた。現代のブリヤートに残されている舞踊に「*Ёохор*（ヨーホル）」がある。「ヨーホル」の特徴は、人の声のみを伴奏にして、集団で円舞を行うことにある。また、その中には、「*Ёохор хатирах*（ヨーホル・ハティラフ）」というヨーホルが

あり、足を前後に出す足踏みをして円舞を踊る。このようにヨーホルの最大の特徴は円になって踊ることだが、モンゴル系の集団において、こうした集団円舞は非常に珍しい。

参考文献

岡洋樹 2000「民族範疇としての『モンゴル』の形成と清朝の支配」、『旧ソ連圏における市民的アイデンティティーの研究（平成11年度教育研究共同プロジェクト成果報告書）』、pp.2-21、仙台：東北大学。

新村出 1998『広辞苑　第五版』、東京：岩波書店。

ホブズボウム.E、レンジャー.T他（編）　（前川啓治、梶原景昭他訳）1992（1983）『創られた伝統』、東京：伊国屋書店。

Дамбажав (ed.)　2006 *Монгол хэлний дэлгэрэнгүй тайлбар толь бичиг*, Өнгөт хэвлэл XXK1: Улаанбаатар.

Долгорсүрэн.Г　1962 *МОНГОЛ АРДЫН БҮЖИГ*, Улаанбаатар

Нанжид.Д　2009 *МОНГОЛЫН БҮЖИГИЙН ТҮҮХЭН УЛАМЖЛАЛ, ХҮГЖЛИЙН ШИНЭ ХАНДЛАГА*, Улаанбаатар

Bawden, Charles　1997 *MONGOLIAN-ENGLISH DICTIONARY*, London and NewYork : KEGAN PAUL INTERNATIONAL

第2章 演じ分けられた民族音楽
― モンゴル国における2種類のカザフ民族音楽の創造

八木　風輝

はじめに

　カザフ人とは、中央アジアに位置するカザフスタン共和国を中心にして、新疆ウイグル自治区、モンゴル国、ウズベキスタンなどに国境をまたがって居住している民族である。

　私は大学に入学して間もなく、モンゴル・カザフ[4]人が演奏する民族音楽を聴き、カザフ音楽の素朴さと素晴らしさに感動し、興味を持つようになった。そして2010年、モンゴル国に留学すると、カザフ人が多く住む地域に赴き、実際カザフ人からドンブラというカザフ人の民族楽器で2弦の撥弦楽器の演奏を学び始めた。留学中から現在に至るまで、多くのカザフ民族音楽を聴き、演奏も続けている。

　このモンゴル・カザフという人々は、モンゴル国西部の実質的なカザフ人自治県である「バヤンウルギー県」にその多くが居住している。実質的な「自治県」と言ったのは、カザフ人が県人口の9割を占め（約9万人）、カザフ語が公用語として認められているからである。

　実際、県都ウルギーの街を歩いてみると、モンゴル国でよくみられる草原とは少し雰囲気の異なる、ごつごつした岩山の景色が見受けられる。その岩山の盆地に街は広がっており、そこではモンゴル語ではなくカザフ語が飛び交っている。ウルギー市内には、カザフの民族楽器ドンブラのモニュメントやシンボルが多くみられ、民族音楽がモンゴルに住むカザフ人のエスニックなアイデンティティのシンボルとなっていることがうかがわれる。

　そのバヤンウルギーのカザフ音楽とカザフスタンのカザフ音楽を聴き比べてみると不思議なことに気付く。モンゴル国のカザフ音楽は歌を伴った曲が多く演奏されているのに対し、カザフスタンのカザフ音楽は、キュイと言う民族楽器ドンブラのみの独奏曲が多く演奏されていた。つまり曲の内容に関しては、カザフスタンとモ

---

[4] 「モンゴルのカザフ（*Mongolyn kazakh*）」とモンゴル語で呼ばれるが、本稿では「モンゴル国に居住するカザフ人」という意味で、「モンゴル・カザフ」という呼び名を使用する。

ンゴルのバヤンウルギー県では異なっていたのである。
　その一方で、不思議なことにカザフスタンとモンゴル・カザフの間で演奏される楽器（ドンブラ）の形状、演奏の仕方や「オーケストラ」方式の楽団の組み方といった「演奏法」の点においてほとんど差異がない。オーケストラ方式の楽団は、一見すると「民族音楽」には似つかわしくないとも感じられた。
　そもそも「民族音楽」といったとき、1つの民族が全く同質の音楽文化を持っているわけではない。それぞれの民族文化には地域差というものがあり、地域によって文化が異なってくるのは当然のことだからである。それが国境によって「民族」が分断されてしまった場合、文化的な差異は広がっていく傾向にあるといってよい。
　例えば、モンゴルの馬頭琴を事例にとった場合、モンゴル国と中国内モンゴルでは、楽器の形状も異なるし、演奏される曲も異なる。また演奏法もかなり異なっていることが知られている。ところが、カザフスタンとモンゴル国バヤンウルギー県では、曲の内容は異なるが、演奏法はほとんどかわらない。こうした音楽文化における国境を越えた「異質性」と「同質性」の同居は、なぜ生まれたのだろうか。
　本稿は、モンゴル国に居住する少数民族カザフ人が、社会主義時代に「どのように」自分たちの民族音楽を創り出してきたのかについて論じる。その際、ソ連にかつて属していたカザフスタンとモンゴル人音楽家やモンゴル人民共和国がどのようにモンゴル・カザフに関与してきたのかに注目して考察する。その関係性を理解する上で、私は「民族文化の移植」という概念を提起したい。すなわち、モンゴル・カザフはカザフスタンから音楽文化を移植＝「別の地域のカザフ人文化を持ってくる」ことで、自身の音楽文化を形成したのではないだろうか。
　この「民族文化の移植」の実態を論じるために、以下の2点の調査方法を用いた。1つは文献による調査であり、そしてモンゴル国で行うフィールドワークである。特に、モンゴル国でのフィールドワークでは、2013年8月から10月までの2ヶ月間モンゴルに赴き、社会主義時代の文化実践を知る人々に、当時のカザフ民族音楽状況に関してインタビューを試み、モンゴル・カザフの民族音楽の創造に関して聞き取りを行った。
　本稿で対象とする地域は、モンゴル国の最西部に位置するバヤンウルギー県である。バヤンウルギー県は、首都ウランバートルから約1700km西に位置し、中国の新疆ウイグル自治区とロシア連邦アルタイ共和国・トヴァ共和国に国境を接し、国内では東をホブド県、北をオブス県と接している（地図1）。面積は約45,800 km²である。県の中心地はウルギー郡（ソム）で、県下には県センター（県庁所在地）であ

るウルギー郡（写真1）を含めた14の郡がある。2010年の県の人口は88056人であった［BÖASKH 2013a: 40］。この地域は、冬の寒いときには−37℃から−40℃、夏の暑いときには36℃から42℃に至る。年平均降水量は100mmから300mmである。また山がちで、ほとんどの地域が標高1300m以上であり、西に行くにつれて標高は高くなる。山に木などはあまり生えておらず、土と岩が中心である。そして、大小20の湖があり、400以上の川が流れている。代表的な河川にホブド川がある。これは、バヤンウルギー

地図1 バヤンウルギー県の位置

県最西端にあるタワン・ボグド山から東に向かってホブド県のハル・オス湖にそそぐ河川である。

バヤンウルギー県のおもな産業は牧畜である。主な民族構成は、カザフ人が76,714人で90.1％、オリアンハイ人が5,304人で6.2％、ドゥルベド人が1,564人で1.0％となっている［BÖASKH 2013b: 50］。

現在、モンゴル国に居住するカザフ人らは、もともと11世紀から13世紀にかけて、ケレイ、ナイマン、アオフという氏族集団から構成されていた[5]。そして、モンゴル帝国の

写真1 ウルギー郡の全景（筆者撮影）

支配を受けていた。15世紀中葉には、ケレイ・スルタンとジャニベック・スルタンの2人によってカザフ・ハーン国が成立した［スルタン・ゾルカフィリ 2013: 84］。17世紀まで、彼らは現在のカザフスタン南東部に住んでいた。

15世紀から17世紀にかけて、カザフ人たちは、ジュズという部族連合体（クラ

---

[5] この歴史は特に指定しない限り、［Sultan and Zul'kafil' 2010: 18-28］に依拠している。

ン）に属するようになった 。とりわけモンゴル・カザフの人たちは中ジュズと言う部族連合体に属していた。中ジュズの下位集団に、ケレイ、ナイマン、オアフといったエスニック・グループに枝分かれする。更にその下位集団（ルゥ）として、シバライガル、ジャンテケイ、シェルシといった集団が存在する。

　18世紀中葉には、清朝とハルハ人が共同してジュンガル帝国を滅ぼした後、清皇帝の代理人であるホブド参賛大臣が、この地域を管轄した。それとほぼ同時期に、ケレイ氏族のジャニベック将軍に率いられる形で、カザフ人らはジュンガル帝国が支配していた、現在の新疆ウイグル自治区のアルタイ地域やタルバガタイなどに移動してきた ［スルタン・ゾルカフィリ 2013: 84］。更に、1860年代から、現在のモンゴル国西部にあったホブド辺境区にカザフ人数百世帯が移動し、居住し始めた。

　1911年に清朝が崩壊し、モンゴル国はボグドハーンを推戴し独立した。その際、モンゴル・カザフは、ボグドハーンにモンゴル国への帰属を望む要望書を送り、1917年にモンゴル国に帰属した。社会主義成立後、1924年に行われた第1回国家大会議では、カザフ人議員3人が出席した。また、西部モンゴル地域のカザフ人らは、チャンドマニ・オール県、その後にホブド県の帰属下に入った。更にカザフ人らはシェルシ旗、シバライガル旗という県の下位行政組織を中心に活動していた。1930年代からは、社会主義経済の実現のために、手工業生産組合（アルテーリ）や消費組合（ホルショー）が設立された。

　1930年代後半から、モンゴル国内のカザフ・オリアンハイの少数民族を中心とした自治県の設立が議論され始めた。自治県設立の議論のため、当時の首相ゲンデンや、国防大臣デミド、更にチョイバルサン元帥も当地を訪れた。その理由は、少数民族としてのカザフ人やオリアンハイ人への意見収集のためであった［スルタン・ゾルカフィリ 2013: 86-87］。そして、西部地域の少数民族の自治と文化の保護と言う観点から、1940年にバヤンウルギー県が設立された 。この県は、トゥルク系のカザフ人とモンゴル系のオリアンハイ人の自治県である。そして県内でカザフ語は公用語として使われるようになった。

　1950年代以降、他のモンゴル国内の地域と同じく、社会主義のための政策が実行された。例えば、農牧業協同組合（ネグデル）が組織され、牧畜の集団化が行われ、道路の整備や鉱山が探索された。

　1990年の民主化後、隣国のカザフスタンが独立した後、モンゴル・カザフの多くは、カザフスタンへと移住していった。しかし、カザフスタンは、社会主義時代にロシア（語）化されていた。そのため、移住していったモンゴル・カザフの多くが

言語的、文化的な違いから、その環境になじめず、モンゴルに帰国した［Atwood 2005: 295］。このようにモンゴル・カザフの歴史や現在でもあるバヤンウルギー県に関して言うならば、常にモンゴル国内の一県として行政的に統治されてきた。こうした歴史の中で、カザフ人という少数民族の民族音楽が創造されるとはどういうことかを、次節にて明らかにしたい。

1.「移植」される民族音楽とローカリティの欠如（1950年代）

　モンゴル・カザフの人々は、モンゴル人民共和国という枠組みの中でいかに「民族音楽」を生み出してきたのだろうか。本節では、1950年代にバヤンウルギー県で行われたカザフ音楽のイベントを取り上げ、どのようにカザフ人がカザフ音楽を歌ってきたのかをソ連（カザフスタンを含む）との関係性を念頭に置きながら明らかにしていきたい。

1-1. カザフスタンからの音楽文化の「移植」

　社会主義初期におけるモンゴル・カザフの「カザフ音楽」の実践は不明な点が多い。バヤンウルギーにおいて、どのような民俗音楽が実践されてきたかを記した資料も筆者の知る限りほとんどない。明らかなのは第二次世界大戦期ごろから、この辺境において社会主義文化が建設されはじめたということである。

　まず、1940年にバヤンウルギー県において「クラブ」と呼ばれる文化施設が完成し、そこにカザフ人芸術家らが活動しはじめた。クラブでは、作家のB. アフタンをリーダーとして、後のバヤンウルギー県音楽ドラマ劇場の劇団員となる多くの芸術家が活動していた［スルタン・ゾルカフィリ 2013: 87］。しかし、この「カザフ民族音楽」の黎明期において、いったいどのような音楽が演奏されていたのか、どのような楽器がつかわれていたのか、歌は歌っていたのか、現在のところ私の手元には資料はない。県誌から伺われるのは、音楽活動が行われていた点のみである。

　1950年時点で、バヤンウルギー県には2つのクラブと13の赤い家が存在していた［Mongolkhüü 2009: 317］。そのクラブの芸術家らは、「バヤンウルギー県設立10周年祭」などの式典で演奏を行っていた［Baast 1951］ことが記録として残っている。その後、2つのクラブのうちの1つが1956年にバヤンウルギー県音楽ドラマ劇場として活動を始めた。

バヤンウルギー県音楽ドラマ劇場の設立の過程を追うと、モンゴル国政府は、設立の2年前である1954年11月の第12回国家大会議において、「バヤンウルギー県にドラマ劇場の建設を行う」ことに関して決定した［SHUA 1967: 36］。そして、1955年9月には、「民族の芸術文化・伝統を守り、新しい形式において豊かな発展、そして、民族の言語をもちいた芸術文化の状況をより拡大させるための、民族劇場の設立」［Mongolkhüü 2009: 318］に関する決定が出され、各郡の赤い家に所属するアマチュア芸能者らから舞台芸能者を募集した。そうして、演劇部門に21人、音楽部門に12人、舞踊部門に10人が招集され、バヤンウルギー県音楽ドラマ劇場は設立された。その音楽劇場内の演奏者の育成には、ツェデーンフーやセヴジッド、B. ダムディンスレン、ダワードルジらというモンゴル人演奏者が当たった。

こうしてドラマ劇場設立当時、演劇、舞踊、音楽の3部門で構成される音楽集団が活動を始めた［スルタン・ゾルカフィリ 2013: 91］。また、1959年にはバヤンウルギー県音楽ドラマ劇場付属として、カザフ民族楽器オーケストラ[6]が設立された。

ここでバヤンウルギー県音楽ドラマ劇場の設立に関してはっきりしていることは、この音楽劇場が落成するにあたって、カザフスタンの存在が決定的であったということだ。例えば、モンゴル・カザフの民族音楽の創成期に活躍した者たちは、ほとんどカザフスタンやソ連へ留学した者たちだった。例えば、カビケイは、1958年にカザフスタンのアルマ・アタ音楽学院に1年間留学し、多くのカザフスタン製の音楽をバヤンウルギーに持ち帰った。カビケイによってバヤンウルギーに持ち帰られた曲は、カザフスタンでは有名なクルマンガゾやディナ、タティンベット、ダウレトケレイらのキュイ（ドンブラの独奏曲）で、これらの曲がモンゴル国で演奏されるようになった［Töleukhan・Iskak 1981: 69-77］。また、1962年には、モサイフがアルマ・アタ音楽院に留学している。彼は、それと同時にアルマ・アタの「クルマンガゾ名称民族楽器オーケストラ」で演奏も行っていた。また、カザフスタンではないが、アフメトベックも1950年代末にモスクワのチャイコフスキー名称レーニン音楽院付属の音楽学校に留学した。

このように、カザフスタンやソ連圏への留学は1950年代末からたて続けて行われた。また、後に代表的な音楽家となった上記2名とムサハンらの計3人がカザフスタンやソ連に留学し、アルマ・アタの音楽院で音楽教育を受けていることもわかっている［Töleukhan・Iskak 1981, Sultan and Zul'kafil' 2010］。

---

[6] なお、現在は、カザフ民俗楽器オーケストラと名称を変更している。

一方、カザフスタンからバヤンウルギー県へオーケストラの指導のため音楽教師も派遣されていた[7]。

　『バヤンウルギーの音楽文化』によると、ウルギーにおける1959年のカザフ民族楽器オーケストラの設立に際して、ソ連籍のタスタノフ・ハビドルダ、ゾヤ・ジャラスバエバといった人々が、カザフスタンから招集されてバヤンウルギーで音楽の教授を行っている［Töleukhan・Isqaq 1981:40］。タスタノフは、オーケストラの指導を行う傍ら、『ドンブラ・オーケストラ』や『ドンブラ教則』などのドンブラの教育に関わる本も出版している［Töleukhan,・Isqaq 1981:55］。その後、1960年から1962年の期間には、タスタノフに代わり、ムラザベコフが赴任した。

　カザフスタンからの音楽文化の移植は、これだけにとどまらない。1958年には、バヤンウルギー県のカザフ民族楽器オーケストラの設立に際して、カザフスタンの楽器職人による民族楽器の改良も行われた。

　そもそも、カザフスタンでは1930年代から幾度かの楽器改良が行われていた［東田 1999a: 33-34］。東田によると、1930年代のカザフ民族楽器の改良は、ロシアから招聘されたロシア人、ポリース・ロマネンコとエマヌイール・ロマネンコの兄弟が指導したのだという［東田 1999b:19］。彼らは、ロシアでも民俗楽器の改良に参加しており、ロシアの改良された楽器を例にして、カザフの民族楽器の改良を行った［東田 1999b:19］。すなわち、ドンブラの弦がガットからナイロン弦に代わり、フレットが19本へと統一され、音域が異なるドンブラが制作された［東田1999b:20］。

　擦弦楽器のコブズもカザフスタンでは改良の対象となった。コブズは本来、馬の尻尾による2本の弦と細長い胴体と細く短い竿でできている楽器である［東田 2006: 127］。コブズに金属弦と木製の共鳴板を新しく胴全体にはりつけ、「バイオリン族に近いような」コブズの製作が行われた［東田 1999b:21］。

　こうしたカザフスタンで行われた楽器の改良が、そのままバヤンウルギー県でも行われた。カザフの楽器改良のためにカザフスタンからコブズの楽器職人であるカマル・カシモフが招聘されたのである。彼は1950年代にオーケストラの演奏に耐えうるコブズを製作しており、来モ時にも、オーケストラの楽器に対して、カザフスタンと同じ改良を施したと考えられる。すなわち、コブズの音程の変更と大きさを変えることで、バスとコントラバス音域のコブズを導入したと考えられる。

---

[7] モンゴルフーの著書によると、音楽教師の派遣は、1958年の第8回大会議で、カザフスタンからの3人の教師の招集が困難で、1957年初旬の招聘が間に合わなかったことが言及されている［Mongolkhüü 2009: 739］。

他にも、ロブサンスレン、R. カパル、バヤンデルゲルらが、当県におけるカザフ民族楽器の改良に携わっていたが、その詳細は不明である。

まとめると、曲、楽器の改良、演奏法などにおいてソ連のカザフスタンから全面的に音楽文化を「移植」させることで、ソ連型の「民族音楽」というものが、モンゴル国バヤンウルギー県で創られてきたことが理解できる。そうした民族音楽を演奏する組織として1959年に設立されたのが、ヨーロッパで生まれた「オーケストラ」概念を民族音楽に適応させた「バヤンウルギー県民族楽器オーケストラ Aimaqtıq Ult aspaptar orkestri」という不思議な名称の組織であった。

トゥレオハーンとオスカックによると、この民族楽器オーケストラ設立の目的は、「県の文化組織や音楽のプロフェッショナル化」［Töleukhan, Iskak 1981: 38］だったのだという。東田は、1930年代のカザフスタンにおけるフォークロアが民族音楽への発展するものという前提で政策として音楽文化の形成が行われた［東田1999b: 17-18］と論じる。しかしモンゴル・カザフにとってのフォークロアとはなんだったのだろうか。以下の図が示すように、明らかにバヤンウルギーでは、民俗音楽の採譜が行われる前に、カザフスタンから音楽教師を迎えたり、カザフスタンに留学したりすることで近代音楽の「輸入」が先に行われていたのである。

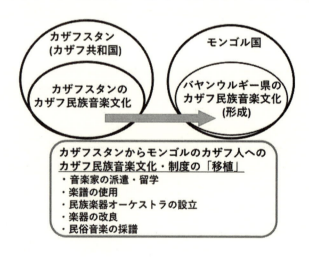

図1　カザフスタンからモンゴル・カザフへの民族音楽の「移植」

1-2. ウルギーでのコンサートにみるカザフ「民族音楽」

　先述のとおり、1950年以降のモンゴル・カザフの音楽はカザフスタンの音楽家や技術を取り入れる（移植する）ことで成立した。であるならば、当時のコンサートでは、どのような曲が歌われてきたのだろうか。バヤンウルギー県音楽ドラマ劇場では、代表的なコンサートとして1956年の劇場設立記念コンサートと1959年のバヤンウルギー県民族楽器オーケストラ設立記念コンサートが行われている。他方、1960年の末にはウランバートルにおいて、バヤンウルギー県文化芸術の10日間が開催された。ここでは、上記の3コンサートで歌われた「カザフ音楽」とはどのような曲であったかを明らかにしていきたい。

1-2-1. コンサートの演目 - 劇場設立記念コンサートの場合 -

　1956年の11月15日にウルギーで行われた、バヤンウルギー県音楽ドラマ劇場落成記念コンサートは2部構成でモンゴル語、カザフ語、ロシア語で音楽と踊りが演奏された。そのプログラムの内容［Töleukhan, Iskak 1981: 8-11］を翻訳すると以下のとおりとなる。

バヤンウルギー県音楽ドラマ劇場設立記念コンサートのプログラム

第1部
1. 党歌　（作詞：チミド、作曲：ゴンチンソムラー）
2. ソヴィエト青年のマーチ（作詞：ドルマトーフスキー、作曲：トッリコヴティキ）
3. ホブド川の娘に（作詞：アルガンバイ、作曲：ダムディンスレン、ソリスト：カリトルダとその他の全歌手らが参加して演奏）
4. オリアンハイ人の踊り（ドンブラ演奏：コサイン、演者：バヤンダリ）
5. ソルジェケイ（民謡）
　 光よ：（民謡）
　 セグズ・アヤク（作詞作曲：アバイ・クナンバエフ、演奏：ヒバトドルダ）
6. スカーフの踊り（演者：セヴジッド、作曲：ダムディンスレン）
7. 馬を持つ青年（作曲：カビケイ、演出：ダムディンスレン）
8. ブリヤートのヨーホル舞踊（音楽監督：セヴジッド、音楽：ダムディンスレン）
9. カルカシ（作詞：ダニエル、作曲：ヒバトドルダ、）
　 ネグデルの羊飼い（作詞：アルガンバイ、歌：ヌスケイ、ドンブラ演奏：ヒバト

ドルダ)
10. 青年の踊り（踊りの創作：ハンドスレン、作曲：アフメトベック、演者：サナイ、ラシ、シェリクバ、マンケイ）
11. われらの土地：民謡（キュイ）
    あなたも若者の興味を（作曲：エスパエヴ、作詞：アリムバエフ、女性のアンサンブルで演奏）
12. バルジンヘール：民謡
    白鳥の湖：民謡（キュイ）（指揮：カビケイ、演奏：ドンブラ奏者らのアンサンブル）

第2部
1. ヴォルガ川にて（作詞：B. ユンジャニン、音楽：L. プリュースニン）
    娘と青年：（作詞：アルガンバイ、音楽：ダムディンスレン、歌手らの演奏）
2. 6つの歌：（作曲チャイコフスキー）
    青々とした山（モンゴル民謡（アフメトベックの演奏））
3. 3人の子どもの踊り（構成：セヴジッド、音楽：ファイゾルダ、演者：シェリクバイ、マンケイ、ヤンジヴ）
4. 平穏な人生：（作詞：ダニエル、音楽：ダワードルジ）
    娘（同上）
    十五夜の月：モンゴル民謡（奏者：ザハン）
5. アルジェリアの「結婚式」の踊り（演者：ハンドスレン、シェリクバイ、マンケイ、ヤンジヴ、サムジッド）
6. 同世代の人々よ：カザフ民謡（作詞作曲：アバイ、男性によるアンサンブルの演奏）
    薄眉のヘ方への挨拶（同上）
7. 春に（作詞：ベガリン、作曲：ムシン）
    素晴らしきこの手紙（作詞：アバイ、音楽：モハメトジャノフ）
8. ウクライナ人の踊り（構成：セヴジッド、踊り子らによる演奏）
9. 平和の唄（作詞：シャケノフ、音楽：ブルシローフスキー）
    マーチ：（作詞：アフタン、音楽：ヒバトドルダ）
10. 鉄道：（作詞：ヒャムスレン、作曲：モンゴル人民共和国 労働英雄 ムルドルジ、全歌手・音楽家の演奏）

このプログラムにおいて注目すべき点は、第1部がモンゴル国内のカザフ音楽を中心としたモンゴル国内のエスニック・グループの音楽で構成されているのに対し、第2部ではモンゴル国外、とりわけソ連で活躍した音楽家の楽曲が中心となっている点である。

具体的に言うならば、第1部では全12曲のうち、2曲が不明（11：われらの土地、12：バルジンヘール）、1曲（11-2：あなたも若者の興味を）がカザフスタンの作曲家による現代創作曲で、6曲（2：ホブド川の娘に、6：スカーフの踊り、7：馬を持つ青年など）が、モンゴル・カザフの作曲家による創作曲である。民謡は4曲（5-1：ソルジェケイ、5-2：光よ）があるものの、これらはバヤンウルギーの民謡ではない。すなわち、上記のプログラムの中にバヤンウルギーで生まれたローカルな民謡がほとんど含まれていないのである。

一方、第2部を見ると、ロシアの作曲家であるチャイコフスキーの音楽を始めとして、ソ連傘下の共和国を構成するさまざまな民族の音楽や踊りで構成されていることが理解できる。これは、ソ連が当時掲げていたインターナショナリズムと密接にかかわるものであろう。そのインターナショナリズムと関連して、ここでは1950年初めに起こった、ジダーノフ批判の影響も考えられる。ジダーノフ批判とは、1949年にソ連共産党中央委員会書記 A. ジダーノフが出した、「音楽という芸術分野における民族主義の駆逐」を目的とするものであった［梅津 2006：145］。この批判によって、当時、「民族主義的な作品の演奏が許されなくなる一方、ロシアの作曲家の曲が多く演奏される傾向にあった」［東田 1999a：34］。東田の指摘は、カザフスタンにおける実践についてであるが、このジダーノフ批判が当時のモンゴルにも及んでいたことはおそらく間違いない。

このように、バヤンウルギー県の劇場が完成したことで、劇場と言う「民族文化」の発展の場が整えられたが、そこでモンゴル・カザフのローカルな民族音楽が演奏される機会は、ほとんどなかったのである。

1-2-2. コンサートの演目 - 民族楽器オーケストラ設立記念コンサートの場合 -

一方、劇場が完成した3年後の1959年には「バヤンウルギー県民族楽器オーケストラ」が設立される。その過程で、1958年からオーケストラ設立の準備が行われるようになり、カザフスタンとの音楽における交流は一層強いものとなった。

1959年12月31日にウルギーの劇場で行われた設立記念コンサートでは、その影響を受けたことで、モンゴルの民謡は全21曲中2曲しか演奏されていない。言い換

えるならば、プログラムのほとんどがカザフ音楽(カザフスタンとモンゴル・カザフの作曲家・演奏家が作曲した曲)であり、それらがオーケストラによって演奏されていたのである [Töleukhan・Iskak 1981:40-41]。

　ここで注目したいのは、実際カザフスタン出身のタスタノフが、このコンサートの半分以上の演目に関与していることである。彼は、オーケストラの指揮者としてのみならず、自身が作曲した「カザフの踊り」といった曲の演奏を行った。また、カビケイが習得してきたカザフスタンのキュイ(ドンブラ独奏)の演目が、ここでは取り入れられている。例えば、クルマンガゾ作曲の「アダイ」や、「カザフ・マーチ」などは、カザフスタンから持ち込まれた曲であった。それだけではなく、モンゴル・カザフが作曲した曲をオーケストラが演奏するということも行われた。例えば、ヒバトドルダの「労働賛歌」はオーケストラで演奏されている。

　以上で述べてきたように、1956年の劇場の落成コンサートやオーケストラ設立記念コンサートでは、その演目の大部分にカザフスタンのカザフ人たち、そしてカザフスタンのカザフ音楽によって作曲された曲が採用されていた。

　また、キュイの習得のためにモンゴル・カザフの音楽家がアルマ・アタを訪れていることにも注意したい。すなわち、モンゴル・カザフの人々は、この時期にソ連の一共和国であったカザフスタンから音楽文化を「輸入」する形で「民族音楽」を創っていったと考えられる。それは、バヤンウルギーという場のローカリティが欠如した「民族音楽」であった。

1-2-3. バヤンウルギー県芸術文化の10日間で歌われたカザフ音楽

　こうしたバヤンウルギーの「カザフスタン」から移植されたカザフ文化は、不思議なことにモンゴル人民共和国の首都ウランバートルでは、バヤンウルギーの「民族音楽」とは、かなり風情の異なる形で紹介されている。

　例えば、1960年の10月から11月にかけてウランバートルで行われた、「バヤンウルギー県文化芸術の10日間(*Bayan-ölgiy aimagının Madeni-uner onkün*)」と呼ばれるイベントの事例をみてみよう。このイベントは、バヤンウルギーの「文化」が首都で初めて紹介されたものであった。

　「バヤンウルギー県文化芸術の10日間」は、バヤンウルギー県設立20周年を記念して、1960年10月27日から11月5日まで、ウランバートルの中央ドラマ劇場を中心にして行われた。この10日間の間には、バヤンウルギーで食されている料理のレストランや、カザフの伝統的なスポーツも行われた [Argynbay 1961: 83-85]。

まさにバヤンウルギー県の文化、とりわけカザフ文化の紹介のための式典であるといえよう。

こうした「〇〇県の 10 日間」という行事は、バヤンウルギー県以外にもフブスグル県、ホブド県、オブス県といった、モンゴル国内でも少数エスニック・グループが多く居住している地域の文化の紹介を企図したものであった。

ここでは、このイベントの中で催されたコンサートにおいて、どのような音楽が演奏されていたか、といった問題やその背景を検証することで、モンゴル人の側のモンゴル・カザフ音楽への介入について考えてみよう。ただし、当時のことを知る人は少なく、本論において検証のために使用した資料は、当時の『バヤンウルギー県文化芸術の 10 日間とは』[Argynbay 1961] という 90 ページ弱のパンフレットに依拠したことを断っておきたい。

ここで演奏された代表的な演目は、ブキシの演奏によるモンゴル民謡「Dangiin daavuu maikhan（1 枚の布によるテント）」とカザフ民謡「Tamasha（素晴らしい！）」、アフマディによる「Jonyp aldi（刈り入れ）」、ザハンによるカザフ民謡「Qara jorga（カラ・ジョルガ）」、モンゴル民謡「Arvan tavny sar（十五夜の月）」、ヒバトドルダのドンブラによるモンゴル歌謡「Gangan khul（艶やかな黄褐色の馬）」であった [Argynbay 1961: 19-20]。また、カザフスタンのキュイ（ドンブラ独奏）である「Sari arka（サリ・アルカ）」も演じられた。

写真 2 カザフの民族楽器・ドンブラ（右が東部型のドンブラ、左が西部のドンブラ。西部型のドンブラは現在、全カザフ地域に広く流通している）

以上は、バヤンウルギー県音楽ドラマ劇場の劇団員で、カザフ民謡とモンゴル民謡の両方を歌っていた。また、ヒバトドルダがこのコンサートで使っていたドンブラは、カザフスタンで 1930 年代に改良された 19 本のフレットドンブラではなく、13 本のフレットのドンブラであった [Argynbay 1961: 21]。

また、2 つの演劇も演じられた。1 つは、「Jasil dun（青々とした穀物）」という演劇であった。この戯曲は、モンゴル・カザフ人であるホルマンハーンがカザフ語で書いたもので、モンゴル人のツェンデーフーがその監督を務めた。全ての配役がカ

ザフ人の作品であった。主演アイナの役をショルパン、彼女の兄の役をドゥイセンビ（共にモンゴル・カザフ）が演じた。この作品は、社会主義路線を取った地方の遊牧社会において、どのように社会主義が浸透し、何が変化したのかを描いた作品である［Argynbay 1961: 46-50］。そこでは、カザフの衣装や カザフ文様を縫うことといったカザフの民族文化の表象が行われていた。この作品は、後にラジオ局の「黄金の保管庫」に保存される作品となった［Shynai 2005: 44］。

　2つ目に、「*Ertis Jirrlari*（エルティシ川の曲）」という演劇が演じられた。これは、アルガンバイによる作品で、劇中歌はツェレンドルジが作曲した。劇中歌とあるように、この演劇は音楽の要素が強い劇であった。例えば、演奏ではドンブラとコブズとサバズガ（カザフの伝統的な笛）が使用され、演劇内でアイトゥス（カザフの伝統的な歌と詩の掛け合い）が行われた［Argynbay 1961: 54］。

　このツェレンドルジはモンゴル人でありながらも、このようにモンゴル・カザフの劇場でカザフ音楽の作曲を行っていた。彼は、1927年に現在のヘンティ県のハーン・ヘンティで生まれ、1945年から50年の間、モスクワの音楽学校で学んだ後、1958年からバヤンウルギー県のオーケストラで音楽の教師として活動した。そこで彼は、モンゴル語の曲のみならず、カザフ語による曲も作曲した［Argynbay 1961: 52-53、Mongolkhüü 2009: 738-742］。

　このコンサートで注目できる点は、カザフスタンやバヤンウルギーとは異なる風貌をした「カザフ音楽」がウランバートルで提示されている点である。まとめると、以下の3点となる。

　第1に楽器に関して、ドンブラの弦が楽器改良後の19弦ではなく、カザフスタンで使われなくなっていた旧来の13弦のものがつかわれていたこと。

　第2に演奏曲についてモンゴル民謡が加えられた上でパッケージ化され「バヤンウルギー県の文化」として紹介されている点。

　第3に演劇の劇中音楽にモンゴル人作曲家が参加していること。

　第1の点につき、なぜ楽器改良が終了していたはずのバヤンウルギー県において、なぜ改良以前のドンブラがウランバートルで演奏されたのかは不明である。また、第2と第3の点に関して、モンゴル民謡の演奏や、モンゴル人作曲家の参加は、バヤンウルギー県でコンサートを行われる際には、最小限にされているのと対照的である。

　こうした点が指摘できるものの、今回の調査では、当時のモンゴル人民共和国政府あるいは人民革命党がこのコンサートに具体的にどのように関与したのかについ

て、資料を見つけることはできなかった。少なくとも、バヤンウルギー県でほとんど演奏されないモンゴル民謡を演奏したり、劇中音楽にモンゴル人作曲家の音楽を採用したりと、かなりモンゴル要素を取り入れた形で「バヤンウルギー県のカザフ文化」としている点は注目に値するだろう。

以上、みてきたように、1950年代のモンゴルのカザフ民族音楽は、カザフスタンから音楽文化（民族音、楽器改良の技術等）を取り入れることで形成されてきた。その民族文化の形成途上のコンサートにおけるカザフ音楽は、バヤンウルギー県にもともと存在したフォークロアではなく、カザフスタンとモンゴル人民共和国の民族音楽が主に演奏されてきたのである。

2．「演じ分けられる」2つのモンゴル・カザフ民族音楽（1960年〜1980年代末）

1950年代にカザフスタンからの音楽文化の「移植」されたモンゴル・カザフ音楽がローカルな独自性を形成しはじめたのは、1960年代になってからのことである。1960年代に入ると、民族楽器オーケストラでは西洋やロシアの楽器を用いながらも、現地の民族音楽の演奏が行われるようになった。すなわち、あくまで西洋近代と融合したソ連型の「民族音楽」の形式をとりながらも、その枠組みの中で彼らは、バヤンウルギーのローカリティを意識した音楽文化を形成しはじめたといってよい。

その一方で、モンゴル人民共和国の首都ウランバートルでは、モンゴル人の手によって創られた「カザフ音楽」が演奏されるようになる。採譜されたローカルな曲やカザフスタンの音楽が、モンゴルの楽器によって演奏され、モンゴル人歌手によってモンゴル語で歌われるようになったのである。

こうした2つの民族音楽がどのような経緯を経て作られてきたのか。ここでは、2つの地域で演じ分けられるようになった2つの「モンゴル・カザフ民族音楽」の創造過程をみていこう。

2-1．バヤンウルギー県でのカザフ音楽の採譜と実践

1950年代、バヤンウルギーの劇場で演奏される「カザフ音楽」がカザフスタンからの「輸入品」がほとんどで地元の民謡はほとんど演奏されてこなかったのは先述の通りである。これに対して50年代末からバヤンウルギーのローカルな音楽文化

への注意が払われるようになった。

　まず注目したいのは、モンゴル・カザフの民俗音楽が、ようやく採譜され記録されることとなったことである。1950年代の末から、ソ連籍のカザフ人であるタスタノフとモンゴル・カザフ人のカビケイが中心となって、モンゴル・カザフの民俗音楽の採譜が行われるようになった。[Töleukhan・Iskak 1981:72]。それらで得られた曲目は楽譜化され、『モンゴル国のカザフ人の民族音楽』という題で1965年に出版されている [Kabıkei 1965, 1983:3]。この著作の中心を担ったカビケイは、1965年以降もモンゴル・カザフの楽譜集を出版している。例えば、彼は1976年には『人民のキュイ』や1981年に『カザフの300曲』、1983年『モンゴル・カザフの民謡』という楽譜（と歌詞）集を出版している　[Baimolda 2013:159-160]。この1983年に出版された本は、モンゴル・カザフの人々が歌った曲が325曲掲載されている [Kabıkei 1983:3]。

　この1965年に出版された楽譜集と1983年に出版された楽譜集を見てみると、同じタイトルの曲でも歌詞や曲調が違うものまで収録されている一方で、当然のことながらカザフスタンなどでよく歌われる民謡は全く入っていない [Kabıkei 1983]。

　また、『モンゴル・カザフのドンブラとサバズガのキュイ』という書籍では、集めたキュイの曲を、その歴史背景と共に説明している。ここに載せられたキュイは、モンゴル・カザフのキュイだけではなく、カザフスタンで演奏されるキュイも一部ながら見られる [Kabikei 1977]。

　このように、モンゴル・カザフの民族音楽はカビケイの主導でカザフスタンの民族音楽とは異なる民族音楽として採譜されるようになったのである。採譜された音楽は、記録されると同時に、バヤンウルギー県のオーケストラと芸術ブリガードによって演奏されるようになった。特に、1960年以降には、カザフスタンからのカザフスタン・カザフ人の職業音楽家の来訪は確認されておらず、モンゴル・カザフの劇団員による、モンゴル・カザフ自身による音楽形成が行われたと言えるだろう。

　民族楽器オーケストラにおいても、1962年にソ連籍のカザフ人指揮者ムラザベコフの任期が切れた後、カザフスタンからの指導者は来ていない。この頃からモンゴル・カザフ自身による劇場やオーケストラの運営が行われるようなったからである。1960年代のオーケストラでは、前述したアフメトベックやモサイフ、ベルジャンらといったモンゴル・カザフの人々が指揮をする形でオーケストラは指導されてきた。その、オーケストラの編成は、ロシアや西洋の楽器を取り入れたオーケストラ構成となっている。社会主義時代に音楽劇場に所属していたウセルハン氏が語った構成

は以下のとおりである。

　ドンブラ—第1ドンブラ、第2ドンブラ、バス・ドンブラ（カザフの民族楽器）
　コブズ—アルトコブズ、プリマコブズ（カザフの民族楽器）
　バヤン（ロシアのアコーディオン）
　ツォール（カザフ語でサバズガ：縦笛）
　オダール（打楽器の類）

　この編成にモンゴルの楽器はほとんど用いられていない。また、ロシアの楽器であるバヤンが入っている。ここからバヤンウルギーでは、西洋・ソ連の楽器の影響を受けた音楽が「民族音楽」として演奏されていたことがうかがえよう。
　以上のように、モンゴル・カザフ音楽は、ロシアとカザフスタンの影響を受けたプロフェッショナリズムを継承しつつも、独自の道をたどることとなった。それは、まさにプロフェッショナルな「モンゴル・カザフの民族音楽」として形作られてきたといえる。
　一方で、モンゴル人民共和国の首都ウランバートルで、バヤンウルギー県とは異なるカザフ音楽を創造し歌う歌手が現れた。それが、1970年以降民族歌舞団でカザフ音楽を歌ったホロルスレンという人物であった。

2-2. モンゴル人によるカザフ音楽の演奏

　モンゴル国における各エスニック・グループの民族音楽は、ウランバートルにある民族歌舞団の団員が少数民族の音楽収集と演奏にあたった。ここでは、バヤンウルギー県、すなわちモンゴル・カザフの民族音楽を収集し舞台上で演奏したモンゴル人のカザフ音楽歌手のホロルスレンが、どのような音楽を歌ってきたのか、みてみよう。私は彼女本人に直接会って、数回インタビューする機会に恵まれた。
　D. ホロルスレンはトゥブ県のエルデネ郡で1942年に生まれ、1965年から民族歌舞団で演奏活動を始めたプロの歌手である。実は彼女は、1970年までは、ほとんどカザフ音楽に関係のないモンゴル音楽を中心に演奏していた人物である。その一方で、彼女は民俗音楽の採集のような仕事にも加わっている。例えば、フブスグル県でトナカイ牧畜民ツァータンの音楽収集も行っている。
　実は彼女は、ウランバートル近くのエルデネ郡で生まれたが、幼少のころからカザフ人と接触していた。当時ウランバートルに医師として赴任していたカザフ人詩

人ダニエルらとの親交があったのである。ダニエルは 1960 年にバヤンウルギー県音楽ドラマ劇場の劇団長でもあり、彼がエルデネ郡にいたときから、様々な曲をホロルスレンに教えていたのだという。しかし、彼女がそこで聞いたカザフ音楽を舞台上で演奏することは、彼女がプロの歌手になった後もしばらくなかった。

そんな彼女がカザフ音楽を本格的に歌うようになったきっかけは、1970 年代のアルタイ歌謡コンサートへの出演であった。モンゴル国内の各地域に居住するエスニック・グループの曲・舞踊を演奏する目的で開催されたこのコンサートで、彼女は、たまたまカザフ音楽を演奏し好評を得た。これをきっかけにして、彼女は「カザフ音楽のホロルスレン」と呼ばれるようになったのである。また、彼女は国内でカザフ音楽の演奏活動を行う一方、モンゴル・カザフ代表として、海外公演も行うようにもなった。そして、1985 年には「モンゴル人民共和国功労芸術家」の称号を得ている。

2-2-1. モンゴルの楽器で演奏されるカザフ音楽

ホロルスレンが現役時代に歌ってきたカザフ音楽は、約 20 曲である。その中で私が音源を入手できたカザフ音楽は、5 曲である。曲数は少ないが、その中で、いったいどのような曲が歌われてきたのか、その推測してみたい。

私が入手したカザフ音楽は、「わが恋人は街にいる(*Minii Khongor khotod bii*)」、「母の歌(*Ekhiin tukhai duu*)」、「アクタマク(*Aqtamaq*)」と「アリア(*alia*)」、そして「夢のワルツ(*Möröödliin bal's*)」である。

まずこの中で、カザフスタンの民謡は 4 曲である。そこでは、恋愛に関する曲が 3 曲あり、残りの 1 曲は母親に関する曲である。この 4 曲は、2010 年に発売された彼女の CD にも収録され、彼女自身この曲を進んで演奏していたことから、彼女の代表曲と言ってもいいだろう。「アリア」を除く 3 曲を、彼女はモンゴル語とカザフ語の両方で歌っている。このカザフ語の民謡をモンゴル語に翻訳したのは、バヤンウルギー県の作家である B. バーストであった [Baast 2009]。バーストはカザフの音楽のみならず、カザフの小説などもモンゴル語に翻訳している。しかしそこで訳された歌詞は、味気のない直訳であった。

また、「夢のワルツ(*Möröödliin bal's*)」は、バヤンウルギー県の音楽家でカザフスタンへも留学していたムサイフと言う人物の作曲である。この曲は、バヤンウルギー県の女性歌手であるザハドから教えられたものであるとホロルスレンは語った。

最後に、彼女自身がバヤンウルギー県で収集した曲も歌われていたことがわかるのだが、その詳細に関しては、資料が不足しているのでここでは言及を控える。しかし、彼女がバヤンウルギー県で10曲程度の採譜を行っていることは、彼女の持つ公文書館の資料から了解できる［BUANKH 1978］。
 これらの曲の選曲に関して、彼女は「自分の喉に適する曲を選んで歌った」と語った。ただし、人民革命党から指示があったのかは不明である。
 ここで重要なのは、彼女の「カザフ音楽」は、その伴奏がモンゴル国の楽器が用いられていたということである。すなわちカザフの民族楽器ではなく、モンゴルのモリンホール（馬頭琴）、ヨーチル、リンベ、打楽器が用いられていたのである。
 彼女のCDを聞いてみると、ドンブラと言ったカザフ民族楽器は一切使われず、モンゴルの楽器を伴奏にして「カザフ音楽」が歌われている。つまり、首都ウランバートルでは、プロフェショナルな歌手によって、バヤンウルギー県での音楽実践とは異なるモンゴル化した「カザフ音楽」が創造され、演奏されるようになっていたのだといえよう。
 ここまで社会主義時代の民族音楽政策の中で生まれてきたホロルスレンのカザフ音楽に焦点を当てて、カザフスタンとモンゴルの相互交渉について論じてきた。そこで分かったこととは、ホロルスレンが演奏してきたカザフ音楽が、カザフスタンのカザフ音楽やモンゴル・カザフの作曲した曲、そして彼女自身が収集したモンゴル・カザフ音楽を含めた上で「カザフ音楽」として演奏していたということである。
 その音楽には、恋愛や母親に関する歌が歌われてきているが、曲の内容とジャンルに関しては、検討した曲数が少ないため、断言はできない。
 これらの曲を彼女はモンゴルの民族楽器アンサンブルの伴奏で歌っている。バヤンウルギー県では、モンゴルの楽器は、用いられてこなかったことと対照的である。また青木が示すように、カザフの楽器がモンゴルでは公式に改良されなかったことから［青木 2010: 55］、民族歌舞団でもドンブラのようなカザフの楽器が用いられた可能性は低い。
 以上のように、各エスニック・グループの曲が首都に集められ、モンゴル国の1エスニック・グループとしてのカザフ音楽を、ホロルスレンが中心となって生み出していったのである。

おわりに―文化の移植と「演じ分けられた」モンゴル・カザフの民族音楽

　本稿では、モンゴル国に居住するカザフ人の社会主義時代における民族音楽の創造について論じてきた。

　そこで明らかになったのは、第1に社会主義初頭（1950年代）において、バヤンウルギー県の音楽文化は、当時ソ連の一部であったカザフスタンから「移植」されることで「民族音楽」が形成されたということだった。

　すなわち、1950年末に、アルマ・アタの音楽院でモンゴル・カザフの音楽家が学ぶ一方、カザフスタンからバヤンウルギー県へと教師が派遣され、オーケストラや楽器改良において指導を行うことが行われたのである。その過程で、カザフスタンの音楽文化はバヤンウルギーにそのまま輸入された。そのため、当時行われたコンサートでは、モンゴル・カザフの作曲した曲やカザフスタンの曲が大半で、モンゴル・カザフの民謡はほとんど歌われてこなかったのである。

　第2に明らかとなったのは、社会主義後半（1960-1980年代）にバヤンウルギーでカザフスタンのカザフ音楽とは異なる、モンゴル・カザフ独自の音楽文化が形成されると同時に、首都ウランバートルのモンゴル人に向けた別の「カザフ民族音楽」が生み出されたということだった。つまり、モンゴル国内の2つの異なる地域においてカザフ音楽が演じ分けられてきたのである。

　バヤンウルギー県におけるカザフ音楽は、モンゴル・カザフの民謡収集が行なわれ、その曲はオーケストラによって演奏された。1950年代末から、カザフスタンのタスタノフやモンゴル・カザフであるカビケイらがその民族音楽の収集に当たった。このような、バヤンウルギーの劇場における音楽の実践は、次第にカザフスタン主導から、現地のモンゴル・カザフの演奏家や指導者にゆだねられるようになった。

　一方で、モンゴル人民共和国においては、首都ウランバートルで、「モンゴル人による、モンゴル国の改良された楽器で、モンゴル語に翻訳されたカザフ音楽」が歌われた。1970年代からホロルスレンの歌ったこのカザフ音楽は、カザフスタン、モンゴル・カザフの作曲による新しい曲、バヤンウルギーで採譜された曲がひとまとめに「カザフ音楽」だとされていた。

　こうした一連の関係性を図で示すと、下記のようになる。すなわち、モンゴル人に向けた「カザフ民族音楽」とバヤンウルギーの「カザフ民族音楽」の2つの「民族音楽」が創造され、異なる形で演奏されたのである。

　このような「演じ分け」が行われた一因として注目したいのは、社会主義時代のモ

第 2 章　演じ分けられた民族音楽　253

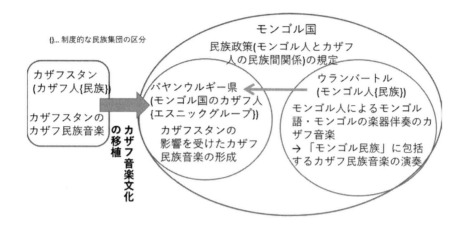

図 2　カザフスタンとモンゴル国における民族政策の相違と民族音楽の関係

ンゴル人民共和国とソ連（カザフスタン）での民族政策におけるカザフ人の位置づけである。

　イギリスの人類学者、オラディン・ボラグによると、社会主義時代のモンゴル人民共和国は、以下で述べる民族政策に沿って、ハルハ人の文化を基にした「モンゴル民族」とその文化の形成を進めてきた［Bulag 1998］のだという。

　この民族政策は、ソ連が主導して「民族（natsiya）」と「エスニック・グループ（narodnast'）」という区分を通じて、集団をランク付けするものであった。「民族」は国家を持つことができる資格を有するのに対して、「エスニック・グループ」は、それよりも低い自治しか認められなかったという［田中 1991: 149］。

　興味深いのは、この制度が施行される際、カザフスタンのカザフ人は「民族」として認定される一方、モンゴル国のカザフ人は「エスニック・グループ：「民族」の下位集団）」と位置付けられた。すなわち、帰属した国が違うことで、同じ民族間の位置づけが異なるという事態が起こっていたのである。

　この民族政策のズレが、ここまで述べてきたような 2 種類のカザフ民族音楽が生まれる契機となったのではないだろうか。言い換えるならば、モンゴル・カザフは本来カザフスタンで認定された「民族」ではなく、「エスニック・グループ」として認定されたのである。そのため、カザフスタンからの移植による「ソヴィエト民族

文化」発展のためのカザフ音楽（バヤンウルギー県のカザフ音楽）と、ホロルスレンがウランバートルにおいて実践したモンゴル民族の一部として表象されるカザフ音楽（ウランバートルのカザフ音楽）が見出されたのだと考えられる。

(2014年1月)

参考文献

青木隆紘 2010『モンゴル国における国民音楽の成立-モンゴル国における「民族楽器オーケストラ」の問題を中心に』、東京外国語大学大学院修士論文。

梅津紀雄 2006 「ジダーノフ批判」、日本・ロシア音楽家協会（編）『ロシア音楽辞典』、p.145。

スルタン.T、ゾルカフィリ.M （島村 一平・八木 風輝訳） 2013 「モンゴル国のカザフ人の歴史」『滋賀県立大学紀要 人間文化』34、pp.83-95、滋賀県立大学。

田中勝彦 1991 『言語から見た民族と国家』、岩波書店。

東田範子 1999a 「「民族音楽」の変遷とその行方―カザフ音楽の概念化をめぐって―」『スラブ研究センター研究報告シリーズ』64、pp.32-39、北海道大学スラブ研究センター。

東田範子 1999b 「フォークロアからソヴィエト民族音楽へ-「カザフ民族音楽」の成立（1928-1942）-」『スラブ研究』46、 pp.1-32、北海道大学スラブ研究センター。

Atwood, Christopher,P 2005 *Encyclopedia of Mongolia and the Mongol Empire*. New Yourk: Facts on File.

Bulag,Uradyn 1998 *Nationalism and hybritdity in Mongolia*. Oxford: Oxford University Press.

Baast. B. 2009 *"Chamaig üdie" Bid Khojor*. Ulaanbaatar.

Bayan-ölgii Aimgiin statiskiin kheltes（BÖASKH） 2013a Khün amyn too öslöt nas khuisnii bütets. *Bayan-Ölgii AimagKhün am Oron suutsni 2010oni ursyn toollogin negdesen dün*. Ulaanbaatar.

Bayan-ölgii Aimgiin statiskiin kheltes（BÖASKH） 2013b Khün amyn too ündes ugsaa, khuviar 2000, 2010on. *Bayan-Ölgii Aimag Khün am Oron suutsni 2010oni ursyn toollogin negdesen dün*

BNMAU-iin Shinjilekh ukhaani akademi（SHUA） 1967 *MAKHN-aas urlag utga zohiolyn talaar gargasan togtool shiidwerüüd (1921-1966)*. Ulaanbaatar.

Mongolkhüü. B. 2009 *Tsast altain chuulgan*. Ulaanbaatar.

Sultan,T and Zul'kafil',M（eds.） 2010 *Bayan-ölgii aimagiin nevterkhii tol'*. Ulaanbaatar.

Argınbay,J（ed.） 1961 *Bayan-ölgiy aimagının Madeni-uner onkündegi*. Ölgii.

Baast, B. 1951 *Güldengen Bai-ölgei (Jol belgileui)*. Ölgii.

Baimolda, D. 2013 *Qazaq köshi*. Almaty.

Kabıkey, A（ed.） 1977 *Bayan-ölgii kazakhtarınnın dombıra jane sıbızgı kuileri*. Ölgii.

Kabıkey, A（ed.） 1983 *Mongoliya Kazakhtarnın khalık anderi*. Ölgii.

Shynai,R 2005 *Jel Qanat Qus*. Ulaanbaatar.

Töleukhan,K and Istak,T 1981 *Bayan-ölgiy Muzyka Madenieti*. Ölgii.

新聞記事、公文書館資料

Bayan-ölgii aimgiin namin khoroo（BÖANKH） 1978.8.8「*BNMAU –in soyolin yaamand todorkhoqlolt*」.

第4部　日本とモンゴルの接点をみつめる

滋賀県立大学所有のゲルの前にて
2007年

第1章　比較してみた日本とモンゴルの歴史教科書
—元寇・ノモンハン事件・第二次世界大戦

樗木　佳奈

はじめに

　私は、小学生の頃から歴史が好きだった。歴史の授業では、世界中のさまざまな時代にタイムスリップした気持ちになって、いろいろな場面を想像しながら先生の話を聞くことが好きだった。聞いていてワクワクするような話もあれば、聞いていて悲しくなるような話もあった。現在私自身、歴史の授業を直接受ける機会はほとんどなくなってしまったのであるが。

　歴史の授業は、多くの場合「教科書」をもとに進められる。例えば日本史の教科書には、日本の 2000 年を越える長い歴史がたった 1 冊の本にまとまっている。おそらく多くの人が人生で始めて本格的に歴史に触れたのは歴史教科書ではないかと思う。教科書は、歴史を知る上で最も身近な手段であるといえる。しかし、果たして歴史教科書は絶対的な「真実の歴史」を記述しているのだろうか。例えば、外国と日本とでは同じ出来事でも歴史認識は異なり、それに伴って教科書の記述も異なると言われている。

　本稿では、日本とモンゴルの歴史教科書の記述方法や内容を比較することによって、モンゴル人の日本の歴史に対する認識を問うと同時に、日本人のモンゴルの歴史に対する認識についても追求していく。なぜ「モンゴル」を選んだのかというと、大学でモンゴル語やモンゴルの文化を学び、また実際にモンゴルを旅行したことによって、私の中でモンゴルが今まで以上に身近な国に感じられるようになったためである。さらにモンゴルの留学生と接していく中で「モンゴルの人たちは日本の歴史をどのように教わったのだろう」ということにも興味をもつようになった。本稿では、モンゴル人が日本の歴史をどのように認識しているのか、また日本人はモンゴルの歴史をどのように認識しているのかを明らかにしたい。日本とモンゴル両国の歴史教科書の記述を比較することで、日本からモンゴルという一方的な見方だけでなく、日本とモンゴルの双方の立場に立って歴史が見られるようになりたいと考

えている。

　歴史記述に関する比較研究は広く行われている。しかし、モンゴルに関してはまだこのような研究はされていないのが現状である。このことからも今回、日本とモンゴルの歴史教科書の比較を行うのは非常に有意義ではないだろうか。

　歴史教科書の記述内容から得られる歴史認識は、その国の教科書制度や執筆者や記述方法、時代背景などによって異なる。

　教育学者の吉澤柳子によると、歴史教科書の記述内容は、その国の教科書制度に大きく影響される。教科書制度には、イギリスのように自由に教科書を発行でき、教師が自由に選ぶ自由発行・採択制度、その他多くのヨーロッパ諸国と日本がとっている検定制度、中国をはじめとするアジア諸国の一部がとる国定制度がある。それぞれの国には、日本の学習指導要領に当たる学校教育についての基準が定められていて、教科書もこの基準に則って書かれる。国定の場合はその国の政府の公式な対日姿勢がそのまま表現されるが、検定の場合は、どの程度国が関与するかはその国の事情によって様々である。ヨーロッパ諸国はアジア諸国よりも、国の関与が緩やかな傾向があると言われている。例えば、テーマを日本にした場合、時の政府、教科書執筆者の姿勢、日本とその国の外交関係の歴史と現状、その時の日本の国際政治における評価のされ方などが教科書の記述に反映する。さらに国定の場合を除けば同じ教科に対し何種類もの教科書が発行され、それぞれの著者の日本観も投影されるので、そのなかの1冊、2冊を読んでも、これがその国の中の対日観であると決めつけるのは危険である［吉澤1999：7－8］。

　世界11ヶ国の歴史教科書を比較した『世界の歴史教科書・11ヶ国の比較研究』という著書がある［石渡・越田2002］。その中から日本と中国の執筆者の違いを例に挙げる。社会科教育学者の二谷貞夫によると、日本の教科書の執筆者は民間の学者や研究者、現場の教師であるのに対して、中国の人民教育出版社版の場合、執筆者の多くが歴史教育を専門としている人である。日本でいえば、経済学や歴史学など専門の研究者ではなく、社会科教育に関わる人が書いていて、歴史研究者が直接執筆することはないのである［二谷2002：49］。

　小中陽太郎は記述方法による違いを挙げている。小中によると、中国と日本の歴史教科書を比較して最も大きな違いに挙げられるのが、歴史概念が日本では一系列であるのに対して、中国は多系列であるということである。一系列の歴史とは、全てが国中で進む、最初から同一であろうとするという考え方である。日本では平氏

が倒れたら源氏というように、政権交代や階級の勃興などが一系列で起こってきた。それに対して、中国では四系列にも五系列にも重なっている。中国の資本主義や中国共産党の発展など、各根拠地でいろいろな形で伸びていき、ある時点で統一するのである［小中 1997：38-39］。これは、日本が島国であり、複数の政権に分かれることがないのに対して、中国は国土が広く、統一国家であることが難しいため複数の政権が乱立し、その結果多系列の歴史になると考えられる。

　もう1つ、中国の歴史教科書で大きな特徴として挙げられるのが、戦闘場面などを非常に生きいきと、リアルに再現していく書き方であるということである。日本の教科書は客観的に淡々と書くことが多いのに対し、中国の場合は戦闘場面を丁寧に書くのが1つの特徴である。中国の教科書は抗日戦争への勝利の道を、それぞれの戦場における戦略、戦術などを含めて具体的でリアルな描写になっている点が大きな特徴であり、子供たちにとってリアルな戦闘で勝利を収めていく中国人民解放軍の英雄的な姿が伝わるように書かれているのである［二谷 2002：46-48］。

　時代背景による違いは、第二次世界大戦での原子爆弾の投下に関する記述を例に挙げる。原子爆弾の投下と日本の敗戦に関して世界の教科書の記述を比較してみると、その国が当時置かれていた状況によって記述の違いに傾向が見られることが分かる。大戦中、日本による植民地支配を受けていたフィリピンやマレーシアなどのアジア諸国の教科書で共通する傾向は、原子爆弾そのものの悲惨さや投下の是非を問うのではなく、原子爆弾の投下によってようやく日本が敗退し、それは同時に植民地支配からの解放と、それぞれの国で民族の独立に向けてのナショナリズムの高揚の時代の幕開けであるとしていることである。

　一方、イギリスやフランスのように宗主国としてアジアの地で日本と戦ったヨーロッパ諸国の場合、戦争当事者としてというよりも、原子爆弾の投下に関してはその必要性に疑問を示し、アメリカに対して批判的な記述をする傾向が見られる。また、原爆を投下した当事者のアメリカの教科書では、かつては「100万人のアメリカ人の命を救うために原爆を投下した」と、一方的に原爆投下の正当性だけが主張された時代があった。しかし 1990 年代以降、アメリカでも原爆投下に対する姿勢は次第に変化し始め、原爆の被害や原爆投下の是非をめぐる論争にも言及し、教科書内の設問では原爆投下の意味について批判的に考えさせる傾向になってきている［吉澤 1999：123-129］。

　このように、その国の教科書制度や執筆者、時代背景など様々な要因によって、

教科書の記述内容は異なり、そこから得られる歴史認識も異なってくるのである。

しかし、教科書の記述から日本に対する歴史認識を見ても、必ずしもその記述がその国の人々の描く日本像であるとは限らない。教科書を執筆する専門の研究者や教師などいわゆる知識人と言われる人々の日本観と、マスコミの報道や日本製品、日本の大衆文化、あるいは日本人との交流を通して日本を知る一般庶民の日本観には違いが見られることも確かである。その違いがどの程度のものであるかは、その国の政治、経済の状況や教科書制度、国際関係に大きく影響される。こういった点からも、歴史教科書やその教科書を使っての授業が重大な意味を持つことになる［吉澤 1999］。

今回研究の対象となる日本とモンゴルの、歴史教科書に関する違いを整理しておこう。第1に教科書の採択制度についてである。日本では、第二次世界大戦終了までは、教科書は政府が作成する制度を採用していたが、1947年の学校教育法制定後、現在の教科書検定制度が採用されるようになった。この制度では、教科書は学校教育の基準である学習指導要領に沿ったものでなければいけないが、それ以外に関しては出版社が自社の考え方や教え方などを内容に盛り込むことができる。

一方、モンゴルでは、社会主義時代には国定制度が採用されていた。そのため、歴史教科書は国が定めた教科書が1種類しかなかった。1992年の民主化以降は国の規制が緩和しており、モンゴル教育文部科学省の「教科書改訂チーム」は2001年から、新しい学校制度に向けて児童生徒、保護者、社会の要望にこたえる教科書内容改善が行なっている。モンゴル教育文部科学省の方針に基づいて、科学的な学習内容を子どもの興味と関心に適合し、楽しく学べる教科書作りが目指されている［山﨑 2006：99］。

第2に執筆者の違いである。日本ではそれぞれの教科書出版社が教育学者や教師を集めてチームを作り、内容や編集方法に関する議論を行い、教科書を執筆するのに対して、モンゴルでは歴史研究者が執筆している。つまり、日本では「教育」を専門とする人が執筆するのに対して、モンゴルでは「歴史」を専門とする人が執筆しているのである。このことから、「歴史教科書」として、より専門的で詳細な記述がなされているのはモンゴルの教科書の方ではないかと考えられる。

以上の違いを踏まえた上で、ここでは日本とモンゴルの歴史教科書における記述内容の違いと、そこから読み取れる両者の歴史認識の違いを明らかにしていきたい。

モンゴルの歴史教科書における日本に関する記述を調べるにあたって、歴史上で

モンゴルと日本の間に起こった4つの出来事に注目した。1つ目は13世紀半ばに起こった「元寇」、2つ目は1939年の「ノモンハン事件」、3つ目は「第二次世界大戦」、そして4つ目は1990年代以降の日本のモンゴルに対する援助についてである。今回モンゴルの歴史教科書を調査するにあたって、1992年の民主化以降、現在使用され

表1 日本とモンゴルにおける歴史教科書の違い

	採択制度	※時代による変化	執筆者
日本	検定制度	1947年の学校教育法制定以前は国定制度を採用。	学者や教師などの教育専門家
モンゴル	国定制度	1992年の民主化以降、国定制度の規制が緩和。	歴史学者

ている教科書と、社会主義時代に使用されていた教科書を比較した。これらの時代の教科書を入手し、対象とする箇所を日本語に訳して読んだ。その上で日本の中学、高校の歴史教科書と比較した。その中でモンゴルの記述の仕方の特徴やそれぞれの出来事の認識の違い、現在と社会主義時代の記述の変化などを分析した。日本の高校の場合、歴史教科書は「日本史」と「世界史」に分かれているが、本研究では「自国史」からの視線に注目するため「日本史」の教科書を使用し、モンゴルの場合も主に「モンゴル史」の教科書を使用した。なお教科書の文中での引用時に、著者名ではなく、わかりやすくするためにあえて出版社名や書籍名を使用していることを断っておきたい。

これからモンゴルと日本の歴史教科書を比較するにあたって、それぞれの出来事を詳しく知っておく必要がある。そこでまず、世界で初めてモンゴルの通史を著したとされる宮脇淳子の著『モンゴルの歴史 遊牧民の誕生からモンゴル国まで』[宮脇2002]を参考に、4つの出来事を簡単に紹介しておこう。

① 元寇

元寇は1274年と1281年の2回、元の世祖フビライ・ハーンが日本征討を命令して起こった。1274年の1度目の襲来をわが国では文永の役という。元の征討軍1万5000人と高麗軍8000人が旧暦10月5日、対馬に上陸し戦闘を開始した。元軍は次々に戦いの場を広げ、20日には百道原と筥崎浜に分かれて上陸し、鎌倉幕府の御

家人と激戦した。しかしその夜大暴風雨に遭い、元軍の艦船の多くが覆没し、日本への襲来はあえなく終わった。

1281年、元の世祖フビライ・ハーンは日本再討を命じた。この2度目の襲来を弘安の役という。今回の元軍は二手に分かれていた。2万5000人の兵士と1万7000人の水手からなる東路軍と、10万人の兵士からなる江南軍である。艦船にはさまざまな農具が載せてあり、日本の一部でも占領すれば定住して農耕を行うつもりの屯田兵であった。しかし、今回も2昼夜にわたる大暴風雨に見舞われ、艦船の多くが大破・沈没し、日本襲来は終了となった［宮脇2002：132-134］。

② ノモンハン事件

1939年、満州帝国とモンゴル人民共和国の国境線をめぐって紛争が起きた。これを日本ではノモンハン事件と言い、モンゴルではハルハ河戦争と呼ぶ。モンゴル人民共和国にとって、この戦争は建国以来はじめての外国との戦争であった。日本の関東軍は満州帝国とモンゴル人民共和国の国境線をハルハ河であると主張したのに対して、モンゴル側はハルハ河から東に15キロ入ったところであると主張したのが事件の原因となった。この戦争は最終的にモンゴル側の勝利に終わり、日本軍は全滅した［宮脇2002：243-246］。

③ 二次世界大戦

モンゴルは第二次世界大戦中の1945年8月10日、対日宣戦布告をした。日本の敗戦後の8月23日、ソ連の首相スターリンは、日本人捕虜50万人のソ連移送と強制労働利用の命令を出した。モンゴルは、1936年に締結されたモンゴル＝ソ連相互条約に基づき、対日参戦をしたことにより、捕虜の配分を受ける権利を得た。戦争が終わったにもかかわらず、捕虜に強制労働をさせたのは、モンゴルがこれを1939年のハルハ河戦争（ノモンハン事件）などの、日本の侵略行為に対する賠償と見なしていたからである。1945年10月から12月の間に、約1万2000人の日本人捕虜がモンゴルに連行されて、強制労働に従事した。捕虜全員が引き上げたのは47年10月で、2年間で約1600人が死亡した。モンゴルが日本人捕虜の強制労働を必要としたのは、独立を国際的に認められたばかりの国家の首都を整備するという大建設プロジェクトのためだったとされている［宮脇2002：253］。

④ 1990年代以降の日本の援助

　1990年代以降の日本とモンゴルの関係については、この宮脇の著書［2002］には記されておらず、また日本の歴史の教科書にもこれにあたる記述はない。しかし1990年代以降、日本はモンゴルに対する最大の援助国となり、現在のモンゴル国の建設に人材や資金など様々な援助を行ってきたことから、モンゴルにとって日本の存在は非常に大きいものとなっている。そのため、モンゴルの教科書の90年代以降の部分の記述にも注目したいと思う。

1. 元寇をめぐる歴史記述の比較

1-1. 日本の教科書

　日本の教科書の「元寇」の部分に注目してみると、〈集団戦法〉〈火器〉〈石塁〉〈暴風雨〉がキーワードになっていることが分かる。元寇の記述を簡単に要約すると、「フビライは日本の従えようと使者を送ったが、日本はこれを退けた。そこで元軍は高麗軍を率いて日本に攻め入った。日本軍は元軍による集団戦法と火器に苦戦した。そこで博多湾に石塁を築き、2度目の襲来に備えた。元軍は2度の暴風雨に遭遇し、損害を受けて退却した」となる。キーワードとなる単語は、出版社によって少しずつ言い方が異なるものもある。例えば、火器を火薬、石塁を防塁や石築地などと記している。また、山川出版の『詳説　日本史』(1997年検定)では、元軍の〈集団戦法〉に呼応して、日本軍は〈一騎打ち戦法〉を主とする、としている。また、高校の教科書では記述が更に詳しくなり、石塁を築くとともに、九州の御家人たちを異国警固番役に動員して、交替で警備にあたらせたことまで記述されている。

　「元寇は、元軍が暴風雨による被害を受けて退却し終了したというのが大筋の流れであるが、山川出版、扶桑社の教科書における元寇の章の最後では、元の2度の敗退の原因を日本側の視点から分析している。例えば、「再度にわたる襲来の失敗は、海をこえての戦いになれない元軍が弱点をあらわしたことや、元に征服された高麗や南宋の人びとの抵抗によるところもあったが、幕府の統制のもとに、おもに九州地方の武士がよく戦ったことが大きな理由であった」［山川出版2003：103-104］

266 第4部 日本とモンゴルの接点をみつめる

「元軍は海を渡っての戦いになれておらず、大軍の中には、高麗や宋の兵も多く混じっていて、内部に不統一を抱えていた。また、この危機に朝廷と幕府が協力して対処し、特に幕府の統制のもとで武士が勇敢に戦った」［扶桑社2001：88］

と記述され、暴風雨や元軍の弱点よりも、むしろ日本の武士の活躍を重視しているような印象を受ける。他にも「幕府は御家人でない武士も動員して防戦し、元軍の上陸をはばんだ」［清水書院1999：71］、「地頭・御家人ばかりでなく、本所一円地の武士たちも動員する体制がととのえられた」［実教出版2005：124］など、日本軍の抵抗の様子を記述することで、当時の日本軍は元軍と戦うことができるほどの戦力を保持していたということを強調しているように感じられる。

日本の教科書では元またはモンゴル帝国の成立から元寇が終了するまでの内容を、平均して1ページから2ページ半にわたって記述されている。また、今回使用した全ての教科書で、有名な「蒙古襲来絵詞」の写真が掲載されていた。さらに、元軍が進行した経路図や石塁の写真なども多くの教科書で見られた。

1-2. モンゴルの教科書

一方、モンゴルの教科書の元寇に関する記述は、たったの3行で簡潔に述べられている。モンゴル国史の教科書では、以下のように記述されている。

「フビライは日本に連続して使者を遣わして、1274年から1296年の間に何回も襲ったが、海で大嵐に遭遇して、攻撃は成功しなかった」［モンゴルの歴史Ⅱ2005：115］

また、モンゴルの世界史の教科書では、3世紀から15世紀の日本の歴史を約1ページにまとめて記述している。その中で、元寇も1つの段落（7行）を設けて説明されている。

「モンゴル人たちはフビライ・ハーンの時代の1274、1281年に日本を侵略し、強力な抵抗に直面していた。特に、1265年から1271年の間には、日本に何度か使者を

遣わして、モンゴルの元朝に帰属するよう要請していた。1274年にモンゴル軍は日本を襲ったが、海の大嵐に遭い、軍の大半が命を落として、わずかな人びとだけが戻って来たのであった。1281年に14万人のモンゴル・中国の軍が4500隻の船に乗って日本の方向へ出発した。しかし、海の嵐と日本の軍隊に打たれて、日本を侵略するという政策は成功しなかった」［歴史Ⅰ2005：65-66］。

　これを見ると、モンゴルの教科書では「日本を襲ったが、大嵐に遭って敗退した」という基本的な事実だけが記述されている。どのような戦法で襲ったのか、元軍はどんな活躍をしたのかといった詳しい内容は、日本の教科書ほど詳しく記されていない。また、社会主義時代の教科書のこの時代の記述の中に、元寇に関する記述はなく、「日本」という単語すら一度も出てきていない。

　元寇の後の元朝について、当時元朝の皇帝だったフビライ・ハーンは、1283年と1285年に再び日本遠征軍を編成したが、中国とヴェトナムで反乱が起こり、遠征は中止となった。1287年にはチンギス・ハーンの弟の子孫であるナヤンとハダンらが、中央アジアのオゴデイ家のハイドゥと手を結んで反乱を起こした。この反乱は1289年に元・高麗連合軍によって完全鎮圧された。1293年にフビライは高麗に日本遠征の準備を命令したが、翌年の2月に病死し、日本遠征は取りやめとなった［宮脇2002：135］。

　元寇が失敗に終わったあとも、フビライは何度も日本を侵略しようと計画していたが、実行には至らなかった。フビライは1271年に国号を元と改め、1279年には南宋を滅ぼして中国を統一するなど、強力な支配力をもっていた。2度にわたる元寇の失敗によって、その支配力は衰え始め、元朝の混乱を招くこととなった。元寇は、フビライ政権が衰えるきっかけになったといえるだろう。元寇は日本にとっては元というユーラシア大陸全域にわたる大帝国を相手にした大きな戦いであったのに対し、モンゴルにとっては当時

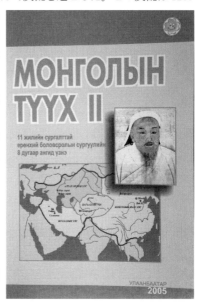

写真1 『モンゴルの歴史Ⅱ』の表紙

まだ小さな島国でしかなかった日本を相手にした、しかも暴風雨という自然災害によって敗退した戦いであった。モンゴルの教科書に元寇の記述がほとんど見られないのは、チンギス・ハーンに次ぐ英雄フビライ・ハーンを尊重し、国として教科書に記述するのにふさわしくない過去と捉えているからであると考えられる。特に社会主義時代の教科書に元寇の記述がないことは、特徴的である。

2. ノモンハン事件（ハルハ河戦争）をめぐる歴史記述の比較

2-1. 日本の教科書

　1939年、満州帝国とモンゴル人民共和国の国境線をめぐって日本軍とソ連・モンゴル連合軍が衝突したノモンハン事件について、日本のどの中学の教科書にも記述はなく、高校の教科書にしか記述は見られない。今回使用した実教出版の教科書では本文中に2行半、山川出版の教科書では欄外の注に3行程度と、非常に簡潔に記述されている。

　「関東軍は「満州国」とモンゴル人民共和国との国境のノモンハンで、ソ連・モンゴル軍と衝突し、火力・機動力に圧倒されて惨敗し、9月停戦した（ノモンハン事件）」［実教出版 2005 : 330］

　「1939年5月には、満州国とモンゴル人民共和国の国境地帯でソ連・モンゴル連合軍と激突したが、ソ連の大戦車軍団の前にかつてない惨敗を喫した（ノモンハン事件）」［山川出版 2005 : 335］

　どちらの教科書も日本軍とソ連・モンゴル連合軍が戦って、日本が惨敗したという事実のみを記述している。また、「ノモンハン事件」という用語はカッコ内に記されている。このことから、ノモンハン事件が日本の教科書ではあまり大きく扱われていないことが分かる。
　また、これらの記述から、日本はモンゴル軍と戦ったということをあまり認識し

第1章　比較してみた日本とモンゴルの歴史教科書　269

ていないように感じる。山川出版の教科書では、本文中の、ドイツがソ連と不可侵条約を結んだ（独ソ不可侵条約）という記述に脚注をつけて、ノモンハン事件の説明をしているが、その説明の後に「独ソ不可侵条約成立の報は、ノモンハンでまさにソ連と戦闘中だった日本にとって強い衝撃であった」［山川出版 2005：335］と記述している。

　一方、実教出版の教科書では「ノモンハン事件」の用語に注をつけ、「ノモンハン事件の敗北により、対ソ戦争は容易でないという認識が強まった」［実教出版 2005：330］と説明し、どちらの教科書もソ連軍の存在を重視している。更に「ソ連の大戦車軍団の前にかつてない惨敗を喫した」［山川出版 2005：335］と記述していることからも、日本はソ連軍に負けたのであって、モンゴル軍に負けたことは認めていないように思われる。

2-2．モンゴルの教科書

　日本では、「ノモンハン事件」という呼び名が一般的であるが、モンゴルでは「ハルハ河戦争」と呼ばれている。日本とモンゴルの呼び方の違いは、この戦争に対する認識の違いに由来する。「ノモンハン」は、はじめ満州国軍とモンゴルの騎兵隊とが衝突した一地点の名として報じられた。しかし、モンゴルやソ連は、ハルハ河沿い一帯にくり広げられたこの会戦全体を、こうした一地点の名で呼ぶのは適切ではないとしている。また、ソ連の研究者たちは、日本の関東軍が、綿密な計画にもとづいて、本気でソ連を攻撃するものと考えていたから、ソ連に対するこの大がかりな一大作戦全体を、ノモンハンというあまり知られていない地名で呼ぶのは誤りだと思っているらしい［田中 1992：129-130］。

　社会言語学者・モンゴル学者の田中克彦は、「ノモンハン」はかなり思いつきの、ずさんな戦争であったという印象をもたざるを得ない、としている。田中によると、日本の「ノモンハン」の戦記が熱心に描き出しているのは、東京と関東軍の対立である。東京が望まない戦争を、関東軍が制止をふりきってやった、その「独走」が強調されている［田中 1992：147］。

　この関東軍の「独走」が、「事件」と「戦争」という呼び方の違いに現れるのだろう。「事件」とは「争い・犯罪・騒ぎ・事故など、人々の関心をひく出来事」であり、「戦争」は「国家が自己の意思を貫徹するために他国家との間に行う武力闘争」で、宣戦布告によって発生する。宣戦布告もせず、関東軍が強引に攻撃を仕掛けたこと

から、日本では「事件」として扱われているのだろう。

その「ハルハ河戦争」は、モンゴルの教科書では次のように記述されている。

「1939年になるとすぐに日本・満州国の側から国境を犯す行動が断続的に続いた。5・6月に日本側はモンゴルの領土の奥に侵攻し、国境周辺の一部の領土を占領してしまった。モンゴル・ソヴィエトの指導体制が確立された状況下で調査を行い、ハルハ河周辺の軍の戦力を急遽増強することで敵に決定的な打撃を与える可能性ができた。モンゴル・ソヴィエト軍司令部は日本の抵抗を反撃したのち、1939年8月20日には日本軍を包囲し、粉砕した。モンゴル・ソヴィエト連合軍の別働隊は8月31日に日本の第6軍を粉砕し、祖国から追い払った。

ハルハ河戦争で重い一撃を受けて大きな被害をこうむった日本にとって主要な同盟国であるドイツは1939年8月23日にソ連と"独ソ不可侵条約"を締結していたので、日本の政府は交渉の席で後ろに座るほか手段がなくなった。ソヴィエト社会主義共和国連邦の外交部の人民委員B.モロトフと駐モスクワ日本大使の東郷は1939年9月16日に戦闘停止協定を締結して、ハルハ河戦争は終わった」

[モンゴルの歴史Ⅲ2006：105]

モンゴル人民共和国にとってハルハ河戦争は、建国以来はじめての外国との戦争であった［宮脇2002：243］ことから、教科書においても開戦から日本の敗北までとても詳細に記述されている。

開戦に関しては、「日本側はモンゴルの領土の奥の方に侵攻し、国境周辺の一部の領土を占領してしまった」と記述され、また、社会主義時代の教科書でも「帝国主義国の日本は、我々の国の国境の方へ何度も侵略を計画し、1939年5月11日ハルハ河流域で多くの軍人が襲い掛かった」とされている。モンゴルの教科書だけを読むと、明らかに日本の方から戦争を仕掛けたと読み取ることができる。しかし、日本の教科書では「ソ連・モンゴル軍と衝突した」とあり、どちらが先に攻撃を始めたかについては明言されていない。

これに関して宮脇は、両軍とも自国領内を警備中、越境してきた敵兵から銃撃を受けたので応戦したと主張しているのである［宮脇2002：246］とし、田中は、日本軍部がハルハ河畔一帯にわたってしかけた大きな挑発であった［田中1992：121］としている。どちらの国が先に仕掛けたにせよ、モンゴルの教科書の記述と比較すると、日本の教科書の開戦に関する記述には、あいまいさを感じる。

モンゴルの教科書におけるハルハ河戦争の記述では、「当時の最新の軍事技術や設備を実験的に利用する作業が行われたのであり、双方から 13 万人余りが参加して、1000 余りの戦車と 800 余りの装甲車が投入された」［モンゴルの歴史Ⅲ2006：105］とあり、最新の設備を使用した、近代的な戦争であったとしている。
　一方、社会主義時代の教科書では、軍の指揮官の名前を載せるなど、現在の教科書よりもより明確な記述がされている。

「モンゴル・ソヴィエト軍は敵の 3 方面から反撃した。この衝突でL．ダンダルが指揮した騎兵師団、ソヴィエト軍の陸軍少佐Ｉ．M．レミゾフが指揮した砲兵連隊、M.P.ヤコヴレフが指揮した戦車旅団は勇敢に戦い、優れた功績をあげたのである。7 月 4 日の夕方、我々の軍は進撃し、5 日にバヤンツァガーンを解放した。…（中略）ハルハ河の衝突でモンゴル人民革命軍の中でも勇敢なスパイの機関銃兵ツェンディーン・オルズヴォイ、ロドンギーン・ダンダル、機関銃兵 D．サムダン、国の政治指導者 L．グレグバートル、国境守備兵 P．チョグドン、S．トゥムルバートルなど 10 余りの戦士にモンゴル人民共和国の英雄の称号が授けられた。また、G.K．ジューコフ、ソ連軍の戦車旅団の指揮官 M.P．ヤコヴレフ、陸軍少佐 I.M．レミゾフ、めざましい功績をあげた飛行士 G.P．クラーフチェンコ、C.I．グリツェヴェツ、現在の陸軍上級大将 I．I．フェジューニスキーなどはソ連邦英雄に叙されるなど、ソ連の国家最高勲章が多くの人びとに授けられたのであった」

［モンゴル人民共和国の歴史 1987：249-250］

　以上のようにモンゴル・ソヴィエト軍の戦闘シーンや戦法を詳細に記述することで、日本軍よりも優れた戦力を持っていたので勝利した、ということを強調している。
　モンゴル科学アカデミー歴史研究所が編纂した『モンゴル史Ⅰ』では、「わが祖国モンゴルの自由と独立を敵の侵略から防衛してくれた英雄的なソヴィエト軍が打ちたてた功績を、モンゴル人民大衆は高く評価している」［モンゴル科学アカデミー歴史研究所 1988a］とあり、この戦争の勝利はソ連軍が中心になって得たものであるということを、モンゴル国自身も自覚している。このことは、社会主義時代の教科書の、ハルハ河戦争の章の最後の設問に「ハルハ河戦争の時代にソ連から与えられた援助について話してみよう」とあることからも、読みとることができる。
　モンゴル国にとって、ハルハ河戦争は経済面、政治面において、その後の国家の

形成に大きな影響を与えた。財政学者で、前モンゴル人民共和国政府経済顧問であった青木信治［1998］によると、ノモンハン事件および第二次世界大戦でのソ連への食料、医療、補給物資による協力を通して、個人経営の牧民が国家に対して肉や羊毛などを提供する全国的調達制が不十分ながら形成された。これは経済面における戦時体制、国防体制が敷かれたことにほかならないが、当国が社会主義国として初めて経験した挙国体制であったことに間違いないとしている［青木 1998：109］。

　また、政治面では、この戦争の勝利によってソ連への信頼感が深まり、また相つぐ粛清によって、革命以来一貫した親ソ派のチョイバルサンが支配権を確立して、国内体制の強化に役立った［宮脇 2002：243-244］。モンゴル人にとってこの「ハルハ河戦争」は、独立・建国と同じ重みを持っていたのである［田中 1992：104］。

3. 第二次世界大戦、戦中と戦後の記述の比較

3-1. 日本の教科書

　日本の歴史教科書における第二次世界大戦に関する記述の中で、「モンゴル」という国名を見た日本人はほとんどいないのではないだろうか。おそらく多くの日本人は、大戦中に何らかの形で日本とモンゴルに接点があったとは知らないだろう。少なくとも、今回使用した教科書の「第二次世界大戦」の章には、「モンゴル」という国名は出てこなかった。1つ挙げられるとするならば、8月8日にソ連が日本に宣戦布告し、満州・朝鮮に侵入したという部分に脚注をつけて、次のように補足説明している。

　「侵攻するソ連軍の前に関東軍はあえなく壊滅し、満蒙開拓移民をはじめ多くの日本人が悲惨な最期をとげた。また生き残った人びとも、引揚げに際してきびしい苦難にあい、多数の中国残留孤児を生む結果となった」［山川出版 2005：345］

　今回使用した教科書の中では、この教科書と実教出版の教科書の2冊で同じ説明がされていた。この説明で、モンゴルを表す「蒙」という漢字が使われている。「満蒙開拓移民」は日本が満州・内蒙古などに行なった農業移民団であり、日本人で構成されている。とはいえ、この説明から大戦中に日本とモンゴルに接点があったとは読み難い。

　1945年8月8日にソ連が日本に宣戦布告した2日後の8月10日、モンゴル人民

革命軍は日本に宣戦布告をしている。さらに戦後には日本人の捕虜が多数モンゴルに抑留された。その数はおよそ1万4000人弱と言われている。主に戦時中内モンゴルにいた軍人と軍属であり、また全くの民間の人々も少数ではあるが含まれていた。彼らはウランバートル市やソ連とモンゴルの国境に近いスフバートル市に連れて行かれ、30ヶ所の地点に分かれて建設作業や森林伐採作業などの強制労働をさせられた。ウランバートル市の中心にあるスフバートル広場には、国立オペラ劇場や市庁舎、科学アカデミーなどがあるが、これらは彼らによって建設された。二年後の1947年10月に捕虜全員が引き揚げたが、捕虜のうち一割以上の約1600人が死亡した［高瀬1992：32-33］。

このように第二次世界大戦中から戦後にかけて、日本とモンゴルの間には忘れてはならない歴史がある。それにもかかわらず、日本の教科書に記述がないのは、教科書という限られた範囲の中で記述するほど大きな出来事とは捉えていないからであると考えられる。日本は当時のモンゴルという国を、ソ連に従属した小さな国であるとしか見なしていないのだろう。しかし、日本人がモンゴルを知る上で、多くの日本人犠牲者が出たこの出来事は知っておくべきであろう。そのためにも、日本人捕虜がモンゴルに抑留されたというこの事実を、歴史教科書でも少し取り上げておく必要があると考える。

3-2. モンゴルの教科書

モンゴルが日本に対して宣戦布告したのは1945年8月10日であり、終戦のたった5日前である。しかし、第二次世界大戦における対日戦に関しては、とても詳細に記述されている。特に、社会主義時代の教科書では、「軍国主義国・日本を粉砕するための道義的な戦争にモンゴル人民共和国が積極的に参加した理由」という章を設けて、約4ページにわたって記述されている。

その「積極的に参加した理由」について、社会主義時代の教科書と現在の教科書ではどちらもある「目標」を果たすためであると記述しているが、その「目標」がそれぞれの教科書では異なっている。まず、社会主義時代の教科書では次のように記述されている。

「わが国は、日本に宣戦布告することで自国の安全保障を強固にさせて、独立をさらに確固たるものにし、対日戦に参加したソ連との相互援助条約があったので、定められた任務を遂行して日本の軍国主義を粉砕し、彼らの迫害から他国の人民を

解放し、極東に平和をもたらすという道義に協力することを目標としていた」

[モンゴル人民共和国の歴史 1987：270]

　以上のように戦争参加の理由として安全保障や国家の独立、任務の遂行など、さまざまな目標を果たすためだと説明されている。これに対して、現在の教科書では次のように記述されている。

　「モンゴル人民共和国は反日を宣言することで兄弟の関係にある内モンゴルの人々を解放してモンゴルを統一するという希望に満ちた目標を表明した」

[モンゴルの歴史Ⅲ 2006：108]

　このように、現在の教科書の記述では、モンゴルの統一を目標としており、時代の異なる2つの教科書では対日戦に参加する目標が異なって記述されている。どちらの目標が本物なのか、それとも両方とも本物なのか。現在の教科書では終戦後の記述に次のような文章がある。

　「この戦争で運命的に分断されることとなったモンゴル人の兄弟たちは、当時統一される歴史的可能性を見出していたが、大国同士の申し合わせによって統一できないままとなってしまった」[モンゴルの歴史Ⅲ 2006：109]

　現在の教科書では、内モンゴルとの統一という目標を強調していることが判る。どちらの目標が本当に掲げられたものかは判らないが、現在の教科書の記述が社会主義時代のものと全く異なっていることから、「モンゴルを統一する」という目標は、後になって付け足された目標のように思われる。
　先に述べたように、対日戦に関する記述はとても詳細であり、中には日本の教科書にもほとんど記述されていないような事実まで記されている。例えば、次のような記述がある。

「関東軍の兵力は1942年の初めに110万人に至っているが、それは日本の全兵力の35％であった」

「1941年から日本は中国の東北地方に陸軍の要塞を建設し、また細菌戦の準備を行

い、多種の伝染病の病原菌を貯蔵していた」

[モンゴル人民共和国の歴史 1987：268]

　日本にとって第二次世界大戦はアメリカやイギリス、ソ連など、世界中を相手にした戦争であったため、様々な国のことを広く簡潔に記述しているのに対し、モンゴルにとって第二次世界大戦の相手は日本のみであったため、日本のことが非常に詳しく記述されている。
　モンゴルに限らず、第二次世界大戦の末期には世界中が日本を敵にしていたということが、次の記述から読み取れる。

「日本の軍国主義者の軍事力を粉砕せずに第二次世界大戦は終結できなかったのである」［モンゴルの歴史Ⅲ 2006：270］

　このような記述は、日本の教科書ではまず見られないだろう。しかし、第二次世界大戦の終結は、言い換えれば日本の降伏という状況にまで日本が追い詰められていたのは事実である。同じような記述が、世界の他の国の教科書でも見られるのではないかと想像できる。

4．1990年代以降の日本のモンゴルに対する援助について

　日本はモンゴルと国交を樹立した1972年以来、両国の関係がまだ疎遠であった時代から、国際協力事業団によるモンゴルの技術研修員の受け入れや、日本の専門家をモンゴルに派遣しての技術指導などの技術協力を、小規模ではあるが行なってきた。モンゴルが日本との関係で一番強く望んでいることは、日本の経済面における協力である。これに対して日本側も、アジアの社会主義国の中で最も民主化が進み、かつ市場経済への移行の過渡期として多くの難問を抱えるモンゴルに対しては、あらゆる面で出来る限りの援助を行なうことにしている［高瀬 1992：243］。この援助が活発になったのが1990年代のモンゴルにおける民主化以降であるといえる。現在のモンゴル史の教科書では、民主化以降の日本による援助について、簡単に説明されている。

「外交上の指針は、アメリカ、日本、中国など東西の先進諸国と友好関係を進展させることであった。…（中略）…

1980年代の半ばからモンゴル・日本の関係が広範になり始めており、対等な地位に基づく協力関係が精力的に進められていった。日本の主導でモンゴル援助国会議や国際組織が組織された。モンゴル援助国会議は6回開催され、モンゴル国で噴出している体制移行上の困難を克服し、改革が成果のあるものとするために借款や無償援助を行なってきた」［モンゴルの歴史Ⅲ2006：193］

写真2 モンゴルの歴史教科書に登場する現代日本の部分。皇族の写真や国会議事堂の写真が入っている。

この中で、「対等な地位に基づく協力関係」という記述が重要である。1931年に勃発した満州事変以後、日本軍は満蒙国境に進出するようになり、第二次世界大戦が終わる1945年まで日本とモンゴルの関係はぎくしゃくしていた。モンゴルは、日本からの侵略を受けたとして、その人的および物的損害に対して賠償請求権を有するという態度であった。しかし1972年2月2日に行なわれた日・モ外交関係開設交渉において、モンゴル側は賠償請求を提起しないと言明し、その結果両国の外交関係が樹立した。しかし、現実の問題としてモンゴルが過去の日本軍との戦闘による苦難を経験し、それが日本に対する感情のわだかまりとなって、両国関係発展の妨げになると認められたので、日本側もそのようなわだかまりを解き、両国間の友好関係を発展させるために一定限度の経済協力を行なうことにしたのである。［高瀬1992：149-150］

また、「体制移行の兆候である困難を克服し」とあるが、その「困難」というのは社会主義から民主主義へと移行する中で生じたものである。社会主義から民主主義への移行によって、モンゴル人たちは民主主義と自由を享受する代わりに、社会主義によってもたらされた飛躍的な変化を失ってしまった。例えば、かつて国内の農産物の需要をほぼ満たしていた国営農場は牧草地に後戻りし、ウランバートルに供給するためにつくられた10数ヶ所もの酪農場は荒廃したのである［ブレンサイン2004：244］。

この困難を克服するために日本が行なった「借款や無償援助」とは、どのようなものであったのだろうか。いくつかの例を挙げる。
　1つ目はゴビ・カシミヤ工場の建設である。1977年に締結された日本とモンゴルの経済協力協定に基づいて日本が50億円を無償で供与して建設し、1981年に操業を開始した。日本側は工場が完成し、稼動した後にも指導員を派遣して操業の指導や、設備の保守の援助を行なった。さらには毎年数名の同工場の従業員を研修のため日本に受け入れるなど、様々な面で面倒を見てきた。また、この工場内で使われている機械設備類はほとんどが日本製である。カシミヤの生産は中国・モンゴルが世界の二大生産国であるが、その中でもモンゴルのカシミヤは特に品質がよく、中国のものより良質であると言う人が多い。この価値ある資源を自国の経済発展に役立つように、有効に活用しない手はない。日本の援助によるゴビ工場の建設は、モンゴルという国の利点を生かし、その経済条件に最も合致した経済協力であったといえる［高瀬1992：149-152］。
　2つ目に、医療の分野での協力が挙げられる。日本はモンゴルの医療水準を上げる目的で、1990年にウランバートル市内の主要な病院に対して、基礎的な医療機材の整備のために4億5000万円を給与した。また、モンゴル国内の保健上大きな問題となっているB型肝炎に対するワクチン製造機材の購入のために約500万円を供与した。モンゴルの医療機材は予算不足等の事情で老朽化が著しく、基本的な診療にも十分対応しきれないような不満足なものが多い。日本は、そのような状態にある医療施設に対してレベルアップをはかるため援助を行なった。今後も、この分野で必要な協力を行なっていく方針である［高瀬1992：244-245］。
　この他にも、日本は通信事情の改善や農業の発展において、資金、人材、技術などを提供している。モンゴルの教科書の記述から、ここまで詳細に読み取ることは出来ない。しかし、日本がモンゴルに対して様々な分野で援助を行っているという事実を知っておくことは、今後日本とモンゴルの関係をより発展させるためには中で必要不可欠であるといえる。モンゴルの子どもたちが学ぶ教科書に、少しではあるがこのような事実が記述されていることは、モンゴルが日本と今まで以上によい関係を築き上げていこうとする意思があるからではないかと考えられる。

さいごに

　歴史教科書は中学・高校生が学校で歴史を学ぶためのものであり、歴史の専門書ではない。歴史教科書は専門書のように1つの事柄について詳しく掘り下げて取り扱っているのではなく、様々な事柄を簡潔に語るものである。

　今回の研究にあたって、日本の歴史教科書にはモンゴルに関する記述が非常に少ないということに気がついた。この点において、日本人のモンゴルの歴史に対する認識を問うのは非常に困難な作業であった。それに比べてモンゴルの教科書には日本と関係がある出来事に関して、どれも十分に記述されていた。つまり歴史教科書における記述量から、両国が相手国をどれほど重視しているかということを読み取れた。日本の場合、歴史というと中国や朝鮮半島、ヨーロッパやアメリカなどの国々との関係に重点が置かれ、モンゴルという小さな国は、教科書の限られた紙幅の中にはほとんど入れられないのである。

　ただし、限られた記述の中でもそれぞれの記述内容から歴史認識の違いは読み取ることができた。モンゴルは中国などのように、昔から日本とそれほど深い関わりがあったわけではない。しかし今回取り上げた、たった4つの出来事をめぐる記述もそれぞれ異なっており、そこから得られる歴史認識も異なっていることが分かった。日本人、モンゴル人はそれぞれ自分の国の歴史教科書で学び、そこからお互いの国の歴史について知り、相手の国について想像する。教科書の記述は、それまであまり知らなかった国に対して、何らかのイメージを持たせるきっかけになると言ってよいだろう。それが良いイメージになるか悪いイメージになるかは、記述の仕方や内容によって変化する。歴史教科書は、人生で初めて歴史に触れる場であり、歴史を知ることは世界を知ることの第一歩であるからだ。

　本研究を通して、歴史教科書の記述内容はそれぞれの国によって異なり、そこから得られる歴史認識も異なることが分かった。歴史教科書は、「真実の歴史」を記述しているわけではないのである。歴史教科書に記述された歴史が全てではないということを知っておくことは、非常に重要である。教科書に記述された歴史は、ある一方向から見た歴史に過ぎない。歴史は見方によって様々に変化し、絶対的な「真実の歴史」というものは存在しないのかもしれない。

(2009年1月)

参考文献

青木信治　1998『モンゴル国の実像』、東洋経済新報社。

熱田公　他　2000『中学社会　歴史的分野』、大阪書籍。

石井進　他　2003『詳説日本史　改訂版』、山川出版社。

石井進　他　2005『詳説日本史』、山川出版社。

石渡延男・越田稜　2002　『世界の歴史教科書：11カ国の比較研究』、明石書店。

大口勇次郎　他　2006『新中学校　歴史　改訂版　日本の歴史と世界』、清水書院。

大濱徹也　他　2006『中学生の社会科　歴史　日本の歩みと世界』、日本文教出版。

黒田日出男　他 2006『社会科　中学生の歴史　日本の歩みと世界の動き』、帝国書院。

小中陽太郎　1997『外国の教科書に日本はどう書かれているか』、ごま書房。

五味文彦　他 2006『新しい社会　歴史』、東京書籍。

笹山晴生 他 2006『中学社会　歴史　未来をみつめて』、教育出版。

佐藤義朗　1997『フィリピンの歴史教科書から見た日本』、明石書店。

鈴木正幸 他 2006『中学社会　歴史的分野』、大阪書籍。

高瀬秀一　1992『ジンギス・カンの国へ』、丸善ライブラリー。

高濱賛　2003『アメリカの歴史教科書が教える日本の戦争』、アスコム。

田中克彦　1992『モンゴル――民族と自由』、岩波書店。

田邉裕　他　2000『新しい社会　歴史』、東京書籍。

西尾幹二　他　2001『新しい歴史教科書』、扶桑社。

二谷貞夫　2002「中国　生きいきと、リアルな記述」石渡延男・越田綾（編）『世界の教科書：11ヵ国の比較研究』、明石書店、pp. 46-49。

藤岡信勝　他　2005『新しい歴史教科書　改訂版』、扶桑社。

ブレンサイン、ボルジギン　2004　「モンゴル人と社会主義」、小長谷有紀著『モンゴルの二十世紀　社会主義を生きた人びとの証言』、中央公論新社。

峯岸賢太郎　他　2006『わたしたちの中学社会　歴史的分野』、日本書籍。

宮脇淳子　2002『モンゴルの歴史　遊牧民の誕生からモンゴル国まで』、刀水歴史全書。

モンゴル科学アカデミー歴史研究所（田中克彦監修・二木博史。今泉博・岡田和行訳）

　1988a『モンゴル史　1』、恒文社。

　1988b『モンゴル史　2』、恒文社。

山口岳志　他 1999『中学校　歴史』、清水書院。

山﨑保寿　2006「モンゴル国における教科書改訂に関する研究―国語および歴史教科書を中心として―」、『教材学研究』、Vol. 17、日本教材学研究会。

吉澤柳子　1999『外国の教科書と日本　子どもたちが学ぶ日本像』、丸善ブックス。
脇田修　他　2005『日本史B』、実教出版。

モンゴル人民共和国の歴史（Sh. Bira, and L. Bat-Ochir(eds.)）　1987 *Bügd Nairamdakh Mongol Ard Ulsyn Tüükh 8: Dund surgaltyn 8-r angid üzne.* Ulaanbaatar.

モンゴルの歴史Ⅱ（Ts. Gantulga, T. Altantsetseg, T. Jambaldorj, J. Zaankhüü, S. Sodonom, A. Tsolmon) 2005 *Mongolyn Tüükh Ⅱ : 11 jiliin surgalttai erönkhii bolovsrolyn surguulin 8-r angid üzne.* Admon: Ulaanbaatar.

モンゴルの歴史Ⅲ（Ts. Gantulga, T. Altantsetseg, Ch. Boldbaatar, . Jambaldorj, J. Zaankhüü, S. Enkhjin）2006 *Mongolyn Tüükh Ⅲ : 11 jiliin surgalttai erönkhii bolovsrolyn surguulin 9-r angid üzne.* Admon: Ulaanbaatar.

歴史Ⅰ（B. Narmandakh, G. Shürentseteseg, L Oyunbat nar) 2005 *Tüükh 1: 11 jiliin surgalttai erönkhii bolovsrolyn surguulin 6-7 dugaar angid üzne.* Urlakh Erdem: Ulaanbaatar.

第2章　柔道・レスリングはモンゴル相撲の一部なのか？
―ウランバートルのモンゴル相撲道場の事例から

平山　開士

はじめに

　子どもの頃から私は、格闘技や大相撲を見ることが大好きだった。そこでモンゴルに留学（2012年3月～2013年2月）すると、迷わずモンゴル相撲を習うことを決めた。留学の前半は言葉を学び、後半の約4ヶ月の間、週に1回～3回、モンゴル相撲道場に通った。モンゴル人独特の身体技法やその文化的背景などが、モンゴル相撲を通して見えてくるのではないかと思ったからだ。

　現在、日本でも知名度の高くなってきたモンゴル相撲だが、モンゴルでも国技として確固たる地位を確立している。モンゴルで年に1度行われるスポーツの祭典、ナーダム祭では、競馬、弓射とともに3大種目の1つとして大きな注目を浴びる。ナーダム祭において上位に勝ち残った力士には、いわゆる番付が与えられ、横綱や大関のような地位は国家称号として絶大な力をもち、人々に称えられる。

　モンゴルにおいて国技として人々に浸透しているモンゴル相撲だが、近年そのプロスポーツ化が急速に進んでいる。1990年代にはモンゴル相撲の普及発展を目的としたモンゴル相撲連盟が誕生し、また1年に1度のナーダム祭だけでなく定期的にスポンサー主催の大会が開かれ、成績優秀の力士には賞金

写真1 モンゴル相撲の取り組み

提供：Таван-Хан бөхийн дэвжээ

が与えられるようになった。テレビ放映もされることから、実力のある力士にはそれぞれにスポンサーが付くようになり、力士たちはモンゴル相撲だけで収入を得ら

れるようになった。ただ、モンゴル相撲を取り巻くその組織形態や育成方法、力士たちの所属意識やプロ・アマの境界などいまだ曖昧な点は多い。

　私がウランバートルで通っていた道場は、モンゴル北部のフブスグル県が運営している道場で、当然、力士たちは全員フブスグル県出身であった。年齢やレベルは、15〜16歳の駆け出しの若者から、トーナメント大会に参加しスポンサーまでつくような強豪力士まで、多岐にわたっていた。実際に練習に参加しながらそこで見た世界は、今まで自分の経験してきたいわゆる近代スポーツとは一線を画したものだった。例えば、ほとんどストレッチなどの準備体操をせずに競技に取り組み始める力士たちの姿には本当に驚いた。

　しかし最も不思議だったのは、彼らは「今日はモンゴル相撲、明日は柔道」といったように1つの競技にとらわれず、モンゴル相撲・柔道・レスリングというような複数競技を同時並行で練習していたことだった。

　実は、モンゴルではモンゴル相撲と柔道やレスリングを並行して実践するというやり方を昔からとっていた。なんとオリンピックレベルの選手たちまでもが同時並行的に複数競技を実践し、メダルまで獲得してきたのだ。

　例えば2008年北京オリンピックにて男子柔道100キロ級で金メダルを獲得したトゥブシンバヤルは、かつて柔道を習い始める前にモンゴル相撲で腕を磨いていた。そのため彼の柔道のスタイルは、実はモンゴル相撲の技を応用させたものが多かった。実際に北京オリンピックの1回戦では、2004年のアテネオリンピック男子柔道100キロ超級で金メダルを獲得した鈴木桂治を、モンゴル相撲の技で破り勝ち進んだ。トゥブシンバヤル自身も試合後のインタビューでモンゴル相撲の技が役に立ったと述べている。現在もトゥブシンバヤルは柔道の国際大会に出場するなど現役を続行しているが、同時にナーダム祭にもモンゴル相撲の力士として参加しており、2013年には称号を獲得するまで勝ち進み、ベスト8に残った力士に与えられる「ハルツァガ」の称号（表1 参照）を持っている。

　日本の大相撲の横綱として知られる白鵬の父も同様であった。1968年メキシコオリンピックのレスリング男子87キロ級で銀メダルを獲得した白鵬の父は、モンゴル国に初めてオリンピックのメダルをもたらした国の英雄である。しかしそれと同時にモンゴル相撲でも名を馳せていた。優勝回数でも歴代4位で、後にモンゴル相撲における最高称号である「ダルハン・アヴァルガ（いわゆる大横綱に相当）」を獲得している。以上のようにオリンピックでメダルを獲得するような選手であっても競

技を 1 つに絞らず複数実践してきたことに、彼らの柔軟な競技観が反映されているように思う。

　そこで本稿では、柔道やレスリングとの関係性の中で彼らはモンゴル相撲をどうとらえているのか、つまり彼らのモンゴル相撲観について、考察していきたいと思う。その際、モンゴル相撲道場でフィールドワークを行うことで相撲道場での練習の実態などに着目しながら考察をすすめていくものとする。

　結論からいうと、タイトルにある通り、モンゴル人はどうやら柔道やレスリングを「モンゴル相撲の一部」として認識し、そういう感覚でモンゴル相撲を実践しているのではないか、ということである。柔道やレスリングの技の一部や方法論などを単純に「取り入れて」いるのではない。私の目には、彼らはそもそも柔道やレスリングをモンゴル相撲の基礎を構成する一部分として捉えられているように見えたのである。伝統に枠組みにとらわれず、柔軟に他のスポーツ呑み込んでいるからこそ、柔道も強ければ、モンゴル相撲も強い、といった不思議なスポーツ選手が誕生しているにちがいない。

　なお、地域や部族によってルールや着用する衣服に差異のあるモンゴル相撲だが、ここではモンゴル国で一般に行われるハルハ・ブフ（ハルハ族の相撲）をその対象とした。ハルハとは、モンゴル国において人口の 80% 以上を占めるエスニック集団であり、モンゴル相撲の中でもハルハ族の間で広く行われているものを、ハルハ・ブフという。

　ところでモンゴル相撲は、果たして「スポーツ」なのだろうか？また、そもそも「スポーツ」とは何なのだろうか。　R・レンソンは、近代スポーツが広範かつ国際的に普及していて、高度に標準化（細かなルール化）された国際スポーツ種目であるのに対し、伝統スポーツは地理的に限られた分布しかもたず、かつ国際的に組織された近代スポーツが出現する以前に存在したか、あるいはその時代の身体活動にルーツを持つスポーツであると定義している［レンソン　1995:117-118］。

　また、K・ブランチャードは、伝統スポーツは「特定の民族文化（あるいは民俗文化）に直結する形態のスポーツ活動」であり、その「実践はより地域的であり、いわゆる近代スポーツよりもはるかに強く儀礼としての含みを持ち合わせている」としている［ブランチャード　1995:6］。

　一方、社会主義時代、モンゴルにおけるスポーツ概念は、井上邦子によると、「モンゴル国においては現在、ロシア語の「スポルト」という語がそのまま援用され用

いられてきたのだという。「スポルト」はいわゆる「近代スポーツ」のことを指し、具体的にはサッカーやバレーボールなどの外来の競技種目について用いられる。一方、ナーダム祭で行われる相撲、競馬、弓射などには「ナーダハ（遊ぶ）」から派生した「ナーダム（遊び・競技）」が用いられる。すなわちモンゴルでは、「スポルト」と「ナーダム」は確固とした区別がなされている［井上 2005:58］。

しかし現在のモンゴル国では、モンゴル相撲や弓射などを「ウンデスニー・スポルト（民族スポーツ）」といい、近代スポーツが定着した今、「スポルト」と「ナーダム」という括りの中だけでは語れないようにもなっている。

稲垣正浩は、「脱近代」という「ポスト・モダン」に対する訳語に、あえて「後近代」という新語を提示した。そのうえで、「後近代」におけるスポーツを説明する独自の概念として、「セントラル・スポーツ（中心スポーツ）」と「マージナル・スポーツ（周縁スポーツ）」というカテゴリー分けを提唱している。

「『中心』を志向し、そこに位置づけられるべき条件を満たしているスポーツのことを「セントラル・スポーツ」とよび、それとは反対に『周縁』を志向し、中心に位置づけられることを拒否するスポーツのことを「マージナル・スポーツ」とよぶ。この場合の『中心』と『周縁』は、都市と地方、メジャーとマイナー、洗練と粗野、組織と未組織、公認と未公認、秩序と混沌、昼と夜、等々のイメージに細分化していくことも可能であろう」［稲垣 1991:160］

仮に上の、スポーツ文化における中心と周縁の概念を「組技系格闘技」に限定してみると、レスリングや柔道はその括りの中での「セントラル・スポーツ」であろうし、反対にモンゴル相撲はその「マージナル・スポーツ」にあてはまることだろう。事実、稲垣は、近代オリンピックで採択されている競技種目こそここでいう「セントラル・スポーツ」の典型例であるとし、また、「現存するマージナル・スポーツの大半は少数民族や途上国の人々によって担われている」と述べている。［稲垣 1991:161-162］。

ただしここでは、「セントラル・スポーツ」と「近代スポーツ」、「マージナル・スポーツ」と「伝統スポーツ」がある程度の相応関係にあるということに留意しておかなければならない［富川 2003:17］。

これに対して、現在モンゴル国では、「スポーツ」についてどう考えているのだろうか。モンゴルでは、柔道やレスリングのようにオリンピック競技となり世界中で認知されている競技のことを、現代のモンゴルでは「大スポーツ(ikh sport)」と呼ぶ。これは、モンゴル相撲のような世界中で認知されているとは言えない「民族スポーツ」と対立する概念として理解されていることがわかる。しかし競技の実践となると「セントラル・スポーツ」を「大」とするこの対立構造にそぐわない例が多く確認された。

　稲垣のいうスポーツ文化における「セントラルとマージナル（中心と周縁）」という概念、さらにモンゴル国で使われている「大スポーツ」という括りとそれに対立するその他諸々の競技。概念上ではオリンピック競技となり近代化した柔道やレスリングといった「中心」の競技が、モンゴル相撲という「周縁」の競技を代表するように存在するはずである。ところが、モンゴルでは、「周縁」であるはずのモンゴル相撲がむしろ「中心」であるレスリングや柔道を包含するようなものとして捉えられているのである。

　さらに稲垣は、「後近代」におけるスポーツの国際化というのは、あらゆるスポーツを同等に位置づけ「コンビビアリティ（共生）」させていくことにあるとし、その1つにセントラル・スポーツとマージナル・スポーツの「コンビビアリティ（共生）」があると主張している。そして「ここでいうスポーツの『コンビビアリティ』の具体的なイメージはそれほど明確なものではない。しかし、未来スポーツ像の1つの方向性を指し示す道標とはなりうるだろう」［稲垣 1991:186-188］としている。

　これに対してモンゴル人たちが、モンゴル相撲が柔道やレスリングをその一部だと認識している以上、共存とはいいがたく稲垣のいうスポーツの『コンビビアリティ』には当てはまらないだろう。しかし、マージナル・スポーツであるはずのモンゴル相撲が、セントラル・スポーツである柔道やレスリングを包含するようなものとして理解しているのではないか、という彼らのあり方は、近代－伝統、あるいはセントラル－マージナル（中心－周縁）といった、グローバルな力関係を超えることができるような、未来スポーツ像の一つとして提示できる事例になるかもしれない。

　モンゴル相撲について、富川力道は、モンゴル相撲の主流である中国内モンゴル自治区とモンゴル国における2種類のモンゴル相撲を取り上げ、両地域においてモンゴル相撲がいかにして伝統と近代化のはざまで再構築されてきたかを明らかにしている［富川 2003］。富川はこの中で、両地域におけるモンゴル相撲を「伝統スポ

ーツ」として位置づけ、近代的原理の導入を「自発的・積極的な選択行為」と言い換えている。つまり、近代に入り行われてきたモンゴル相撲における制度や組織など諸々の改革を、単なる近代スポーツへの中心志向ではなく、「中心を周縁へ受け入れる主体的な営み」と見なした。富川の言う「中心の要素の周縁への受け入れ」は、客観的な見方としては正しいといえる。しかしモンゴル人側の目線で見てみると、モンゴル相撲という「中心」に対して柔道やレスリングといった「周縁」を受け入れて、自分のものとしているといったほうが、的を射ているようにも思われる。

モンゴル相撲に関して、現地モンゴルでは、伝統的に強豪力士の自叙伝やナーダム祭に関するものは多く出版されている。近年モンゴル相撲の研究が進み、力士の出自に対する地理的影響の研究など多方面からの研究も行われている。例えば、バトスフは、モンゴル相撲とサンボ、柔道の技を比較考察し、互いの影響について統計を用いて論じている [Батсух 2013]。

しかしモンゴル相撲道場での調査を踏まえた上で、レスリング、柔道などとの関係の中でのモンゴル相撲観に関する研究はなされていない。

調査に関しては、2012年3月からの1年間モンゴル留学中に、モンゴル相撲道場でフィールドワークを行った。また2015年10月にも12日間、再びモンゴルを訪れ相撲道所でフィールドワークを行った。またウランバートル市内の2つの道場と3つの体育大学で、モンゴル相撲の17歳から24歳の若手選手を対象に、練習の観察や聞き取り調査、アンケートなどを行った。

1. モンゴル相撲と相撲道場

1-1. モンゴル相撲の概要

モンゴル語でモンゴル相撲のことを、「ウンデスニー・ブフ（*ündesnii bökh* 民族の相撲）」という。「ブフ（*bökh*）」とは日本語における「力士」と「相撲」両方の意味をもつ語であるが、本論では便宜上「相撲」を意味する語として使用することを断っておく。また、モンゴル語における「ブフ」という言葉は、いわゆる組み技系の格闘技全般を指しており、いわゆる日本人のイメージする「相撲」だけでなく、柔道やレスリングもその範疇に含まれている。例えば、モンゴル語でレスリングは、レ

スリングフリースタイルを訳した「チョロート・ブフ（chölööt bökh 自由な相撲）」という言い方をし、柔道のことを「ジュードー・ブフ（jūdo bökh）」と呼ぶ。

また、道場のことをモンゴル語で「デヴジェー（devjee）」と呼び、「ブフのデヴジェー（bökhiin devjee）」というと、今やモンゴル相撲だけでなく、柔道やレスリングも行う場としての意味をもつようになっている。

なお、ここではモンゴル相撲の概要を述べていくが、既述のとおり本論文では研究の対象をハルハ・ブフとしており、以下述べる概要はハルハ・ブフについてである。

モンゴル相撲には地域ごとの特色があり、モンゴル国で主に実施されているハルハ・ブフ以外にも、細分化すると7種類に分けることができる［富川 2003］。中国内モンゴル自治区やロシア連邦のブリヤート共和国といった、国をまたいで居住しているモンゴル系の人々によって行われており、身につける衣装や一連の所作、或いはルールに至るまで細かな差異が確認されている。（モンゴル相撲の各形態については表1 参照）

1-1-2. 衣装

力士の身に着ける衣装は他の格闘技には見られない独特な形をしている。上半身においてはゾドグ（zodog）と呼ばれ、通した袖が背中側でつながっており、前開きのチョッキのようなものを着る。腹側では太い紐を結び固定するのだが、腹側のこの紐は勝

写真2　ウランバートル市内で行われた大会（筆者撮影）

負の決着において重要な意味を持っており、敗れた力士が自身の負けを認めた際に解くものである。上半身のゾドグと下半身に履くショーダグ（shuudag）というパンツは共に、強く掴んでも破れないよう何重にも糸を縫い付けてあり、装飾的意味合いも含まれている。靴も他の格闘技には見られない大きなブーツ型をしており、モンゴルにおける伝統的な靴をそのままモンゴル相撲にも適用したと思われる。

ルール　モンゴル相撲は一般的に日本語では「相撲」と訳されるが、投げ技が中心の格闘技で、どちらかというとレスリングや柔道に近い。ハルハ・ブフにおいては地面に手のひらを着くことが認められており、それゆえ一方が地面に四つん這いになっても勝負が続く場面が多々見られる。モンゴル相撲が日本の相撲やレスリング、柔道と最も異なるのは、土俵やリングのような空間的制限がないということ、そして制限時間がないということである。これは広い大草原で遊牧生活を行い、土地を所有するという発想がなかった遊牧民ならではの特徴だといえよう。またもともと草原で実践されてきたため、各力士たちは同じ空間の中で、並行して同時に多くの取り組みを行う。それは試合や練習でも同様で、場所の広さもあまり関係ない（写真2）。

　制限時間も設けられていないので、力の拮抗した力士同士なら長時間にわたり攻防が続くことも珍しくない。しかし近年は長時間続くようであれば介添人が中断し、サイコロのようなものを振り、組み手を指定するといった新たなルールが導入されている。

　さらにモンゴル相撲には、「審判」というものが存在しないのも大きな特徴であろう。取組会場には一般にザソール（*zasuul*）と呼ばれる介添人がおり、力士たちのそばで取組を見ているのだが、1人のザソールが2、3人の力士の介添をすることが多く、すべての取組を見ているわけではない。私のみた限りでは、とりわけ判定の微妙な取り組みに関しては、あくまで力士同士の納得の上で勝負が決着しているようであった。高度に標準化されることが近代スポーツの1つの条件であるならば、「審判」制度が存在しないモンゴル相撲は「近代スポーツ」の条件を満たしていないといえる。

称　号

　1年に1度開催されるナーダム祭において所定の回戦まで勝ち進むと、いわゆる横綱や大関といった国家称号が力士に与えられる。1度与えられた称号は生涯保たれ、人々は称号をもってその力士を呼ぶことも多く、力士にとってはこの称号が大きな名誉となる。

表1　ハルハ・ブフの力士の称号

国家ナーダム祭での成績	授与される称号
ベスト16	ナチン（nachin 隼の意）
ベスト8	ハルツァガ（khartsaga 大鷹）
ベスト4	ザーン（zaan 象）
準優勝	ガルド（gar'd ガルーダ）
優勝（1度目）	アルスラン（arslan ライオン）（大関に相当）
優勝（2度目）	アヴァルガ（avarga 巨人）（横綱に相当）
優勝（5度目）	最高称号ダルハン・アヴァルガ（darkhan avarga 聖なる巨人）

ふるまい（ポーズ）

モンゴル相撲には、デヴェー（devee 羽ばたきの意で、日本では「鷹の舞」と言われる）と呼ばれる独特の儀礼的ふるまいがある。これは両手を大きく左右に広げ、鷹の羽ばたきや着地などをイメージしたもので、取組前や取組後に勝った力士が行う。もともとは、羽ばたきのふるまいの時に力士の胸はライオンをイメージし、鷹が舞い降りる所作の時は、鷹と種ラクダの合体をイメージしていたのだという。しかし、スポーツとしての要素が色濃くなった今、力士たちにとって取組前のこういった一連のふるまいは、ストレッチの代わりになっている。

また井上［2005］によると、モンゴル相撲の技名には、家畜の動きを静止させる際に使う動きの名前が適用されていたりと、力士の動作に遊牧文化の経験が反映されているそうだ。

写真3　鷹の舞をする力士

提供 Таван-Хан бөхийн дэвжээ

1-2. モンゴル相撲の歴史

　ここでモンゴル相撲の歴史について富川［2002］の研究を中心にバットエルデニ［2002］などにも依拠して概観しておこう。

　一説によると、紀元前3世紀頃の匈奴の時代から、モンゴル高原において相撲は競馬や弓射とともに実戦的鍛錬として行われてきたというが、モンゴル相撲の正確な起源を確定することは難しい。8世紀から16世紀にかけてモンゴルでは、軍事的な鍛錬として用いられており、13世紀には軍旗の祭祀や軍政の調整、出陣や凱旋などの諸行事に際し、しばしば3種競技（相撲、競馬、弓射）が催されていた。

　9世紀から12世紀にかけては、官位の1つとしてブフ（力士）という言葉が用いられていたという。これは当時のモンゴル高原の統治者たちに対し、バータル（英雄）、ツェツェン（賢者）、メルゲン（優れた弓の射手）といった称号の中の1つとして与えられていたもので、相撲の社会的地位がこの頃から高かったことが窺い知れる［バットエルデニ 2002］。

　モンゴル相撲が1競技として自立し始めるのは、1640年のダンシグ・ナーダム（ダンシグとは活仏の長久を祈る儀式の意）にさかのぼる。清朝の内モンゴル支配に対して、まだ独立状態を保っていたゴビ砂漠以北のハルハ・モンゴル諸部は清朝の侵略を警戒し、国内の結束を図る目的で初代活仏を宗教的指導者に推載して、1640年、活仏の長久祈願として全国規模でダンシグ・ナーダムを奉納した。このとき相撲、競馬、弓射の3競技が催され、モンゴル相撲の優勝者および上位入賞力士にはアルスランやヂーン（表1 参照）といった称号が活仏によって授与された。今日のハルハ・ブフの称号制度はおおよそこの頃から形成されたものらしい。ダンシグ・ナーダムは1913年まで行われ、今日のハルハ・ブフの競技化、規範化、制度化に大きな影響を与えた。

　1921年に中華民国から独立を宣言して以来、モンゴルでは人民革命の勝利を記念したナーダムが毎年開催されるようになった。それと同時に軍事訓練との結びつきで器械体操や陸上競技など、それまで実施されてこなかった近代的なスポーツが次々と導入されていった。モンゴル体育史において1921年からの10年間は、各種近代スポーツの導入や国民の身体的運動への参加意識を高める段階であり、1940年頃をもってモンゴルにおける近代的スポーツの形態は基本的に形成されたと考えられている。

　また、1946年に初めて開催されたモンゴル人民共和国体育競技大会では、初めて

国内記録が成立するなど、このときをもってモンゴル人民共和国の体育・スポーツが身体文化の時代から競技スポーツの時代へと移行したと考えられる。

一方モンゴル相撲においては、モンゴル人民共和国成立後も実践的には大きな変化なく実施されていたのだが、徐々に組織の面で新たな動きが出始めるようになる。1946年に全国体育・スポーツ委員会が設置され、モンゴル相撲は競馬、弓射とセットの3種競技として同委員会の1セクションに属することになった。さらに1956年からは1年に1度行われる国家のナーダム以外にも、個別種目として各競技大会に取り入れられるようになった。しかし、モンゴル相撲が個別競技として公式ルールを持つようになるのはこれよりずっと後、1990年の民主化後のことである。

1990年、モンゴル人民共和国の民主化はモンゴル相撲にも多大なる影響を及ぼした。民主化潮流の高まりによって、前述の全国体育・スポーツ委員会は解散し、その傘下にあった各種目の競技団体が相次いで独立した。モンゴル相撲も例外ではなく、このときモンゴル相撲連盟が成立した。モンゴル相撲連盟は1990年12月に設立されると同時に第1回総会を開き、連盟規約や綱領、競技規則などを採択した。つまりこれをもって初めてモンゴル相撲が1競技として独立した組織をもつことになるのであった。

また、1963年以降毎年旧正月の時期に行われてきたモンゴル相撲の室内大会も、1990年の民主化後大きく変化を遂げるようになる。民主化以後、市場経済への移行などといった社会変化に伴い、モンゴル相撲の室内大会は次第に定期化され始めた。大会の主催もモンゴル相撲連盟だけにとどまらず、テレビ局や新聞社の介入が急増し、これが結果的にモンゴル相撲の商業化を大きく促進させることとなった。

私企業主催の大会が増え、リーグ制や賞金制度の導入により、強豪力士になるとモンゴル相撲だけを専門的にすることで豊かな生活が期待できるようになり、自然発生的に「プロ」力士が誕生するようになった。その結果、民主化後のモンゴル相撲は、技術面や力士のモチベーションが急速に向上していくこととなり、それは同時にモンゴル相撲が「見るスポーツ」として確立され始めることを意味した。

以上、富川の解説［2002］を中心にモンゴル相撲の歴史をまとめた。

レスリングや柔道といった他競技との関係では、モンゴル国においてレスリングが本格的に導入されたのは1961年のことである。遅れて柔道も1971年に本格的に取り組まれるようになった。導入当時よりモンゴル相撲の力士がその傍らレスリングや柔道に取り組むことが多く、それ以来モンゴル相撲における強豪力士の大半は、

レスリングや柔道、あるいはサンボなどの経験を持つようになった。それについては、後述するが、この50年の間に、モンゴル相撲はレスリングや柔道とは切ってもきれない関係となってきたのである。

1-3. ウランバートル市におけるモンゴル相撲道場の概要

　2015年現在、ウランバートル市には、多くのモンゴル相撲の道場がある。1990年の民主化以前からいくつか国立のクラブチームのようなものが存在し、それを踏襲したものが今でも5つ確認された。また、2007年から2010年に多くの県（アイマグ）が首都ウランバートル市にモンゴル相撲の組織を持つようになり、現在では全ての県がウランバートル市にモンゴル相撲の組織を持っている。それらは基本的に公的な組織であるが、県によっては練習場となる道場を持たず、体育大学や他アイマグの道場を借りているところもある。

　こういった道場のほかに、大学でもモンゴル相撲が教育されている。現在、モンゴル相撲の専門コースがある体育大学は4校ある。プロを目指す若手力士はこういった大学でモンゴル相撲に取り組むことが多い。なぜなら、相撲コースのある大学は、大抵かつてモンゴル相撲で名を馳せた力士たちによって創設されたものであり、モンゴル相撲だけでなくレスリングや柔道も学ぶことができる。こうした大学は総じて「ブフの学校（*bökhiin surguul'*）」と呼ばれている。

　ここで注目すべき点は、力士たちの所属意識がはっきりしていない点である。もともとモンゴル相撲連盟は力士を統括する組織ではなく、力士はここに所属しているという意識はない。むしろ力士は各々の県の組織を口に出し、自らも所属していると考えているようである。ただそれも絶対的なものではなく、例えば体育大学でモンゴル相撲を専門的に学ぶ若手力士は所属先を県の組織と答えたり、学校の名前を出したりとまちまちであった。またスポンサーがつくような強豪力士にもなると、県の組織に加え、スポンサー企業の名も冠するようになる。彼らの1ヶ所に固定されない所属意識が窺い知れる。

2. モンゴル相撲・柔道・レスリングの三種競技の関係

　とうとう柔道の畳の上で「鷹の舞（デヴェー）」をする選手が現れた。2015年11

月1日、アラブ首長国連邦の首都アブダビで柔道の国際大会「グランドスラム・アブダビ」が開催された。モンゴル国から男子90キロ級に出場したオトゴンバータル（写真4）は、決勝戦でオランダの選手を破り優勝したのだが、試合後、畳から身を引く前にモンゴル相撲特有のふるまいである鷹の舞を披露した。実はオトゴンバータルは、モンゴル相撲で県のザーンの称号（県レベルのナーダムにおいて準優勝）を持っている。例によってモンゴル相撲と柔道の二足のわらじを履く人物である。モンゴル語のインターネット上では、彼に対する賞賛の声が多くみられた。例えば「世界の舞台でもデウェーをしてよいんだということを彼が見せつけてくれた[1]」との語りもあった。

写真4　国際大会の柔道の畳の上で鷹の舞をするオトゴンバータル選手
オトゴンバータル氏提供

　柔道の国際大会において、モンゴル相撲の儀礼的ふるまいが行われたことは、複数競技を実践する彼らにとってのその競技観を如実に示している。つまり冒頭で述べたように、彼らの頭の中では、柔道やレスリングはモンゴル相撲に包含されるようなスポーツとして観念されているのである。

　こうした感覚は、実際の練習や技などにおいても、見受けられるが後述していくものとする。

2-1. 衣装

　当然にしてモンゴル相撲の衣装は、レスリングや柔道と異なる。レスリングではシングレットと呼ばれるワンピース型のユニフォームとレスリングシューズを着用する。柔道では前開きの上衣とズボン型の股下を着て腰には帯を締め、裸足で競技を行う。
それぞれの特徴として、まずモンゴル相撲（ハルハ・ブフ）の衣装（写真5）は、

---

[1] https://www.facebook.com/groups/Mongolianwrestling/　より引用

紐が多用されている。ゾドグと呼ばれる上衣には中側の両脇から腹にかけて紐が通っており、へそ上でそれを結ぶ。また、ショーダグと呼ばれる下衣にも腰と太ももの付け根の部分、つまり3ヶ所に紐が通してある。また生地に伸縮性はなく、強く掴んでも破れないよう何重にも糸で縫い付けられている。モンゴル相撲において基本的に力士同士が衣装を掴み合うのは、上衣の肩を通す部分と腹紐、そして下衣の太ももの付け根の部分となる。

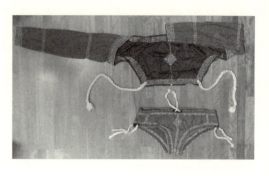

写真5　ゾドグ（上衣）ショーダグ（下衣）（筆者撮影）

　これに対してレスリングのシングレットは、体に密着した形になっており、伸縮性に優れている。シングレットを掴み、技を繰り出すということはない。柔道では強く掴まれても破れないよう、他の武道の道着より生地が厚く作られており、選手は道着のどこを掴んでもよい。ただ基本的には首元の襟と袖を掴み組み合うことが多い。

　組み技系格闘技のこの3種の競技の衣装は、衣装を「掴めるかどうか」という点において大きな違いが出てくる。衣装の特徴は、組み合う形やルールと深く関わっているのである。モンゴル相撲と柔道では、衣装を掴めるようになっている。なぜなら掴み合って組み合い、技を繰り出すことが多いからである。

　一方レスリングにおいて衣装を掴むことはなく、互いに牽制しあう形になる。ただモンゴル相撲には手以外の部分が地面に付きさえすれば勝負が決するというルールがある。組み合う前に相手の足を抱えるようにとって倒すこともあるので、組み合いに関して、モンゴル相撲はレスリングと柔道の中間に位置しているといえる。また、レスリングでは中腰で牽制しあい、柔道では腰高のまま掴み合い組み合うが、モンゴル相撲では中腰のまま衣服を掴み組み合うことが多く、レスリングと柔道いずれの特徴も含む形となっている。

　これは「衣装」という視点からアプローチした際、そのルールとも相まってモンゴル相撲がレスリングと柔道の中間に位置し、レスリングや柔道の経験がモンゴル相撲へ問題なく応用できることを意味する。モンゴル相撲と柔道においては双方向

的に競技できる関係にある。しかしモンゴル相撲とレスリングはそうでなく、レスリングの経験がモンゴル相撲の土台となることは多くても、モンゴル相撲の経験がレスリングの土台となることは少ないと思われる。これに関しては後で「技」の視点からも考えていきたい。

　筆者の友人で、県のアルスランの称号(県レベルのナーダムの優勝者)をもつ力士Aによると、子供に格闘技を習わせる場合、モンゴル相撲の場合、一番若くても13歳〜15歳になって始めさせるのが普通なのだという。それより小さな子供には、むしろ柔道やレスリングを習わせることが多いとも語った。もちろん練習方法の確立具合や競技形態の影響も大きいだろうが、彼よると、その理由はモンゴル相撲には「力が必要だから」ということらしい。

　これはモンゴル相撲で身に着ける衣装は掴む部分が「紐」あるいは「薄い生地」の部分となることも関係しているように思われる。柔道着は綿を主とした合成繊維でできていることが多く、比較的厚く作られている。一方モンゴル相撲におけるゾドグとショーダグは、ナイロン系の化学繊維の生地を糸で何重にも補強してあり、薄く硬い。腹紐も掴みやすいよう太く作られてはいるが、掴むには表面積が少なく力を出すには経験が必要だ。それゆえ、同じ「衣装を掴みあう」にしても、衣装の生地が分厚く柔らかい柔道に比べ、モンゴル相撲ではより力が必要で、同時にけがの危険性も増えてくることだろう。

　事実、2005年の国家ナーダム祭にてモンゴル相撲512名の出場力士の中から、救護所を利用した75名の力士の負傷に関する調査をしたところ、手指部の負傷が19例と最も多かったという。またその原因も、衣装を掴む際におこる手指部軟部組織の捻転損傷と推察されている[久米 他 2006]。

　また、先述したように、モンゴル相撲に取り組む際はゴタルと呼ばれるブーツ型の大きな靴を履く。ゴタルは基本的に革製で、硬く丈夫にできている。ゴタルは子供が履いてモンゴル相撲に取り組むには少し重く、とりわけ筋力の足りない小さな子供にはあまり適さないのではないかと思われる。モンゴル相撲では受け身の練習方法なども確立されておらず、動きにくい衣装とも相まってさらにケガの危険性は増す。

　以上のことから、練習方法の確立具合や競技形態の影響もあるだろうが、衣装から考えられる身体への負担もまた、格闘技の入門としてモンゴル相撲よりレスリングや柔道が選ばれ、それが後にモンゴル相撲の土台となっていく理由なのであろう。

2-2. 技

　モンゴル相撲の技は、一説によれば400とも500とも言われるが、明確な数を数えることは難しい。というのも、モンゴル相撲では連続技が多くあり、一連の動作を一つの技と認識する。井上によると、モンゴル相撲において「技」とみなされる動作の範疇は広く、「相手の懐に入る」や「相手をグッと押さえる」という、次の技に繋げるための動作までも「技」に含めるのだという[井上 2005]。

　モンゴル相撲における連続技というのは、「片手でゾドグ（上衣）を引っ張り相手の重心を崩してから、もう一方の手で相手の足を取りにいく」といったものを指す。衣装を掴みながら足技を繰り出せるという点で「柔道」の要素をもち、一方で低い体勢から足を取りにいくという「レスリング」の要素も色濃い。身に着ける衣装とルールが相まって、モンゴル相撲では多彩な技が生み出されてきた。

　複数競技を実践する者は、一方の競技に取り組む際、もう一方の競技の内容が癖として身についてしまうことがある。前に紹介した県のアルスラン称号の力士によると、モンゴル相撲の力士の中でも、柔道経験者は上衣を掴んでから足技を仕掛けることが多く、レスリング経験者は低い体勢から足を取りにいくことが多いという。

　すなわち、柔道やレスリングの経験がモンゴル相撲を取り組む際の基礎となっているのである。さらに複数競技を実践する際、各競技を独立したものとはみなさず、彼らはあくまでモンゴル相撲の一部として取り組んでいることも意味している。スフによれば、モンゴル相撲の技は主に「手技（garaar üildekh mekh）、足技（khölöör üildekh mekh）、腰など体全体を使う技（ikh biyeer üildekh mekh）」の3種に分類することができるという。2004年にバトスフの行った調査によると、モンゴル相撲の大会で使われた技をこの3種の割合を分析した結果、手技が全体の45.8％、足技が全体の44.7％、腰など体全体を使う技が全体の9.4％を占めていたという[Батсух 2013:71]。

　このことは、モンゴル相撲が手技と足技どちらにも偏ることがなく、レスリングや柔道といった他格闘技の要素を含みやすい運動形態をもつことを意味しているのではないだろうか。

　手技、足技どちらにも偏らず、その結果レスリングや柔道といった他競技を有効に利用できるモンゴル相撲に対して、レスリングや柔道は正反対である。足技というのは基本的に、上衣を掴んだ状態で繰り出す技であるが、レスリングにおいては衣装を掴むことができないので足技はほとんどない。低い姿勢から相手の懐に入っ

たり、足を取りにいくことが大半である。

　柔道に関しては、柔道以外の他競技の経験がある外国人選手が本来の柔道には見られなかった技を多用するようになった。その結果、例えばこれまで禁止されていなかった「足取り」が2013年の国際柔道連盟によりルール改正で反則対象となった。

　この足取りはレスリングやモンゴル相撲の経験者がよく使う技であったが、日本の柔道には禁止はされていないものの、日本には存在しない技だった。足取りに不意を突かれた日本人選手は、対応できずに1本をとらえてしまうことも多かった。北京オリンピックの柔道100kg級で鈴木桂治も、モンゴル相撲の技を応用させた低い姿勢からの「足取り」で攻めてきたトゥブシンバヤルに瞬殺されてしまった。その後トゥブシンバヤルは、北京で金メダルを取るに至っている。

　いずれにせよ柔道は、ルール改正をすることでますます一競技としての独自性を強める方向へと向かっている。その結果、例のトゥブシンバヤルも、それまで多用していた足取りを使えなくなり、プレースタイルの変更を余儀なくされている。

　この柔道のルール改正は、柔道における他競技の影響を恐れての措置であったが、モンゴル相撲に柔道の要素を応用させるにあたっては、それほど大きな影響は及ぼさないだろう。前出のアルスラン力士Aによると、体の大きな選手はレスリングを練習に取り入れることは少なく、「90キロ以上の選手は柔道、それ以下の体重の選手はレスリングに取り組むことが多い」らしい。その理由は、体重の重い選手は俊敏さに欠け、レスリングのような動きよりも柔道が適しているからだという。実際にフィールドワークで見た中でも、もともと体の大きな選手は柔道の練習をするにしても、低い体勢からの足取りなどは多用していなかった。

　さらに、ウランバートル市にあるセレンゲ県運営のモンゴル相撲道場では、体づくりのため取り入れていると考えられるレスリングの練習日に、柔道の練習をしている選手が多く見られた。そういった選手達は漏れなく体の大きな選手であった。反対に、レスリングの練習をしている選手たちの大半は体が比較的小さく、体重により取り組みやすい競技が変わってくることを示していた。

　以上、モンゴル相撲とレスリング、柔道の3競技を、身に着ける衣装や技の観点

から考察し、相互にどれほど応用可能なのかについて述べてきた。結果として、モンゴル相撲は「低い姿勢からの攻め」のレスリングの要素と、「上衣を掴み腰高のままでの足技」が主の柔道の要素をどちらも含んでおり、図1のようにモンゴル相撲におけるレスリングや柔道の応用可能性が高いといえよう。そして重要なのは、モンゴル人自身も、そう認識しているという点である。

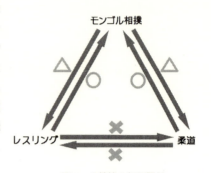

図1　3競技の相互関係
（応用関係にあるか否か）

3. 柔道・レスリングの練習をする"モンゴル相撲"道場

3-1. 練習方法における柔道・レスリングの利用

　フィールドワークの結果、モンゴル相撲道場の力士たちは、柔道やレスリングの練習もしていることがわかってきた。というのもモンゴル相撲には、どうやら確立された「練習方法」がほとんど存在しないからだ。

　ここでいう「練習方法」とは主に、練習前にするストレッチや、技を覚えるための方法、あるいは練習後などに行われる体力トレーニングのことを指す。レスリングや柔道では、基礎体力トレーニングや技の反復練習など明確な練習方法が確立されている。これに対してモンゴル相撲においてはそういったものが少ない。実際にモンゴル相撲を行う際、基礎的な体をつくる方法としてレスリングや柔道が効果的に利用されている場面が多く見られた。

　まずモンゴル相撲の練習を行う際、力士たちは軽いジョギングをしてから、デヴェー（鷹の舞）を主とする一連の所作をしたら、そのまま実戦練習へと移る。デヴェーという特有のふるまいは本来儀礼的なものであるが、近代に入りスポーツとしての意味合いが強くなったモンゴル相撲では、取組前に行うストレッチ代わりの役割を果たすようになっているようだ。デヴェー自体は限定的で少ない動作であるが、その中で体をほぐす意味合いを見出してきたと考えられる。モンゴル相撲と、レスリングや柔道を経験した選手がコーチとなり複数競技を教えることができる今、特に体の柔軟性や基礎的な体力をつけるトレーニング方法が確立されているレスリング

や柔道は、モンゴル相撲に取り組むにしても基礎的な体をつくるには最適だったのかもしれない。

例えばウランバートル市にあるセレンゲ県運営のモンゴル相撲道場では、以下のような日程で練習が行われている（表2）。

表2　セレンゲ県のモンゴル相撲道場における練習プログラム

月	火	水	木	金	土	日
モンゴル相撲	筋力トレーニング	レスリング	筋力トレーニング	モンゴル相撲	筋力トレーニング	休み

コーチを務めるのは、体育学校でコーチング学を修め、モンゴル相撲で国家ハルツァガの称号（表1参照）をもつ現役力士だ。

この道場では、モンゴル相撲の練習日（月曜・金曜）は全員がモンゴル相撲の衣装を身に着け取り組むのに対し、レスリングの練習日（水曜）には取り組む競技が個人によって違った。半分ほどはレスリングの練習着を身に着けそのままレスリングを取り組んでいるように見受けられたが、一方で柔道やサンボの衣装を身に着けている選手や、腰に帯を巻くだけの選手も多く、そういった選手は練習内容もレスリングではなく、柔道や独自の組み合いを行っていた（写真6）。

週に2度行われるモンゴル相撲のインターバルに週に1度のレスリング練習日に、柔道やサンボの練習をしているのは何を意味するのだろうか。おそらく彼らがこの日をモンゴル相撲をするにあたっての基礎体力をつくる場として認識しているものと考えられる。つまり、彼らはレスリングや柔道など個々人の思う競技によって体力的基礎づくりをし、それをモンゴル相撲に昇華しているのではないか、ということである。またこの同上では、モンゴル相撲の練習日（月曜・金曜）には実戦練習以外の活動は少なく、5分程度のジョギングのあと柔軟体操を少し行った程度ですぐ

に実戦練習にとりかかっていた。一方でレスリングの練習日（水曜）には、既述のように個々人によってレスリングや柔道など実戦練習の内容が違っても、練習前に行う入念なストレッチやインターバル形式の体力トレーニングなどレスリング式の基礎トレーニングは全員が統一的に実施しており、この日が基礎体力や柔軟性を養うための日であるということを裏付ける内容であった。

写真6　セレンゲ県運営のモンゴル相撲道場
レスリングの練習日に、柔道やサンボの衣装を着た選手がいる。（筆者撮影）

次にウランバートル市にある民族体育大学（ündesnii biyeiin tamirin deed surguul'）を例に挙げよう。ここではモンゴル相撲とレスリングの経験があるコーチが、モンゴル相撲を学生たちに教えていた。モンゴル相撲の練習では、柔軟運動として鷹の舞（デヴェー）を基本とする一連の所作をしてすぐに実戦練習に移るという伝統的な練習方法であった。これに対し、練習後にはインターバル式の基礎体力トレーニングが行われており、若い選手の体づくりという点でレスリングの基礎練習方法を積極的に取り入れていた。もちろん道場によって、レスリングや柔道の練習方法の取り入れ具合には差異があり、教えるコーチ・先生の経験にも左右されうることであるので単純比較はできないにしても、柔道やレスリングを、基礎体力を養うメニューとして導入している点では一致していた。

3-2. 複数競技実践の実態（アンケートより）

2015年10月、モンゴル国において実施したフィールドワークでは、補助的調査としてアンケート調査も行った。モンゴル相撲を専門的に学ぶ3つの体育大学の学生と、ウランバートル市にあるセレンゲ県の道場の、15歳から24歳の若手力士を対象に計127人から回答を得た。アンケート内容の和訳は以下の通りである。

①　年齢・身長・体重
②　学生か社会人か
③　所属道場

④　普段どの道場にて練習を行っているか
⑤　モンゴル相撲や柔道・レスリングなどの選手になりたいか
　　なりたいならモンゴル相撲・柔道・レスリング・サンボのどれでか（複数回答可）
⑥　普段から取り組んでいるのは主にモンゴル相撲か否か
⑦　1週間に何回練習をするか
　　モンゴル相撲・レスリング・柔道・サンボ・筋力トレーニングから（記入式）
⑧　一番好きな競技
　　モンゴル相撲・レスリング・柔道・サンボから選択式（複数回答可）
⑨　モンゴル相撲における称号の有無

　回答を得た127人中、モンゴル相撲だけを習う者は61人、モンゴル相撲とレスリング・柔道・サンボなどいずれかの複数競技を習う者が66人となった。
　前述したように力士たちの道場への所属意識はあまり高くない。実際にアンケートの回答の中で、③の所属道場を問う質問に対し、自らが通う体育大学の名を書く者や、県の道場の名を書く者などがおり、一定でなかった。もちろん質問の意図が理解されていなかった可能性もありうるが、体育大学の学生でも県の道場に通う者が多く、大学と県の道場両方で練習をする者も多いという実情からの結果であろう。中には体育大学でレスリングを専門に学ぶ者が、県の相撲道場でモンゴル相撲に取り組む例も見られ、若手力士にとっての練習の場として体育大学と県の道場の2つがあるということは、複数競技を学ぶ場が開かれており、その機会も必然的に増える環境にあると言えよう。

おわりに

　以上本稿では、モンゴルでは、あたかもレスリングや柔道がモンゴル相撲の一部のように認識され、実践されている実態を報告してきた。
　そのきっかけは、モンゴル国での留学中に、レスリングや柔道をモンゴル相撲と同時並行で習っている彼らの姿に驚かされたことだった。モンゴル国にレスリングが本格的にもたらされた1961年以降、モンゴル相撲におけるアヴァルガ（横綱）の称号にとどいた力士はこれまで12人いたが、私の知る限り、その中の10人はレス

リングあるいは柔道の経験者である。

　近年、モンゴル相撲はレスリングや柔道とは切ってもきれない関係となっており、今や若手力士から柔道のオリンピックレベルの選手まで、複数競技をこなすようになった。そんなモンゴル相撲の今を、他競技との関係性から紐解き、彼らの認識レベルにおいて、モンゴル相撲がレスリングや柔道を呑み込むような形（少なくともそう認識し）で実践しているのではないか、という仮説の下にここまで考察をおこなってきた。

　また、衣装や技の観点から、モンゴル相撲とレスリングや柔道の相互的な応用可能性について考察した。そこで分かったのは、モンゴル相撲にはレスリングと柔道いずれの特徴も含んでおり、レスリングや柔道の経験がモンゴル相撲に無理なく応用しうるということであった。また、モンゴル相撲の特徴的な衣装は身体への負担が大きいことにも触れ、格闘技の入門としてモンゴル相撲よりレスリングや柔道が選ばれ、それが後にモンゴル相撲の基礎となっていく理由を明らかにした。

　最後にモンゴル相撲道場における練習方法に着目して、彼らがモンゴル相撲をレスリングや柔道との関係の中でどのように位置づけているのかを考察した。ここでは、モンゴル相撲には練習方法が確立されておらず、むしろ柔道やレスリングが体の柔軟性や基礎体力を養う土台づくりとして利用されているという実態が明らかになってきた。つまり、彼らはレスリングや柔道をモンゴル相撲の土台として観念し、モンゴル相撲のレベルをあげるための方法論として、レスリングや柔道を学んでいるといっても過言ではないだろう。

　従来のスポーツ人類学においては、「伝統スポーツ」と「近代スポーツ」であろうと、「周縁スポーツ」と「中心スポーツ」であろうと、その力関係は後者が上であり、後者へと昇華していく前段階として前者があるとされてきた。ところがモンゴルにおいては、レスリングや柔道を「基礎」とみなし、そこで学んだ技や練習方法が彼らの中では、最終的にモンゴル相撲に昇華されていた。

　「中心と周縁（セントラルとマージナル）」という概念に関して、最初に紹介した稲垣の「コンビビアリティ（共生）」という概念や、富川の「中心を周縁へ受け入れる主体的な営み」という理解は、複数競技を実践する彼らモンゴル人の競技観を紐解くキーワードであった。しかし私の観察した『モンゴル相撲』は、「中心」たる近代スポーツを「周縁」であるモンゴル相撲に受け入れているというよりは、むしろモンゴル相撲の中の包含される要素としてレスリングや柔道を位置づけているように見受けられた（図2）。

本稿では、柔道やレスリングを「取り入れている」といったような控えめなものではなく、もっとアグレッシブに「呑み込んでいる」彼らの認識と実践の双方がうかがえたのではないかと思う。柔道の世界大会で見せたオトゴンバータルの鷹の舞は、まさに彼らのそうした感覚を世界に宣言した行為でもあったとも考えられよう。

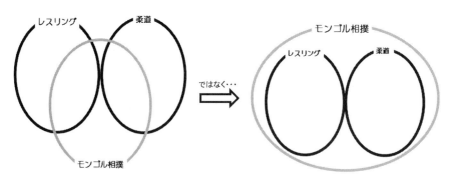

図2 モンゴル人力士の競技観 （レスリングと柔道との関係性から）

（2016年1月）

参考文献

稲垣正浩　1991　「近代社会のスポーツ」「後近代のスポーツ」寒川恒夫編『図説 スポーツ史』朝倉書店、pp. 58-188。

稲垣正浩　2001『スポーツ文化の脱構築』叢文社。

井上邦子　2005『モンゴル国の伝統スポーツ—相撲、競馬、弓射—』、叢文社。

井上邦子　2013　「身体に向かうグローバリゼーション : モンゴル国伝統スポーツの事例より」『研究年報 : グローバリゼーションと伝統スポーツ : 神戸市外国語大学・バクー大学第2回国際セミナー』50号、pp. 25-33。

久米信好　三橋裕之　田澤裕二　金井英樹　2006　「モンゴル相撲の傷害について : ナーダム祭参加による実態調査」『柔道整復・接骨医学 = Japanese journal [of] judo therapy』日本柔道

整復・接骨医学会 14(3): 163。

富川力道 2002『ブフ文化とその再構築過程に関する文化人類学的研究』千葉大学大学院社会文化科学研究科博士論文。

富川力道 2003「伝統的モンゴル相撲の近代的再生をめぐって」『スポーツ人類學研究』日本スポーツ人類学会 5:19-40。

平野あんず 2015『子育ての人類学－モンゴル国フブスグル県の事例から－』滋賀県立大学人間文化学部地域文化学科 卒業論文。

バットエルデニ 2004「モンゴル・ブフ競技の起源と発展」『スポーツ人類學研究』日本スポーツ人類学会 4: 57-62 西村幹也 訳 富川力道 監訳。

ブランチャード、ケンドール 1995「21世紀の伝統スポーツ、国際関係、および世界秩序について」寒川恒夫 監修 伝統スポーツ国際会議実行委員会編『21世紀の伝統スポーツ』大修館書店、pp. 1-19。

レンソン、ローランド 1995「ヨーロッパの伝統スポーツ」寒川恒夫監修、伝統スポーツ国際会議実行委員会編『21世紀の伝統スポーツ』大修館書店、pp. 115-139。

Г.Батсүх2013 *Монгол бөхийн барилдааны нууцад Нэвтрэхүй* Улаанбаатар хот

Х.Чойжилжав, Д.Самданжамц, Ж.Батаа 2014 *Монгол үндэсний бөх* Улаанбаатар хот

参考ホームページ

UNDESNIIBUKH.MN

(http://undesniibukh.mn/ 2016.01.16)

あとがき

　編者が滋賀県立大学に赴任して 12 年。今振り返ると、学生たちの卒論の指導をしていく中で、彼らがモンゴルでのフィールドワークを通じて、新鮮な発見をすることに驚かされ続けた日々であった。

　もちろん、そうした発見が可能となるような仕組みもつくった。赴任した当初、本学の学生はモンゴルへの短期研修はしていたが、長期で滞在したものはほとんどいなかった。

　そこで私はモンゴル国の大学と 1 年間の交換留学をしたらどうだろうか、と思いついた。実は私は大学卒業後テレビ番組の制作会社で働いていたが、たまたま取材で訪れたモンゴルに魅せられて退社、モンゴルに留学したという経歴を持つ。モンゴルの大学院（修士課程）で学び、モンゴルという国に育てられたがゆえに、「学生にも自分が経験したような素晴らしい経験をしてもらいたい」という思いを強くもっていたのである。

　そこでモンゴル国立大学社会科学部の社会・文化人類学科長（当時）の L. ムンフエルデネ氏に滋賀県立大学人間文化学部地域文化学科との間で学科間の交換留学の話を持ち掛けた。2006 年の夏のことだ。すると彼は「モンゴル人学生にとっても日本人学生にとってもきっと素晴らしい経験になるにちがいない」と 2 つ返事で了解してくれた。

　ムンフエルデネ氏は、私の古くからの親友である。しかも彼は北海道大学で博士号をとっているので日本や日本人のこともよくわかっている。ムギー（ムンフエルデネ氏の愛称）の活躍でモンゴル側では驚くほどのスピードでこの案件が了承された。ところが日本の場合、学科会議、教授会、国際交流委員会といったさまざまなところで説明し、了承をいただかないと意思決定ができない。気づくと 1 年半の月日が経っていた。

　そうしてようやく 2008 年 4 月より日本から 3 名、モンゴルから 3 名の学生を双方、1 年間、交換するという制度が始まったわけである。ちなみに 2012 年より国際コミュニケーション学科が発足し、それに伴い現在では学科間ではなく本学とモンゴル国立大学の大学間の協定となり、留学枠も双方 4 名ずつへと拡大されている。おそらくモンゴルとの交換留学に関して言うならば、本学は日本で最も積極的に行っている大学のひとつではないだろうか。

　この交換留学を使って 1 年留学した日本の学生たちがいざ卒業論文を書くとなったとき、「フィールド」での経験が存分に活かされていることに私は驚いた。彼らが持ち帰ってきた話の中には、時として専門家が発見してこなかったような情報や研究の種が数多くあったのである。その成果がみなさんのお手元にある本書である。本書の執筆者の学生は、1 名を除くと全員、留学経験者である。

　そもそも大学生の卒論を本にするというのもどうなのか、という戸惑いもあった。大学生の卒業論文を市販の書籍として発売するという話はあまりないからだ。しかし、彼らの作品を本にしたいという誘惑から逃れることはできなかった。それほど学生たちの探求し

てきた世界が魅力的であったといってよい。その判断が正しかったか否かは、読者諸氏に委ねたい。

　それから本来、留学をしなかったものの非常に興味深い論文を書いた伊藤美友紀さんと宇野美里さんの論文も収録する予定であった。しかし編集方針の都合から割愛せざるを得なかったことをお詫びしたい。また、学生の個性を重視して、あえて表記法（ソヴェトかソビエトなど）や引用のつけ方（モンゴル語をキリル文字で書くか、ラテン転写にするか）を統一しなかったことも断っておきたい。

　本書が出来上がるまで以下の方々のお世話になった。まずは、私のこの思いつきを現実のものとしてくれたサンライズ出版の岩根治美さんに心より感謝の意をささげたい。岩根さんには、夢をカタチにするため、編集者として出版のプロとして時には厳しいアドバイスもいただいた。であればこそ、実現した企画であったといえよう。

　ほのぼのとした草原とゲルのカバー画は、今から20年以上前、モンゴル留学の仲間だった、イラストレーターのみやはらまきこさんに描いていただいた。みやはらさんの画を見事に生かしたカバー装丁は、サンライズ出版の山下恵子さんによるものである。また本書の編集過程には、島村研究室で秘書事務の仕事をしている由利恵子さんと福原美智子さんにさまざまな面でお世話になった。彼女たちには、本書の慣れないレイアウト作業までしていただいた。ここに記して謝意を表したい。

　手作り感満載の本ではあるが、どうかモンゴルに興味のある多くの皆さんの目に触れますように。

2017年8月24日
蝉の声鳴り響く、びわ湖畔のキャンパスにて

島村　一平

執筆者紹介

【編　者】

島村　一平　滋賀県立大学人間文化学部・准教授。文化人類学・モンゴル研究専攻。博士（文学）。1969年愛媛県生まれ。大学を卒業後、ドキュメンタリー番組制作会社に就職するも、取材で訪れたモンゴルに魅了され退社、モンゴルへ留学、気づけば文化人類学の道へ進む。2013年度日本学術振興会賞受賞。2014年度大同生命地域研究奨励賞受賞。主な著書：『増殖するシャーマン：モンゴル・ブリヤートのシャーマニズムとエスニシティ』（春風社、2011年）。編著に『草原と鉱石：モンゴル・チベットにおける資源開発と環境問題』（明石書店、2015年）など。論文多数。

【執筆者】

平野あんず　1991年生まれ。滋賀県立大学人間文化学部地域文化学科卒。現在、会社勤務。子どもが生まれたらモンゴル式の子育てを実践してみたいと考えている。

西口　佳那　1986年生まれ。滋賀県立大学人間文化学部地域文化学科卒。現在、2人の息子と格闘中。この本が出るころには、もう1人生まれているはず。

吉村　友里　1992年生まれ。滋賀県立大学人間文化学部地域文化学科卒。大学卒業後乗馬クラブに就職。退職後、現在モンゴルで通訳兼乗馬ガイドをお手伝い中。趣味は乗馬とモンゴル旅行。

安藤　晴美　1986年生まれ。滋賀県立大学人間文化学部地域文化学科卒。大学卒業後、事務職に就くも、モンゴルの楽しさが忘れられず、旅行代理店に転職。その後、暇を見つけては海外旅行に明け暮れる日々を送っている。

北田　昂大　1989年生まれ。滋賀県立大学人間文化学部地域文化学科卒。現在、愛知県の岡崎市役所に勤務。留学時代に培ったモンゴル魂を胸に、地元岡崎市でシティプロモーションを推進している。

柴田　友登　1993年生まれ。滋賀県立大学人間文化学部国際コミュニケーション学科卒。現在、会社勤務。

今井　冴香　1988年生まれ。滋賀県立大学人間文化学部地域文化学科卒。卒業後、一般企業へ就職の後、現在は滋賀県の栗東市役所に勤務。趣味は寺社巡りと御朱印集め。

八木　風輝　1991年生まれ。滋賀県立大学人間文化学部地域文化学科卒業、同大学院人間文化学研究科博士前期課程修了。現在、総合研究大学院大学文化科学研究科博士後期課程（国立民族学博物館）在学中。主な論文に「社会主義期におけるモンゴル・カザフの民族音楽の創造：民族音楽文化の移植と並立する2つのカザフ民族音楽（滋賀県立大学紀要人間文化 37号）」がある。趣味はドンブラ（カザフ民族楽器）の演奏。

樗木　佳奈　1986年生まれ。滋賀県立大学人間文化学部地域文化学科卒。現在、会社員。人生初めての海外旅行はモンゴルだった。

平山　開士　1991年生まれ。滋賀県立大学人間文化学部地域文化学科卒。在学中、モンゴルと内モンゴルにそれぞれ1年留学。現在、ウランバートルにも現地法人を持つ日系物流企業に勤務。経理の仕事に悪戦苦闘中。

大学生が見た素顔のモンゴル

2017年11月18日　初版　第1刷発行

編　者　島　村　一　平
発行者　岩　根　順　子
発行所　サンライズ出版株式会社
　　　　〒522-0004 滋賀県彦根市鳥居本町655-1
　　　　TEL 0749-22-0627　FAX 0749-23-7720
印　刷　サンライズ出版株式会社

Ⓒ IPPEI SHIMAMURA 2017　　定価はカバーに表示しています
ISBN978-4-88325-632-7 C0022